吉林师范大学学术著作出版基金资助

中学教师课堂教学言语行为研究

宋 扬 著

中国社会科学出版社

图书在版编目(CIP)数据

中学教师课堂教学言语行为研究/宋扬著. —北京：中国社会科学出版社，2022.6
ISBN 978-7-5203-9598-4

Ⅰ.①中… Ⅱ.①宋… Ⅲ.①课堂教学—语言艺术 Ⅳ.①G424.21

中国版本图书馆 CIP 数据核字（2022）第 020981 号

出 版 人	赵剑英	
责任编辑	陈肖静	
责任校对	刘 娟	
责任印制	戴 宽	

出　　版	中国社会科学出版社
社　　址	北京鼓楼西大街甲 158 号
邮　　编	100720
网　　址	http://www.csspw.cn
发 行 部	010-84083685
门 市 部	010-84029450
经　　销	新华书店及其他书店

印　　刷	北京明恒达印务有限公司
装　　订	廊坊市广阳区广增装订厂
版　　次	2022 年 6 月第 1 版
印　　次	2022 年 6 月第 1 次印刷

开　　本	710×1000　1/16
印　　张	16.75
插　　页	2
字　　数	227 千字
定　　价	99.00 元

凡购买中国社会科学出版社图书，如有质量问题请与本社营销中心联系调换
电话：010-84083683
版权所有　侵权必究

目　录

绪论 …………………………………………………………………（1）

第一章　相关研究综述 ………………………………………（8）
第一节　国外教师教学语言研究概况 ……………………（9）
第二节　国内教师教学语言研究概况 ……………………（22）
第三节　国内外已有研究的启发与思考 …………………（36）

第二章　中学教师课堂教学言语行为的性质、结构 ………（38）
第一节　中学教师课堂教学言语行为的性质 ……………（39）
第二节　中学教师课堂教学言语行为的特点 ……………（46）
第三节　中学教师课堂教学言语行为结构 ………………（50）

第三章　课堂告知交际主体分析 ……………………………（70）
第一节　主体的需求、意愿与交际效果 …………………（70）
第二节　主体交际角色与交际效果 ………………………（77）
第三节　主体间交际关系与交际效果 ……………………（101）

第四章　课堂告知语言形式分析 ……………………………（119）
第一节　告知话语形式映射模式分析 ……………………（119）

第二节　告知意向标记形式分析 …………………… (127)

第五章　教学语篇构建形式分析 …………………… (135)
第一节　教学语篇的话语结构 …………………… (135)
第二节　对话形式 …………………………………… (155)
第三节　话题引入形式 …………………………… (169)
第四节　话语进程形式 …………………………… (172)

第六章　中学教师课堂教学言语行为的实现 …… (181)
第一节　实现结构 …………………………………… (181)
第二节　实现条件 …………………………………… (191)
第三节　实现机制 …………………………………… (201)
第四节　实现原则 …………………………………… (205)
第五节　实现途径 …………………………………… (214)
第六节　实现过程 …………………………………… (226)

结语 ……………………………………………………… (229)
参考文献 ……………………………………………… (232)
附录 ……………………………………………………… (258)

绪　　论

　　课堂教学最重要的方式是讲述，语言是最基本、也是最重要的交际方式。无论是以教师为主体的讲述还是教师和学生的互动，教师的言语行为总是处于主导地位的，因此，课堂教学的效果很大程度上取决于教师的语言运用。课堂实践表明，教师课堂语言使用跟教学效果密切相关，正因如此，教师教学语言越来越被研究者们关注。在中国知网上检索以"教学语言"为主题的论文，结果显示：从1951年至1979年共有文献471篇，从1980年至1999年共有文献637篇，从2000年至今共有文献5763篇，其研究数量明显呈递增趋势，足见教学语言相关问题受到社会关注的热度。不过，以往的研究更多关注的是课堂教学、语言结构，研究并不十分深入，很多问题尚未解释清楚。我们认为，教师课堂的交际是一种言语行为，可以而且必须从言语行为的角度加以认识。虽然以往的研究也有从言语行为角度进行的，但主要是从礼貌、批评、问答等方面进入的，对于教师课堂教学言语行为总体的属性、结构、形式等方面缺乏深入的思考，这些正是本文关注的问题。

　　研究教师课堂教学言语行为可以知道教师在课堂上事实有效的言语行为及由此完成教学任务的整个过程。通过课堂实际观察可以发现，现实中的教师课堂教学言语行为存在诸多问题，例如：交际意图不明确或者常常被干扰；实现交际意图的话语形式随意性大；等等。在教师培训中，关于教学语言的培养过于宏观，流于形式，更多关注语言规范与修辞艺术等,未能深入到言语行为的层面对教学语言进行有效的培训。毫无疑问,本研究指向教师课堂教学言语行为,其成果可以直接指导教师课堂教学的实践领域,提高教师课堂教学的效果。同时对汉语语用学理论的构建及其他领域交际效果的提升具有重要价值。

一 研究立场

研究立场决定了研究问题的属性,决定了研究的结果。本书关于教师课堂教学语言的研究站在言语行为理论的立场上,将教师课堂教学语言放在言语行为理论的框架中去思考,将其视为一种机构性的言语行为。这样的立场决定了本书对教师课堂教学语言的研究不只做单纯静态的关注,而是从交际行为方面进行动态的考察。

二 研究思路

从言语行为的立场出发,本研究将遵循如下研究思路:

第一,从理论上确定教师课堂教学言语行为的属性,并进一步论述其特点。对教师课堂教学言语行为属性的认定不仅有助于把握教师课堂教学言语行为的性质和范围,而且能够为以后的描述提供理论支撑。

第二,建构教师课堂教学言语行为的结构,描述其构成要素,从整体的角度认识教师课堂教学言语行为的构成,为教师课堂教学言语行为所表现出的话语形式分析奠定基础。

第三,分析教师课堂教学言语行为的主体特征及其对交际效果的影响。主体是言语交际行为构成的重要因素,言语交际行为的实现——话语的生成和理解均受到主体的影响。对教师课堂教学言语行为主体的分析能够从主体的角度对教师的课堂教学语言做出合理解释。

第四,概括教师课堂教学言语行为常用的语言形式及话语结构,将教师课堂教学言语行为的解释落实在语言形式层面。

第五,从话语生成的角度构建教师课堂教学言语行为实现的过程,概括教师课堂教学言语行为的实现结构、实现条件、实现机制、实现原则，从动态的角度对教师课堂表现的话语做出系统阐释。

上述五个方面相互联系、密不可分，构成了本文对教师课堂教学言语行为的整体解释。

三　研究方法

本书的研究采用实证量化分析和理论分析两种方法。实证量化分析就是收集整理教师课堂言语交际的实际材料，运用统计学方法对其进行量化分析。理论分析就是定性分析，运用语言学、语用学等相关理论对教师课堂教学言语行为做出理论化的阐释。

四　语料来源

本书的语料均来源于真实的课堂教学实录，收集的过程困难重重，尽管作者承诺一定保护相关学校、教师及学生的隐私，但校外人员进入课堂录音、录像，校方及任课教师仍然顾虑重重、较为排斥，即便同意录制，也多了一份刻意和紧张。为了获得真实自然状态下的语料，作者将录音录像设备提前安置在教室的隐蔽位置，录制时教师及学生并不知情。另者，根据研究需要，向中学师生进行了相关问卷调查。

1. 观察及转写

本书选取了吉林省（长春市、四平市、辽源市、梅河口市）、浙江省（台州市）、河北省（承德市）、云南省（曲靖市）、陕西省（西安市）、山东省（滨州市沾化县）、辽宁省（沈阳市）、四川省（成都市）、广西省（南宁市）共9个省份14所中学120节课为观察对象，以45分钟为时间节点，记录师生在课堂上的全部话语表观。对本人所在地的学校采用实地考察并录音的方式，外地学校则通过录音笔或教室内自带的录像监控系统，录制整个教学过程，课后对音频及视频文件进行文字转写。这样的调查方式一方面源于客观条件的限制，无法实现亲自到各省进行实地考察的现实状况；另一方面，有助于降低对教师和学生的干扰，以便获得最自然真实状态的研究语料。

转写过程历时多年，完全采用人工转写的传统做法。这样的做法主要基于两点考虑：一是为保证转写的准确性和全面性，作者可以反复观看录像、听取录音；二是转写语料的过程有利于作者熟悉课堂教学会话，概括教学会话的规律和特点。在实录转写过程中，未进行任何结构化设置，即未依据某种观察方法做结构化、模式化的设置，而是如实转写课堂教学整个过程中师生双方的话语表现，这有利于为后续研究提供真实、完整、全面的语料。

本书共获得有效中学课堂教学实录115篇（另5篇因录制问题转写时听不清），共计827086字，这是本研究的语料基础。具体情况如表0-1所示：

表0-1　　　　　　中学课堂教学实录来源统计表

省份	城市	学校（所）	实录（篇）	比例（%）
吉林省	长春市	2	16	13.9
	四平市	2	22	19.1
	辽源市	1	1	0.9
	梅河口市	1	12	10.5
浙江省	台州市	1	35	30.4
河北省	承德市	1	5	4.3
云南省	曲靖市	1	5	4.3
陕西省	西安市	1	4	3.5
山东省	滨州沾化市	1	5	4.3
辽宁省	沈阳市	1	2	1.8
四川省	成都市	1	2	1.8
广西省	南宁市	1	6	5.2

在115篇有效课堂教学实录中，初中学段共有39篇，占总数的33.9%；高中学段共有76篇，占总数的66.1%。具体如图0-1所示：

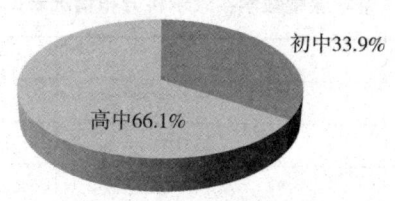

图 0-1 中学课堂教学实录学段分布图

在选取观察对象的过程中,尽量做到年龄、性别、职称、专业、学段分布合理。因本研究旨在共性研究,非对比研究或专项研究,因此,对观察教师的年龄、性别、职称、专业、学段等未做严格限定。在115篇有效课堂教学实录中,涵盖语文、数学、政治、物理、化学、历史、地理、生物、体育、音乐10个学科。其中,语文课33篇,占有效实录总数的28.70%;数学课23篇,占有效实录总数的20%;政治课14篇,占有效实录总数的12.20%;物理课12篇,占有效实录总数的10.40%;化学课11篇,占有效实录总数的9.60%;历史课8篇,占有效实录总数的6.96%;地理课7篇,占有效实录总数的6.10%;生物课5篇,占有效实录总数的4.30%;体育课1篇,占有效实录总数的0.87%;音乐课1篇,占有效实录总数的0.87%。具体情况如图0-2、表0-2所示:

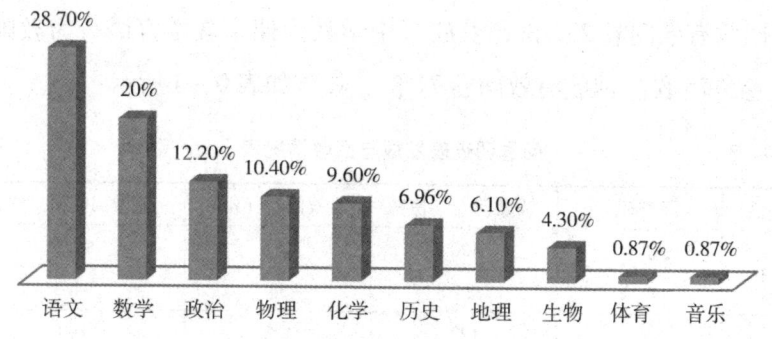

图 0-2 中学课堂教学实录学科分布柱状图

表 0-2　　　　　　　中学课堂教学实录学科分布情况表

学科	数量（篇）	百分比（%）
语文	33	28.70
数学	23	20
政治	14	12.20
物理	12	10.40
化学	11	9.60
历史	8	6.96
地理	7	6.10
生物	5	4.30
体育	1	0.87
音乐	1	0.87

2. 问卷调查

在对 115 篇中学课堂教学实录分析、归纳的基础上，根据研究需要，制定了《中学教师课堂教学言语行为学生调查问卷》和《中学教师课堂教学言语行为教师调查问卷》，对初中和高中，学生和教师分别展开调研，问卷发放与回收情况具体如下：

选取了当地一所初中和一所高中的 75 名教师和 242 名学生作为问卷调查对象，其中，初中学生 120 名，教师 35 名；高中学生 122 名，教师 40 名，共发放《中学教师课堂教学言语行为学生调查问卷》242 份，回收有效问卷 239 份；发放《中学教师课堂教学言语行为教师调查问卷》75 份，回收有效问卷 71 份，具体如表 0-3 所示：

表 0-3　　　　　　　问卷调查表发放与回收情况表

学段	调查对象	发放问卷（份）	有效问卷（份）	有效回收率（%）
初中	学生	120	117	97.5
	教师	35	33	94.3
高中	学生	122	122	100
	教师	40	38	95

续表

学段	调查对象	发放问卷（份）	有效问卷（份）	有效回收率（%）
总计	学生	242	239	98.8
	教师	75	71	94.7

学生问卷调查内容分布情况如表0-4所示：

表0-4　　　　学生问卷调查内容具体分布情况表

调查内容	题量（个）	题型
主体交际角色	4	单选题
主体间交际关系	7	单选题
	1	多选题
主体的需要与意愿	3	单选题
交际意图的实现结构	2	单选题
话语形式的选择依据与评价标准	1	单选题
话语形式满意度	1	单选题
交际意图的实现途径	1	单选题
	2	多选题

教师问卷调查内容分布情况如表0-5所示：

表0-5　　　　教师问卷调查内容具体分布情况表

调查内容	题量（个）	题型
主体交际角色	4	单选题
主体间交际关系	5	单选题
	2	多选题
主体的需要与意愿	4	单选题
交际意图的核心地位	1	单选题
交际意图的实现结构	2	单选题
话语形式的选择依据与评价标准	2	单选题
话语形式满意度	1	单选题
交际意图的实现途径	1	单选题
	1	多选题

第一章 相关研究综述

　　语言在运用中成为言语，教学语言是教师在其教育教学活动中的施为语言，教师课堂教学语言更是教师在课堂教学特定场域进行特定课程科目教学时所运用的职业语言，没有教师的课堂言语就不存在教学的实施。不同于大学生的自学能力，不同于小学生的启蒙文化养成，跨入中学课堂的中学生，即将接收并完成系统而大量信息的多科课程的学习任务，为此，中学教师课堂教学语言的工具应用效果更显得至关重要。中学教师课堂教学言语的重要性决定了中学教师课堂教学言语研究的重要性。伴随社会进步与教育事业的发展，教学语言在国内外越来越受到人们的关注，至今已经成为应用语言学中骨干分支学科的研究对象。应该说，教学言语特别是中学教师课堂教学言语的研究，在国际现当代教育教学事业中，伴随着教学实践而如火如荼，在我国最近二十年来获得了较快的发展。并且，在教学实践及其研究的发展进程中，教学言语已经成为语言学、语用学、教育学以及哲学、心理学等相关多学科所共通的研究对象。不过，受制于语言学发展水平的影响，由于所处教学事业发展不同的历史阶段，也由于社会当下相关语境背景之差异及其研究者们聚焦点有别等，教学言语研究在不同时空呈现出研究范围宽窄不一，理论意识强弱不同，研究成果多寡不等的差异境况。但是，纵观国内外，教学言语研究包括中学教师教学言语研究的总体趋势是步步深入而前行的。

　　教师古来有之，教师语言得到关注也必然自古就有，但是作为有影响的研究在中外都是开启于进入现代社会以后。国外早于我国,学界有比较保守的说法,认为真正科学意义下的教师教学语言研究,我国以20世纪80年代与90年代之交定界,而国外可推前至20世纪60年代。笔者以为,任何事物都有其发生发展的过程,教学语言研究也不例外。本文尝试将观察视野拓宽到近百年来,期许这样更利于探索与把握教学语言研究的孕育与生长之脉络。况且,事物的模糊性、连续性的生态本质也确是真理。

第一节　国外教师教学语言研究概况

阅读文献、综观考量现代社会语言生活和中外教学语言的研究状况,可以发现:历史进入现代,世界多民族间深入接触(含战争爆发、殖民者入侵),二语教学兴起,语言教学及其研究迅速提为紧迫日程,于是,语言教学研究热潮也就由西方社会开始显现化起来。正由于20世纪初以来语言教学研究的逐渐升温和20世纪上半叶激荡于西方的教学科学化运动,引来了四五十年代的直面进入教师教学语言研究的转型期。而六七十年代在多元理论及现代科技手段支持下,更助力推进了国外教师语言研究的大发展,以至于今天研究的方兴未艾,这便是展现在笔者面前的国外教师教学语言研究的简易图。

可以说,国外的教师教学语言研究一直是受社会需求推动的。总的来看,由于外部的历史发展阶段不同、社会需求不同、支撑的理论背景不同、支持的科技手段等不同,特别是由于教学语言在教育教学学科变化与发展的运动中所呈现的内在矛盾冲突,促使国外教学语言研究在不断地变化及发展。

20世纪上半叶,国外的教学语言研究在学界与业界都未产生很大的影响,未见系统的研究成果,没有专门的组织机构和专门刊物,更未发展成为独立的学科。笔者认为,这一时期的国外教学语言研究基本属于教学研究,特别是语言教学研究的附庸。研究者站位于教育教学专业,目标取向是优化教学、提高教学质量,研究侧重于超语言平面因子。这一时期的研究侧重于两个场域:其一是二语教学,其二是在20世纪上半叶西方所持续开展的"教学科学化运动"。其一,二语教学是对非母语学习者所进行的外语教学。例如,"二战"期间,配合军队的语言培训,当时研究人员创制出了"听说法"的教学法。而在这个教学法的研制中,无疑涉及了对教师教学语言的预期及设计研究。同样,在其二的西方各种教育教学科学化运动中,教师语言也不同程度地被纳入探索之中。例如,"好教师"是在西方颇有影响力的教学改革运动,在这一活动中,研究者将教师语言行为特点作为甄别"好教师"和"差教师"的标准之一(霍特林 Hotelling,1940;柔 Roe,1943),他们从整体上对教师语言的总体形象进行了描述,对"好教师"和"差教师"的语言表达特征进行了区分,在本文1.1.1中将进行详细说明。以上研究的确关涉教师语言,但是,可以看到,寄生于这两个场域下的教师语言研究都并不自成体系,成果是零散的,是经验总结式的,是属于教育教学某一维度或某一侧面的研究,是对教师教学语言作间接的研究,研究者主要采用观察法,也常常通过内省与直觉来辨别教师的语言。因此,这一时期关于教师教学语言的研究,还不是真正意义上的教师教学语言研究。

应该承认,直至20世纪50年代初,国外教学语言研究还只是教学研究尤其是语言教学研究的伴同。50年代初期以后,随着教育教学实践的发展与研究的深入,人们越来越看到教师自身素质、能力(特别是语言能力)对有效教学的重要价值,于是,开始出现了直面教师教学语言的研究,并逐渐出现了成体系的以教学语言为取向的研究。可以说,国外教师教学语言研究是从教学研究特别是二语教学研究中孕育脱胎剥离而出的,而且,教育教学特别是二语教学的相关研究成果及经验等,也成为国外后期教师教学语言研究不断成长发展的丰富营养。

伴随教育教学及其研究的发展,同时也在西方语言哲学转向、系统功能语言学在语言学领域内地位的渐趋显赫,以及语言成为国际上社会人文多学科共同议题的强盛语境下,国外教师教学语言研究由间接转入直接,获得质的飞跃以及蓬勃发展,不但最终在六十年代初期实现完成了前后期的转型,开启了多元背景下的教学语言研究,而且逐渐形成了令研究界所瞩目的"教师教学语言研究三大路径"——"行为分析""话语分析"和"专业发展分析",也可以说,是形成了"教师教学语言研究三大派别"。它们依据不同的社会背景、采用不同的理论基础、满足不同的社会需求,并各自展现出不同的研究特色。笔者认为,三条路径之研究均已形成可观的研究阵营,且存在数十年持续性研究,成果厚重,影响深广,所以应该获得认定学术派别的地位。

某一学科或某一研究的大跃进大发展,一定不是孤立的,一定有其主客观各种原因,外界客观语境是国外教师教学语言研究实现转型与发展不可缺少的重要条件。进入 20 世纪 60 年代以后,国外在语言信息处理和计算语言学、社会语言学、语言规划及语言学理论、方法和手段等方面都出现了令人瞩目的发展,多学科先进的思想理论与多方面先进的科学技术对所处当下研究者思想的更新,对研究阵营新思潮、新观念的形成,对新方法新手段的创制,均提供了理论支撑或技术保障。总之,教学语言研究并不独处于世,无论中外,一直都同社会、科技、文化、教育的发展密切相关。

一 行为分析视域下的教师教学语言研究

20 世纪初,行为主义心理学的形成和发展为教师语言研究带来了新的理论基础和研究方法。行为主义心理学采用运动反应模式识别所有的心理现象,注重测量可观察的外显行为。在课堂教学中,教师语言是最容易观察和记录的外显行为,因此,这一时期教师语言研究的重点是对教师语言进行行为分析,并且大多从教师提问的研究中延伸而来,如 R. Stevens（1912）[1]、Miller（1922）[2]、Haynes（1934）[3]、Corey（1940）[4]、Curtis（1943）[5]。基于数据,研究者们发现,教师言语表达的行为和时间约占课堂教学行为及时间的 2/3,对学生提高学业成绩及培养学习态度具有重要影响。尽管这些研究只是借助于教师提问研究的初步分析,尚未形成体系,但与以往的自省式的主观分析法不同,行为主义心理学的引入,使教师语言研究逐步转向客观研究的路径。

早期对教师行为的研究倾向于探讨教师的人格与特性,制定有关教师特征的量表,作为培育师资的参考、改进教师行为的依据、衡量有效教师的标准。霍特林（Hotelling,1940）区分了"好教师"与"差教师"的语言特征:"好教师"的语言特征通常是言行稳定一致;"差教师"的语言特征则与此相反,大多表现为讽刺挖苦、啰唆霸道、无幽默感。[6] 柔（Roe,1943）提出,"好教师"的语言表达方式应是有助于学生理解的、清晰悦耳的、简洁有效的、轻松幽默的。[7] 显然,这些是从整体上对教师语言的总体形象进行描述。卡塞尔和约翰斯（Cassel & Johns,1960）考察了在核定教师效能中教师语言的重要价

---

[1] Stevens, R., The question as a measure of efficiency in instruction: A critical study of classroom practice, *American Journal of Education*, 1912, 20 (10), p.48.

[2] Miller, H. C., *The new psychology and the teacher*, New York: Albert & Charles Boni, 1922.

[3] Haynes, H. C., *Relation of teacher intelligence, teacher experience, and type of questions*, Nashville: Vanderbilt University, George Peabody College for Teachers, 1934.

[4] Corey, S. M., THE Teachers our-talk the pupils, *American Journal of Education*, 1940, 48 (10), pp. 745–752.

[5] Curtis, F. D., Types of thoughr questions in texrbooks of science, *Science Education*, 1943, 27 (2), pp. 60–67.

[6] Hotelling, H., The Teaching of Statistics, *The Annals of Mathematical Statistics*, 1940, 39 (3), pp. 348–350.

[7] Roe, W. S., How Good a Teacher Are You?, *The Clearing House*, 1943, 17 (6), pp. 362–365.

值,在其所提出的衡量有效教师标准中,"与同事和学生谈话时要字斟句酌"位居第一,"教师语言的幽默性"位居第三。[1] 科根(Cogan,1958)[2] 和斯波尔丁(Spandling,1963)[3] 在课堂观察的基础上发现,教师语言的逻辑性有助于学生学业成绩的提升。所罗门(Solomon,1964)[4] 和希勒(Hilier,1971)[5] 通过实证研究考察了教学语言对学生学业成绩的影响,结果表明:教学语言的清晰性与学生的学业成绩呈正相关;教学语言的模糊性与课堂教学的有效性及学生的学业成绩呈负相关。

六七十年代以后,伴随着目标取向进一步明确,量化方法运用更加完善,对教师课堂教学行为标准的研究更加全面且深入细微。瑞安斯等人的研究具有代表性,他们通过课堂观察统计、分析综合,得出"教师有效/无效行为分辨表"。Bialystok(1978)发现,在课堂教学行为中,教师语言行为所占有的比重最大,是影响课堂教学有效性的关键因素。在教师语言模式研究方面,史密斯等人(Smith,1970)提出的循环模式影响最大,他们将教师的课堂语言行为分为情节语言行为和独白语言行为两类,这两种语言行为在课堂讲授过程中融为一体,并形成一个语言系列,即由定义、描述、名称、陈述、报告、替代、评价和观点八种成分自动生成的有序循环系列,使课堂教学有序开展。[6] 在教

---

[1] Cassel, R. N. & Johns, W. L. , "The Critical Characteristics of an Effective Teacher", *NASSP Bulletin*, 1960, 44 (259), pp. 119 – 124.

[2] Cogan, M. L. , The Behavior of Teachers and the Productive Behavior of Their Pupils: II. "Trait" Analysis, *The Journal of Experimental Education*, 1958, 27 (2), pp. 107 – 124.

[3] Spandling, R. , *Components of Observed Teacher-Pupil Transactions in a Sample of Elementary School Classrooms*, Chicago: Address Delivered to the American Educational Reasearch Association, 1963.

[4] Solomon, D. , Rosenberg, L. & Bezdek, W. E. , Teacher Behavior and Student Learning, *Journal of Educational Psychology*, 1964, 55 (55), pp. 23 – 30.

[5] Hiller, J. H. , Verbal Response Indicators of Conceptual Vagueness, *American Educational Research Journal*, 1971, 8 (1), pp. 151 – 161.

[6] Smith, B. O. , Meux, M. O. & Coombs, J. , *A Study of the Logic of Teaching*, Illinois: University of Illinois Press, 1970.

师语言类型研究方面，贝尔斯（Bales，1999）[①]较为突出。他通过阿米登和哈克（Amidon & Hough，1967）研发的分析系统（The Verbal Interaction Category System，VICS），对教学语言进行了细致的分类，从使用和功能两个方面将教学语言区分为认知性教学语言和情感性教学语言。在课堂教学中，教师提供和索取信息、发表和征求意见、发布和请求指令等行为是认知性教学语言；表示同意或反对、支持或质疑、满意或不满的行为是情感性语言。

总之，行为主义视域下的教师语言研究，早期尚未形成完整的研究体系，主要是通过教师提问及"好教师"的评判标准和特征延伸而来，进入五六十年代以后逐渐成为较为系统化、科学化、规范化的教师语言研究路径。

二 话语分析视域下的教师教学语言研究

在国外，最早以"话语分析"为题的研究可以追溯到美国结构主义语言学家哈里斯（Harris），他于1952年在《语言》上先后发表了两篇长文，提出语言研究应关注自然话语的分析，并为"话语分析"建立了一套完整而系统的科学分析框架。[②] 此后，"话语分析"陆续发展成为多种人文社会学科的重要议题。随着话语分析理论逐渐成熟，话语分析成为教师语言研究的新视角，不仅建立了教师语言研究的量化分析模式，而且确立了其基本研究领域。国外课堂话语研究依据不同的研究传统，形成了不同的研究取向，实证主义取向、自然主义取向和批判理论取向是其中较有代表性的三种。

[①] Bales, S. N., *Effective Language for Communicating Children's Issues*, Washington, D. C.: Coalition for America's Children with the Benton Foundation, 1999.

[②] Harris, Z. S., Discourse Analysis: A sample text, *Language*, 1952, 28 (4), pp. 474 – 494.

1. 实证主义取向的话语研究

实证主义取向的话语研究借鉴了行为主义的研究成果，对师生话语行为的观察和分析有一种明确的量化和标准取向。在教师语言的量化分析模式中，最具影响力的是 20 世纪 60 年代弗兰德斯（Ned. Flanders）开发的互动分析编码系统（Flanders Interaction Analysis Categories，FLAC）。弗兰德斯通过对不同学段、不同学科的课堂观察，将师生话语分为十类。其中，前七类是教师话语，八与九两类是学生话语，第十类是空语状态（安静或混乱）。分析系统分别量化了师生在课堂上的言语行为，并通过各类言语出现频率及比例评价课堂的优劣以及教师言语行为是否得当，比如，好教师在课堂上前三类言语频次高。[①]西方教育界公认：弗兰德斯的"课堂教学师生言语行为互动分析系统"是课堂教学行为研究及教育研究较为理想的工具。因此，弗兰德斯的分析评价法在描述师生课堂语言互动模式上得到了普遍应用，并且对其他课堂语言分析工具的设计产生了重要影响。

作为实证主义的研究范式，贝拉克（Bellack，1966）是教师语言研究的另一代表人物。他和他的同事深入美国中小学课堂，对教师在课堂教学中的口头语言和非口头语言进行内容分析和统计分析，概括出 21 种课堂教学沟通单位结构类型。他把师生会话中的互动类比为行进中的"步"（Move），并将其概括为建构步（Structuring）、引发步（Soliciting）、应答步（Responding）、回应步（reacting）四种类型。在此基础上，提出课堂教学沟通的主要特征，即"诱导—应答—反应"（SOL – RES – REA）教学循环。[②]

在弗兰德斯和贝拉克等人研究的基础上，多种针对课堂互动话语

[①] Flanders, N. A., *Interaction Analysis in the Classroom: A Manual for Observers*, Ann Arbor: University of Michigan Press, 1960.

[②] Bellack, A. A., Hyman, R. T., Smith Jr, F. L. & Kliebard, H. M., *The Language of the Classroom*, New York: Columbia University, 1966.

研究的分析框架和观察工具得到研发，如 Thomas L. Good Jere E. Brophy（1984）研发的课堂提问行为观察系统，Nina Spada 等人研发的交际法教学观察表（Communicative Orientation of Language Teaching, COLT），尼斯特朗德（Nystrand, 1988）研发的课堂语言评价系统 CLASS（Classroom Language Assessment System），等等。

计算机技术的迅猛发展为课堂话语分析提供了工具，多种课堂话语分析软件得到应用和推广，如供各国话语互动研究者分享成果的网络平台"儿童语言数据交换系统"（Child Language Data Exchange System），它为课堂话语分析提供了一种计算机化分析软件"clan"。澳大利亚墨尔本大学国际课堂研究中心研发的视频分析软件"StudioCode"，它为视频观察与文本分析同步进行的课堂话语分析提供了可能。由美国威斯康辛—麦迪逊大学教育学院教育研究中心主导研发的 Transana，实现了将录像数据转写为文字并进行分析的功能。Nvivo 10 可以建立二维、三维表格，对 Video、Pdf、Audio 等类型的文件进行编码处理，并以 Word 或 Powerpoint 文件形式输出。工具软件的开发有助于人们更广泛、更深入地对课堂话语进行综合分析，概括课堂话语实际存在的一般模式，核定课堂教学的效能。

不可避免，强烈的结构化、定量化、范畴化的特点给实证主义取向的话语研究在课堂分析的应用带来诸多束缚，其实质是将教师话语与学生话语割裂开来进行编码分析，并且其分类系统很难穷尽现实课堂语境中的语言运用，不能很好地体现自然情境中语言的多功能性与动态性。

2. 自然主义取向的话语研究

为弥补实证主义研究的不足，自然主义取向的课堂话语研究吸收了社会语言学及民族志方法论等诸多研究成果，对课堂话语及师生互动进行描述和解释。巴恩斯和斯密尔特（Barnes 和 Shemilt, 1974）考察了教师课堂话语对学生理解的影响，发现过长过快的教师课堂话语不利于学生的理解。[1] 辛克莱和库尔撒德（Sinclair 和 Coulthard，1975）比较了教师与学生在课堂上使用的话语，提出师生双方所使用的语词、语句均有明显差异，而这些都可能阻碍学生的理解。[2] 莱利（Riley，1980）构建了师生互动话语网络。[3] 迈克豪尔（McHoul，1978）对授课话语中师生互动的语轮进行专题研究。[4] 辛克莱和布莱尔（Sinclair 和 Brazil，1982）对教师为方便学生理解而在授课话语中使用的简化语进行了观察和分析。[5] 库尔撒德和蒙哥马利（Coulthard 和 Montgomery，1981）讨论了教师的描述话语能力。[6] Gaies（1977[7]，1979[8]）、Henzel（1979）[9]、Long（1983）[10]、Long & Sato（1983）[11]、Chaudron（1988）[12] 考察了多种类型的教师话语，并对教师的话语特征进行了总结，研究表明，对促进学生的理解而言，教师在语音、句式、语法层

---

[1] Douglas Barnes, Denis Shemilt, Transmission and interpretation, *Educational Review*, 1974, 26（3），pp. 213 – 228.

[2] Sinclair, J. & M. Coulthard, *Towards au Analysis of Discourse: The Used by Teachers and Pupils*, Oxford: Oxford University Press, 1975.

[3] Riley, P., When communication breaks down: levels of coherence in discourse, *Applied Linguistics*, 1980（3），pp. 201 – 216.

[4] McHoul, A., The Organization of Turns at Formal Talk in the Classroom, *Language and Society*, 1978, 7（2），pp. 183 – 213.

[5] Sinclair, J. & D. Brazil, *Teacher Talk*, Oxford: Oxford University Press, 1982.

[6] Coulthard, R. M. & D. C. Brazil, Aspects of the Theory of Discourse, In Couthard, R. M. & M. Montgomery（eds.），*Studies iu Discourse Analysis*, London: Routledge and Kegan Paul, 1981.

[7] Gaies, S., *The nature of linguistic input in formal second language learning: Linguistic and communicative strategies in ESL teachers' classroom language*, Washington D. C.: TESOL, 1977.

[8] Gaies, S., *Linguistic input in first and second language learning*, Mass: Newbury House, 1979.

[9] Henzel, V., Foreigner talk in the classroom, *International Review of Applied Linguistic in Language Teaching*, 1979, 17（2），pp. 159 – 167.

[10] Long, M. H., *Training the second language teacher as classroom researcher*, In J. E. Alatis, H. H. Stem & P. D. Strevens（eds.），*Applied Linguistics and the Preparation of Second Language Teachers: Towords a Rationale*, Washington, D. C.: Georgetown University Press, 1983.

[11] Long, M. H. & Sato, C. J., *Classroom foreign talk discourse: Forms and functions of teachers' questions*, In H. W. Seliger & M. H. Long（eds），*Classroom Oriented Research in Second Language Acquisition*, Rowley, Mass.: Newbury House, 1983.

[12] Chaudron, C., *Second Language Classrooms: Research on teaching and learning*, Cambridge: Cambridge University Press, 1988.

面的简单化语言调整并无显著作用。麦卡锡（McCarthy，1991）从语言学的角度分析了课堂话语在语音、词汇、语法层面的运用，关注语言的本体。① 克里斯蒂（Christie，2002）站位于语域研究的视角将教师的课堂话语区别为讲授型语域（instructional register）和管理型语域（regulative register），并分别概括了两类话语各自的区别性特征：讲授型语域主要包括讲授话语和提问话语；管理型语域主要包括课程启动话语、讲授进程控制话语、内容衔接转换话语及评价反馈话语，等等。②

自然主义取向话语研究的代表人物是米恩和卡兹顿。米恩（Mehan, H.，2003）借用民族志的方法对自然情境中的课堂话语进行序列分析，提出了著名的课堂话语 IRE 结构，即教师主导—学生应答—教师评价。③ 卡兹顿（Cazden，1986，2001）从社会语言学角度出发，设定了课堂话语的三种状态及功能，即"课程话语""控制话语"和"个性话语"，命题性功能、社会性功能和表达性功能。卡兹顿的研究使人们认识到语言不只是沟通的工具，在教师话语角色、话语权利的背后蕴藏着丰富的社会内涵和文化意义。④

自然主义取向的课堂话语研究将学生话语与教师话语相结合，这样综合考察的方式有助于揭示课堂话语互动性的本质特征，概括课堂话语互动的典型模式、使用原则、特定功能。但自然主义取向的研究者忽视了社会结构对课堂话语的重要影响，未能关注在课堂话语序列外的语境因素，因此，话语分析难免局限于表层分析或形式分析。

---

① McCarthy, M., *Discourse Analysis for Language Teachers*, Cambridge：Cambridge University Press，1991.

② Christie, F., *Classroom Discourse Analysis：A Functional Perspective*, London & New York：Continuum，2002.

③ Douglas Macbeth, Hugh Mehan's Learning Lessons Reconsidered：On the Differences Between the Naruralistic and Critical Analysis of Classroom Discourse, *American Educational Research Journal*，2003，40（1），pp. 239–280.

④ Cazden, C. B.，《教室言谈：教与学的语言》，蔡敏玲、彭海燕译，心理出版社2001年版。

3. 批判理论取向的话语研究

随着社会批判理论和系统功能语言学的发展与成熟，课堂话语研究转向批判分析。系统功能语言学将语言视为社会符号，认为语言研究应该着手于外部，而非语言内部。福柯（Fourcault）为超越以文本为方向的话语分析提供了基础，强调话语的社会建构性，认为话语与权力息息相关，其研究关注话语的发生规则系统及可能性条件。[1] 吉（Gee，J.，1996）表达了与福柯相同的观点。[2] 受福柯的启发，费尔克拉夫建立了"文本—话语实践—社会实践"三个向度的话语分析框架，被广泛应用于包括课堂话语在内的各类话语事件的分析。[3] 希思（Heath，S. B.，2001）考察分析了三个不同社会阶层（由黑人工人阶级、白人工人阶级、黑人白人组成的中产阶级）子女的话语特点，并揭示了其与学业成绩的关系，结果表明：儿童使用语言方式的差异源自其在学校中的不同期望，并与其家庭背景密切相关。[4] 佐藤学（2003）对教师课堂话语中用"老师"代替"我"所造成的非主体化现象进行了分析与批判，提出教师课堂话语因第一人称的缺失使师生之间对话关系的性质转变为内化了权力关系的性质。[5] 布鲁姆等人（Bloome，D.，2005）注意到话语施受主体的变化和由此产生的话语量分配及话语理解问题，通过微观民族志的方法揭示了课堂话语与身份、种族、性别及权力关系的联系。[6]

---

[1] Foucault, M., *The Archeology of Knowledge & The Discourse on Language*, New York: Pantheon Books, 1971.

[2] Gee, J., *Social linguistics and literacies: Ideology in discourses* (2nd ed.), Philadelphia: Falmer Press, 1996.

[3] Fairclough, N., *Discourse and Social Change*, Oxford: Oxford Blackwell, 1992.

[4] Eisenhart, M., *Changing conceptions of culture and ethnographic methodology: recent thematic shifts and their implications for reseach and teaching*, Washington D. C.: American Educational Research Association, 2001.

[5] ［日］佐藤学：《课程与教师》，钟启泉译，教育科学出版社2003年版。

[6] Bloome, D., Carter, S. P., Christian, B. M., Otto, S. & Shuart-Faris, N., Discourse Analysis and the study of classroom language and literacy events: A microethnographic perspective, *Mahwah*, N. J.: Lawrence Erlbaum Associates, 2005 (8), pp. 328 – 329.

批判理论取向的话语分析采用多元化的研究视角，有助于揭示话语作为社会实践建构社会过程和结构的属性，深入解读课堂话语的社会内涵和文化意义，但其并未形成统一的研究方向、理论框架和分析方法，强烈的批判性使其无法满足课堂变革的需要。

三　专业发展视域下的教师教学语言研究

进入 20 世纪 80 年代，教师专业素养对学生及课堂教学的影响引起社会普遍关注。1980 年"Help! Teacher Can Not Teach"在《时代周刊》发表，该文详细分析了课堂教学中因教师专业素养低劣所造成的负面影响，在美国引起强烈反响，使教师语言研究转向教师专业标准的核定，其标志性成果是出台了范宁、霍姆斯协会的报告《明日之教师》。该文强烈呼吁将教师视为一种专业，使教师成为有效能的专业人员，建立入选教师的专业标准。① 此后，为使师资培养能够达到专业标准，各种教育组织及教育研究者纷纷研制教师专业化标准及准入制度，在这样的背景下，作为教师专业标准重要维度的教师语言及教师的语言表达能力自然成为重要的关注对象，如美国托莱多大学吉比尼和威尔玛（1986）提出了个人能力测验图分析（Profile analysis），以此来评定实习教师的专业能力及素养。其中，五个主题共计四十九条评定条目中，与教师语言表达能力相关的标准占了三条，即教师应使用便于学生理解的口语和书面语；讲解清楚、指向明确；增加非言语的交流或使用功能性的语言。②

在教师专业发展视域下，教师语言的研究视角更加开阔，研究者们从整体主义研究立场出发，引入人种学的研究视角，力图超越话语

---

①　范宁、杨芝岭：《霍姆斯协会报告：明天的教师（1986）》（上），《全球教育展望》1988 年第 5 期。

②　[美]吉比尼、威尔玛：《美国本科毕业的实习教师能力评定条目》，沈剑平译，《外国教育动态》1986 年第 3 期。

分析对教师语言研究的束缚,着力探究教师语言的内部结构与社会文化意义,比较有代表性的有:巴克曼、约翰逊、伍尔福克和布鲁克斯,等等。巴克曼(Bachman,1990)借鉴认知心理学的研究成果,揭示了教师语言意识的本质及运行的复杂性。[1] 约翰逊(Johnson,1999)以解释学理论为基础,采用理论分析与案例举证相结合的方法,概括了教师语言的专业化特征:解释性、情境性和推理性,约翰逊的分析方法为教学语言研究增添了活力。[2] 依据社会互动理论的分析框架,研究者们逐渐发现教师的非语言行为对课堂教学效能的巨大影响,如 Mehrabian(1972)[3]、Birdwhistell(1978)[4],发现教师的非语言行为是影响课堂教学效能的最大因素。此后,教师语言研究逐渐由关注教师的言语行为转向关注教师的非言语行为,其杰出代表是伍尔福克和布鲁克斯(Woolfolk & Brooks,1983)[5]。

21世纪以来,国外的教师语言研究涌现出多种崭新的研究路径和方法,比如多模态交际研究路径,其建基于系统功能语言学,研究方法多是通过现代化的录音、摄像等电子设备采集数据,然后借助特定的软件对语篇进行多模态的转写及分析。这种研究方法便于对课堂教学的整个过程进行多模态的微观记录和分析,发现动作表情、视觉图像、空间距离、教室设置等非语言模态所具有的意义生成作用及影响,使教师语言研究超越了单一面向语言的层面,转向多模态的交际研究。[6]

---

[1] Bachman, L. F., *Fundamental Considerations in Language Testing*, Oxford: Oxford University Press, 1990.

[2] Johnson, K. E. & Ma, P., *Understanding Language Teaching: Reasoning in action*, New York: Heinle & Heinle Publishers, 1999.

[3] Mehrabian, A., Nonverbal communication, *Encyclopedia of Child Behavior & Development*, 1972, 22 (37), pp. 14 – 18.

[4] Birdwhistell, R. L., *Nonverbal Communication: A Research Guide and Bibliography*, N. J.: The Scarecrow Press, 1978.

[5] Woolfolk, A. E. & Brooks, D. M., Nonverbal communication in teaching, *Review of researsh in education*, 1983, 10 (1), pp. 103 – 149.

[6] 冯江鸿:《课堂话语研究方法述评》,《外语研究》2012年第5期。

因本文主要探讨教师的言语行为，故非言语行为的相关研究此处不做赘述。

国外的教师语言研究服务于特定的社会需求，建基于多元化的理论基础，不断开阔研究视角、更新研究方法，使教师语言研究呈现出持续发展的状态，成果卓著。虽然，国外教师语言的研究成果不能完全满足我国课堂教学的实际需要，但其研究思路、研究方法、研究成果为我国教师语言研究提供了借鉴和启示。

第二节　国内教师教学语言研究概况

国内对教学语言的研究大致可区别为前后新旧两阶段，前期研究基本在语言学框架内，侧重于静态的语言材料描写，后期在多学科及其融合的理论背景下，进入交叉与综合的研究轨道，注重于言语运用的动态分析与阐释。

一　以传统语言学为主导的教师教学语言研究

以新中国成立时间为考查起点，直至 80 年代末，可以认为是我国教师教学语言研究的前期阶段。在这段较长的时间里，我国教学语言研究是以语言学为主长的时间里，我国教学语言研究是以语言学为主导的，如过传忠（1982）[①]、张锐、朱家钰（1991）[②]，等等。影响较为突出的是在《渤海学刊》（1989）推出的关于探究教师语言修养与语言艺术的系列文章，如邸文侠《课堂教学语言刍议》[③]、郭叕《要重视教师的课堂语言》[④]、张庆儒《当规矩成方圆——教师课堂语

[①] 过传忠：《谈教师的语言修养》，《人民教育》1982 年第 10 期。
[②] 张锐、朱家钰：《谈教师语言艺术》，《课程·教材·教法》1991 年第 3 期。
[③] 邸文侠：《课堂教学语言刍议》，《渤海学刊》1989 年第 4 期。
[④] 郭叕：《要重视教师的课堂语言》，《渤海学刊》1989 年第 4 期。

言简论》① 等。

查阅20世纪90年代之前的老旧书刊，可以散见许多这样的著述，研究通常是建立在语言学框架内，多是对教学语言做语音、词汇、语法各要素上的静态描写评点，或做修辞艺术手段上的解析。作者多强调教师教学语言要语音标准、词语精当、语法规范、语体得当，以及要运用修辞巧妙，等等。研究成果较多属于自觉感悟式、经验总结式、语文评点式，研究态势处于一种个体随性式。少见从整个课堂教学全局出发的研究，缺乏对教学全过程言语动态规律的观察分析描写与阐释。

可以说，前期研究有缺憾。但也要同时承认，前期研究成绩斐然，许多有价值的成果成为后期研究坚实的基础。而且，直至当前，这样的研究仍存受青睐的空间，不少研究者还沿袭着这样的研究习惯，其中，边振华（1989）最能反映这种传统形式语言学框架下的研究模式。文章提出并论证了教师课堂教学语言要做到四个方面：其一说普通话，深入浅出；其二朴实温和，幽默风趣；其三音调适当，音速适度；其四去掉口头禅，避免随意性。② 同样，陈涵平（2004）③、杨欣（2009）④，以及毛亚玲（2010）⑤，也均基本仍属在传统语言学框架下或修辞学视域而进行研究的论著成果。

二 多元化理论背景下的教师教学语言研究

20世纪90年代，在国家教委（教育部）与国家语委的直接领导下，我国开展了两项重要的语言工作。一是各级各类师范院校遵照政府指令纷纷增设"教师口语"课程；二是全国多行业人员（尤其是教育界的教师）需分批次逐步接受并通过普通话测试，合格后上岗工

---

① 张庆儒：《当规矩成方圆——教师课堂语言简论》，《渤海学刊》1989年第4期。
② 边振华：《谈教师的课堂教学语言》，《基础教育研究》2009年第2期。
③ 陈涵平：《教师言语美》，中山大学出版社2004年版。
④ 杨欣：《教学语言艺术》，四川出版社2009年版。
⑤ 毛亚玲：《浅谈教师的语言艺术》，《宁夏教育》2010年第1期。

作。这两项工作的开展既标志着我国人民的语言生活进入了新历程，更促使我国的语言运用及研究步入了新阶段。而且，伴随此两项工作，业界与学界纷纷出台数量可观的优秀的汉语言语（包括教师言语及教师课堂教学言语）的研究成果。国家教委发布的《师范院校"教师口语"课程标准》中明确讲道："'教师口语'是研究教师口语运用规律的一门应用语言学科，是在理论指导下培养学生在教育、教学等工作中口语运用能力的实践性很强的课程，本课程是培养师范各专业学生教师职业技能的必修课。"[①] 可以说，"教师口语"学科的建设与课程的开设，以及差不多时间内推行的"普通话测试"，两项举措大大推进了我国的教师教学语言研究。

处于世纪之交的 90 年代正属于我国教学语言研究前后新旧两大阶段的交替过渡期，也可以说，90 年代是我国教师教学语言研究的动荡期、转型期、大发展期。笔者认为，正是上述 90 年代我国两项重要语言工作催生了我国教学语言研究的转型及新发展。

90 年代我国教师教学语言研究状况呈现为：既有对前期阶段研究路径的继承发展创新，又呈现出新阶段新路径的研究新态势。国家教委师范司组织编写全国通用教材《教师口语》（1996），教材从两个视角划分了课堂教学语言类型，并逐类加以研讨：从教学环节角度区别为"导入语""讲授语""过渡语""提问语""小结语"；从表达方式角度区别为"叙述语""描述语""解说语""评述语"。[②] 而当时的研究论著主要有两类：一类侧重于语言艺术性的研究，如郭启明、赵森林（1998），该书主要是在修辞学论域内阐释教学言语的加工及表达；[③] 另一类侧重于语言技能的研究，如唐树芝（2000）[④] 和蒋同林、

[①] 国家教育委员会：《师范院校"教师口语"课程标准》，《语言文字应用》1993 年第 3 期。
[②] 国家教委师范司组编：《教师口语》，北京师范大学出版社 1996 年版。
[③] 郭启明、赵森林：《教师语言艺术（修订本）》，语文出版社 1998 年版。
[④] 唐树芝：《教师口语技能》，湖南师范大学出版社 2000 年版。

崔达送（2001）[①]。《教师语言纲要》一书将教学语言划分为单项表述语（含朗读语与教学讲析语）和双项交流语，又叫调控语（含教学提示语、教学回答语、教学激发语），可见该书已由语言要素的静态分析转向动态的言语运用的阐释。

配合课程教材编写，其间陆续召开过多次全国性的研讨会，当时有几种语言学核心刊物还组织刊发了系列研究文章。其中，《语言文字应用》在1994—1996年，开设专栏"教师教学语言艺术讲座"刊发推出了系列论文，引起极大反响，作者有庄文中、夏立康、朱永燚、李裕德、孙荻芬、方武等人，分别从语音、词汇、语法、结构、逻辑、修辞等语言要素着眼，对教师语言进行了全面而系统的讨论。另外，较具影响的文章还有：李如龙（1993）[②]、李珉（1993）[③]、张锐（1994）[④]，以及凌步程（1997）[⑤] 等。

同样，普通话水平测试不仅是我国推普工作的重要举措及保障，不仅促进了我国公职人员及广大公民普通话水平的提高，而且有力地促进了汉语言运用的研究。《语言文字应用》杂志在1997年第3期上组织一些学者专门讨论了普通话测试及其相关问题，其间，不少报纸杂志也都刊发了讨论推普及教师职业语言的文章。

此外，在90年代末期，也涌现出一些从话语功能、话语风格、美学特点来研究教师话语的专著和论文，如宋其蕤和冯显灿（1999）[⑥]、黄明明（2003）[⑦]、李默涵、张峰荣（2003）[⑧] 等。除专家学者外，越

[①] 蒋同林、崔达送：《教师语言纲要》，华语教学出版社2001年版。
[②] 李如龙：《谈教师的语言修养》，《语言文字应用》1993年第4期。
[③] 李珉：《未来教师口语技能培养工程的实践与思考》，《语言文字应用》1993年第12期。
[④] 张锐：《国内外教师口语研究与课程设置》，《语言文字应用》1994年第5期。
[⑤] 凌步程：《试论语言表达的三个层次及其在教师口语课教学中的运用》，《语文建设》1997年第9期。
[⑥] 宋其蕤、冯显灿：《教学言语学》，广东教育出版社1999年版。
[⑦] 黄明明：《略论教学语言的幽默风格》，《吴锡教育学院学报》2003年第4期。
[⑧] 李默涵、张峰荣：《论教学语言的基本特征及审关特征》，《丹东纺专学报》2003年第12期。

来越多的一线教师也纷纷撰文从经验层面总结教学语言的语用策略与语言艺术，这一阶段教师教学语言研究呈现出专家学者与一线教师相结合、集体组织与个体自发相结合的两大特点。

90年代后期开始，我国逐渐向真正的教师教学言语研究迈进，由前期静态的语言研究转型为后期动态的言语研究。引进西方相关学科理论，借鉴西方各派别的教学言语研究经验，融合国内外相关学科的先进理论与研究方法及经验，这些促使我们的研究视角、研究内容及研究方法逐渐形成较明显的突破，使得90年代后期至今我国的教师教学言语研究获得较大的发展，呈现为欣欣向荣的崭新局面。

首先，突破学科疆界吸纳多理论支撑，是我国后期教学语言研究的最大特点。90年代，社会语言学、心理语言学、交际语言学，特别是语用学，在我国已发展为成熟的语言学分支学科，生成语法、信息论、控制论等也逐渐在我国的科研教研中产生较大影响，诸多学科理论及方法对当时教学语言研究的渗透深入助力很大。第一，这期间，在课堂教学语言研究上较有代表意义之一的是吴本虎，他从言语交际的角度来研究课堂教学言语，同时也主要借助心理语言学及生成语法等理论，进行探究教师教学言语活动的构成要素及其生成规律。从1992年至1997年，吴本虎在《浙江师范大学报》发表了系列论文，详细阐述了教学言语交际的感知、获知、动机、意图等，他将言语生成过程划分为四个阶段：形成言语动机、产生言语意图、制订言语计划和执行言语计划，他用系列论文——描写阐述了这四阶段的全过程，以揭示他所认知的教师教学言语规律。第二，有相当数量研究者主要是借助语用学之学理进行研究，从语用学视角分析在提问方式、反馈方式、话语预设、适应语境、话语量、话轮转换等方面的教师语用策略，如罗国莹（2007）[①] 刘娜

[①] 罗国莹：《教师课堂角色类型研究》，《江苏社会科学》2007年第12期。

(2009)①、黄淑琴（2009）②、王蓉（2014）③，等等。第三，有些研究者主要是引入社会学视角而探究课堂教学语言，主要关注教学言语交际中的话语角色及话语主体等问题。在此研究中，吴康宁等（1994）依据课堂言语交往的总体类型对教师课堂角色类型进行了深入的研究，④ 引起广泛关注。另外，刘云杉等依据课堂言语交往的总体特征而做的教师话语地位及学生身份地位的研究，⑤ 对教师话语权力的实质、运作、内容特征的揭示等，⑥ 也属一种语言学与社会学相交叉的边缘学科研究。总之，对教学语言进入多学科多理论的交叉融合研究，在90年代特别其后期就已渐行渐显成效。

积极引进与借鉴新兴理论尝试进行课堂教学语言创新研究，是近些年来我国教学语言研究的新特点。21世纪国内外更是呈现出理论的多元化，新兴的西方理论纷纷被介绍引入中国，随着我国教学改革的推进与深化发展，教育教学界思想活跃，教学实践及其理论探索在业界学界并行发展。可以说，进入21世纪的教师教学语言研究，展现出一种"八仙过海，各显其能"的状态，而最值得提出的是借助新兴的"话语分析"与"言语行为"理论及其方法下的教学语言研究。

在国外，"话语分析"理论兴起于20世纪50年代，其后陆续发展融入多种人文社会学科的研究范畴。历经半个世纪的里程，国外运用话语分析的理论及方法研究课堂教学语言，已经积累相当的实践经验，提取出令人信服的理论，并形成了不同的研究派别，美国哈佛大学的

---

① 刘娜：《教师课堂角色类型研究》，《教育评论》2009年第8期。
② 黄淑琴：《教师否定和异议的表达策略及语用分析——以中学语文阅读教学为例》，《课程·教材·教法》2009年第8期。
③ 王蓉：《大学英语教师的反馈话轮交际策略：比赛课堂与常规课堂的比较》，《解放军外国语学院学报》2014年第7期。
④ 吴康宁、程晓樵、吴永军等：《教师课堂角色类型研究》，《教育研究与实验》1994年第4期。
⑤ 刘云杉、吴康宁、程晓樵等：《学生课堂言语交往的社会学研究》，《南京师范大学学报》（社会科学版）1995年第4期。
⑥ 刘云杉：《教师话语权力分析》，《南京师范大学学报》（社会科学版）1997年第3期。

卡兹顿教授是较早把话语分析引入课堂教学研究领域并取得较突出成果的研究者之一。比较国外，我国运用"话语分析"研究课堂教学语言是刚刚兴起阶段，研究者多数集中在第二语言（主要为英语）教学及研究界。本文研讨对象是教师的汉语母语课堂教学用语，所以下面以此为论域。选取"话语分析"路径研究汉语课堂教学言语的论著多数发表在最近十多年，研究内容大致区别为"自然主义取向"和"批判理论取向"两类。

"自然主义取向"课堂教学言语研究对话语有着强烈的描写与解释意向，注重于话语结构单位，注意分析课堂话语语篇构成、描写教师的话语建构及师生互动话语规律，探究课堂教学操控技能等。这类研究文章的具体论题对象通常有"课堂话语语篇""话轮操控与转换模式""师生互动的话语""教师提问与反馈的话语"以及"课堂中的话语修正"等，如顾泠沅、周卫（1999）[1]、李森（2003）[2]、汤燕瑜、刘绍忠（2003）[3]、刘世清和姚本先（2004）[4]、陈小英（2005）[5]、欧阳林舟（2005）[6]等。

"批判理论取向"的课堂教学言语研究注重对话语的深层分析或批判分析，注意话语与它所处外部语境的关系，属于超语言层面的研究，其研究文章常见关键词之一就是"话语权"，如邢思珍和李森（2004）[7]、徐辉和谢艺泉（2004）[8]等。特别是张晓凤（2015），

---

[1] 顾泠沅、周卫：《课堂教学的观察与研究——学会观察》，《上海教育》1999年第5期。
[2] 李森：《课堂教学活动话语权力的反思与重建》，《当代教育科学》2003年第1期。
[3] 汤燕瑜、刘绍忠：《教师语言的语用分析》，《外语与外语教学》2003年第1期。
[4] 刘世清、姚本先：《课堂教学中的话语现象探析》，《当代教育论坛》2004年第2期。
[5] 陈小英：《汉语课堂话语模式分析及其教学启示》，硕士学位论文，暨南大学华文学院，2005年。
[6] 欧阳林舟：《课堂教学话语研究》，硕士学位论文，湖南师范大学，2005年。
[7] 邢思珍、李森：《课堂教学活动话语权力的反思与重建》，《教育科学研究》2004年第12期。
[8] 徐辉、谢艺泉：《话语霸权与平等交流——对新型师生观的思考》，《教育科学》2004年第6期。

该文述评了目前我国对课堂教学语言中话语权的研究现状，得出的结论是"国内对教学言语的话语权研究已经初具规模"[1]，佐证了"话语权"是我国教学言语研究的热点之一，也是我国批判理论取向话语分析课堂教学语言颇见成效之点。

受国外相关研究的启发，21世纪以来建基于实证调查的课堂话语研究受到国内众多学者的青睐，出现了一些颇具创新性的研究，如陕西教育学院马晓琴、陶相荣（2010）通过实地考察、问卷调查的方式对西安、延安等地八所城乡结合部中小学的253名教师的语言素养进行了调查，在对比分析基础上，提出提升城乡结合部中小学教师语言素养的建议和对策。[2] 廖肇银（2010）对农村教师的语言使用情况进行了调研，发现一些农村教师在语音、语词、语句的规范及文明使用方面仍然存在诸多问题，文章分析了造成农村教师语言规范化问题的原因，并提出解决之法。[3] 张素敏（2011）通过话语录音的方式，以1对双胞胎儿童家庭辅导教师的话语为研究对象，分析学习者态度、认知等因素对教师话语的影响，得出结论：教师话语中的母语使用情况、反馈形式及数量受到学习者的语言概念认知和态度情感因素的影响，提出应进一步从被反馈者的态度情感角度分析、评价课堂教学的交互性及不同形式反馈的作用。[4] 在硕博论文中，实证研究方法渐趋盛行，如杭州师范大学硕士生于江华借鉴TIMSS的录像编码和鲍建生老师的视频案例研究，以现场观察和视频录像为手段，以四所中学四位代数教师课堂教学语言为研究对象，通过对不同教师、不同课型、不同内

---

[1] 张晓凤:《国内教学话语权研究现状评析——基于2000—2013年中国知网数据的定量分析》,《黑河学刊》2015年第5期。

[2] 马晓琴、陶相荣:《城乡结合部中小学教师语言素质的现状分析》,《陕西教育学院学报》2010年第9期。

[3] 廖肇银:《破解农村教师语言规范化问题的思考》,《江西金融职工大学学报》2010年第1期。

[4] 张素敏:《学习者因素对教师话语的影响作用分析》,《外语研究》2011年第5期。

容的代数课堂教学语言的分析比较，对初中代数课堂教学语言类别进行了总结与分析，并提出了提高初中代数课堂教学语言有效性的策略，即教师应严谨使用陈述性语言，合理使用提问性语言，适时使用启发性语言，适时适度施教。①

随着研究领域的不断开拓，研究方法的日益丰富，国内教学语言研究不断向纵深发展，成果丰硕。近几年来，一些学者开始注重对教学语言研究理论、课堂话语研究路径及方法的总结归纳，如黄小苹（2006）对教师课堂话语研究的会话分析、微观民族志交际、功能语法三种研究路径进行评述。② 董小敏（2007）对近三十年来教师语言研究理论及成果进行综述。冯江鸿（2012）将教师课堂话语研究的路径及方法概括为五种：语言学话语分析、交互分析、批评话语分析、多模态话语分析、社会文化分析，并分别给予评论。③

引进与借鉴"言语行为"的理论及其方法研究教学语言，虽然相对于"话语分析"时间上稍有滞后，但在研究内容的深度广度以及态势上却都强于前者。最鲜明的，文献检索可见，"言语行为"路径下的教学言语研究论著论作数量远远多于前者。可以说，近十几年，运用"言语行为"理论及方法探究教师课堂教学言语及其实施，已在我国本研究领域占据了主体地位，已获得诸多可喜的研究成果，这也是本文选取的主体研究路径，所以，下面列专题综述。

三 "言语行为理论"论域下的教师教学语言研究

英国牛津大学语言哲学家、日常语言学派的重要代表人物约翰·奥斯汀于20世纪50年代中期至60年代初期，做了系列演讲并发表多

---

① 于江华：《基于录像分析下的初中教师代数课堂有效教学语言的策略研究》，硕士学位论文，杭州师范大学理学院，2010年。
② 黄小苹：《课堂话语微观分析：理论、方法与实践》，《外语研究》2006年第10期。
③ 冯江鸿：《课堂话语研究方法述评》，《外语研究》2012年第5期。

篇论文,阐述并创建了言语行为理论。美国哲学家塞尔继承并发展了奥斯汀的思想,使其成为语言学、语用学等学科的重要基础理论。言语行为理论提出,说话就是做事,言语交际的单位不是句子而是行为,人们说话就是在实施、执行某种言语行为,如命令、陈述、提问等。人们在实施这些言语行为时必需遵守一定的规则,而言语行为理论就解释这类语言运用的规则。

我国对言语行为理论的研究可分为两个阶段:自1979年至1989年,是理论引入阶段,著名语言学家何自然、许国璋、何兆熊、顾曰国等将言语行为理论引入中国。从1990年至今,是应用研究阶段。同"话语分析一样","言语行为"理论及方法也受到我国多领域学者的青睐,语言学、哲学、心理学、社会学、计算机科学等学科的研究均产生了重要影响。就应用于生活实践而言,"言语行为"理论在法律、教育、传媒等领域均有应用研究,尤其是,在语言文学界言语行为理论的应用研究空前活跃,在会话、语篇连贯、诗学、翻译及文学作品叙事等诸多方面均成果卓著。

运用"言语行为"理论及方法研究教师课堂教学言语,是最近十几年来备受关注的新路径,已成为研究场域的热门,并且发展态势很好,2000年以来,此方面研究论著量逐年增加。不但有数量可观的论文,也有专著问世,如较早出现的专著,李海涛(2004)[1] 等,此处不一一列举赘述。纵观我国当前"言语行为"路径下的教师课堂教学语言研究,可以见到其呈现出如下几方面的特点:

1. 划分言语类型进行研究

"言语行为"下的我国教师课堂教学语言研究,从分类角度而切入的占据相当大的比重。分类是科学的特征,在奥斯汀和塞尔所创建的言语行为理论中对言语行为就是分类别种的。对教师课堂教学言

---

[1] 李海涛:《教师语言行为研究》,四川大学出版社2004年版。

做划类研究，大多是以话语施事功能为标准的，如南京师范大学吴康宁等（1994）从角色视角将教师课堂语言区别为"提问、答复、要求、评价和其他"五类，文章分别阐释各类型言语的角色功能及操作规律等；① 也有从实现教学作用视角将教师课堂语言划分成"讲授行为语、提问行为语、反馈行为语、调控行为语"的；还有师生交往视角划分为"组织行为语、诱导行为语、应答行为语和反应行为语"的；又有专注师生互动话语区别为"提问语、评价语和指令语"的。总之，这种区别言语类型的研究所侧重的是"以言施事"的话语。再如，康金旭（2013）采用奥斯汀的言语行为三分说和塞尔施事行为五分说，将初中语文教师课堂言语行为区别为"言内行为"（含复述、阐述）、"以言取事行为"（含断言、指令、承诺、表情、宣告）、"以言取效行为"（含使听者信服、烦恼、高兴、害怕、受到启发、熏陶、感悟）三类，加以分别讨论并就案例分析，然后在此基础上总结出初中语文课堂教学言语的特点，指出初中语文课堂教学言语的运用策略。② 显然，该文是在类型划分的框架下逐类研究教师课堂教学语言的。

值得提出的是，虽然都有类型学的观照，但更多的研究并不是做整体全部类型研究，许多都是专门选取课堂教学中教师言语的某一个体类进行研究的，如杨海燕（2003）③、韩平平（2012）④，都是聚焦于教师课堂教学言语中的"评价语"加以研究；而高巍（2009）⑤ 是专门就教师与学生的"互动语"加以研究。

2. 专注某一具体学科或某一特定教育层级的课堂教学语言进行研究

---

① 吴康宁、程晓樵、吴永军等：《教师课堂角色类型研究》，《教育研究与实验》1994年第4期。
② 康金旭：《初中语文教师课堂言语行为研究——基于塞尔言语行为分析系统》，硕士学位论文，西北师范大学文学院，2013年。
③ 杨海燕：《课堂教学情景中教师言语评价行为的研究》，硕士学位论文，华东师范大学教育学系，2003年。
④ 韩平平：《新手教师与专家教师课堂教学评价语言比较研究》，硕士学位论文，河北师范大学教育学院，2012年。
⑤ 高巍：《课堂教学师生言语行为互动研究》，《教育研究与实验》2009年第9期。

大量教学一线专业教师加入此研究论坛，是促成此特点形成的重要原因。从学科而言，大概由于阅读文献接受国外新兴理论及经验更便捷等原因，专门研究二语（尤其是英语）课堂教学语言的数量最多，其次是研究单科语文课堂教学语言的也相对较多。另外，也有研究数学、物理、化学、生物等各单科课堂教学语言的，如郭林花（2005）[①]、李燕（2006）[②]、胡启海（2010）[③]、肖红武和笑姣娣（2010）[④] 等。

从教育层级、教学阶段而言，可以说，在"言语行为"路径下研究教师课堂教学语言，已经遍及了各个教育层次教学阶段，从幼儿园、小学、初高中，以及高等院校，研究遍及了各级教师之课堂教学语言，如邱微（2006）[⑤]、李雪（2010）[⑥]、胡林丽（2009）[⑦]、黄媛媛（2009）[⑧]、黄汝萍（2013）[⑨] 等，例中研究分别选取于特定的教育层次、特定的教学阶段。

3. 运用比较的方法进行研究

比较法是被各种科学研究所采用的一种普遍方法，本不为奇，但是，在课堂教学语言研究中运用比较方法的确效果更加显著。其实，这也是国外较成功的研究经验。国外有相当数量通过比较新手

[①] 郭林花：《英语专业教师课堂指令性言语行为研究》，《山东外语教学》2005 年第 5 期。

[②] 李燕：《润物细无声——谈语文教师课堂言语行为的暗示作用》，《现代语文》2006 年第 8 期。

[③] 胡启海：《英语专业教师教学言语行为的顺应性研究》，《外语学刊》2010 年第 7 期。

[④] 肖红武、笑姣娣：《教师言语的有效交际与英语教学效率》，《教学与管理》2010 年第 9 期。

[⑤] 邱微：《小学课堂师生言语行为研究》，硕士学位论文，东北师范大学教育科学学院，2006 年。

[⑥] 李雪：《私立幼儿园集体教学中的教师言语评价研究》，硕士学位论文，东北师范大学教育科学学院，2010 年。

[⑦] 胡林丽：《高中语文教师课堂教学语言有效性研究》，硕士学位论文，华东师范大学教育科学学院，2009 年。

[⑧] 黄媛媛：《高校教师课堂言语行为性别差异研究》，硕士学位论文，辽宁师范大学教育，2009 年。

[⑨] 黄汝萍：《中学实习教师教学言语行为研究》，硕士学位论文，上海师范大学教育学院，2013 年。

教师言语行为与优秀教师言语行为而获得研究成功的案例，在美国及日本，这样的比较研究尤为细致与深入，这样的比较研究，对探索教师专业发展规律、对促进与加快教师成长意义重大。近年来我国学界借鉴国外成功经验采用比较法研究教师课堂言语的氛围很浓，论坛红火，如叶立军（2011），该文借鉴国外教师心理研究理论及其研究案例，聚焦课堂教学探讨教师专业发展的成长问题，文章主要采用对比法，通过访谈、课堂录像等进行具体的个案实例分析，主要比较了新手教师与优秀教师在教学提问、教学讲授、教学反馈及过程中的等待四种课堂教学行为，分析他们的各自特征、相互差异，以及由此导致学生们在参与和接收效果上的不同，并在此基础上，分别提出了提高四种教学行为效能的相应策略：要善于提问、形成问题串问题链；要适时应用隐喻方式讲授，让数学与生活实际相联系；要及时而灵活多样化地反馈等。① 同样，王佳（2010）专门做成熟教师与非成熟教师课堂教学言语行为的比较研究。② 韩平平（2012）是专门选择"评价语"而作以比较研究。另外，也有就男女性别方面而比较教学言语差异的，如上面已引之例——黄媛媛（2009）。总之，采用比较法，是目前我国"言语行为"框架下的教师课堂言语研究的特色之一。

4. 学界对"言语行为"路径的偏爱及"以言取事"类话语研究的偏重

"言语行为"作为新兴的理论及方法已经成为人们的广泛论题，在我国教师教学语言研究领域，它更是热门话题，"言语行为"理论及方法在逐步深入学人之心，尤其获得学界偏爱。一是相关论著近年

---

① 叶立军：《数学教师课堂教学行为比较研究》，硕士学位论文，南京师范大学教育科学学院，2011年。
② 王佳：《专家型教师与非专家型教师教学语言行为对比的实证分析》，硕士学位论文，辽宁师范大学生命科学学院，2010年。

来陆续问世，关涉语言教学的研讨会常常有其话语声音，特别是在读的硕博学子对"言语行为"很感兴趣，有据可查，近年来硕博学位论文中有相当篇目是在"言语行为"论域下研究教师教学语言。这点从上文所引例子中多处可见，此处不再一一列举赘述。

引入与借鉴西方新兴"言语分析"理论及方法探索研究我国教师的课堂教学语言，毕竟只是最近十多年才渐显兴盛，任何事物发生发展都要有个过程，所以，严格来说，研究大概只属初级阶段，距成熟还较遥远。初级的最明显标志就有我们此处所说的这点——目前对教师言语类型研究不全面、不均衡，研究者们偏重于教师言语中"以言取事"一类，即"教学的外部言语"，诸如"组织语""指令语""评价语"等，关注言语交际功能，如专门探讨教师课堂教学中的"交往语"等，而研究教师课堂"教学内部言语"（如"讲授语""阐释语"）的比较少见。究其根源，研究内容是由研究人员的所处学科、站位专业及其研究目标取向决定的。当下我国探讨教师言语行为论坛中，许多研究者都源自教育学专业，或站位于课程与教学论研究方向，甚至是源自哲学、心理学专业，这样的学科及研究方向，决定了他们的研究不会等同于语言学与应用语言学专业人员的研究，他们的研究注重于超语言平面的言语。而相比较，在教师教学言语行为论坛内，真正属于语言学与应用语言学专业人员的数量并不多，比如王维丽（2009）探讨教师课堂教学言语对师生交往的影响，主张为促进师生交往而优化教师课堂言语。该文是探索言语的"人际关系"功能，是运用言语行为中的特有部分理论解决教师课堂教学言语中特有的部分问题，也可以说是对言语行为理论所揭示的言语三大功能之一的"人际交际功能"的诠释验证。[①] 李潇潇（2016）站位于教育学专业、课

[①] 王维丽：《促进师生交往的教师言语行为研究》，硕士学位论文，四川师范大学教育科学学院，2009年。

程与教学论研究方向，从教师课堂言语行为的构成要素、基本分类两个维度对小学数学实习教师的课堂言语行为进行分析、评价，对存在的问题进行总结归纳及成因分析，在此基础上，提出改善实习教师课堂教学言语行为策略，即强化职前教师语言能力培训、健全"师徒带教"实习制度、实习教师自我学习内省反思。[①] 显然，两篇文章均站位于教育学专业、课程与教学论研究方向，与站位语言学及应用语言学的研究取向是不同的。

总之，我国教师言语行为研究目前偏重于"以言取事"一类，研究还有待全面、有待均衡，我国教师教学言语行为的研究还有待向纵深发展。

第三节 国内外已有研究的启发与思考

第一，单纯在语言学框架下的研究范式，不是真正意义的教师教学言语研究。一味的自我感悟式、经验总结式、语文评点式，不足以揭示运动的教学言语活动与规律。言语交际信息传递是多因子的复合，教师课堂教学言语活动是个复杂的行为过程，应该突破学科框架实施多学科互补、采用交叉式与融合式的研究。

第二，新兴的"言语行为"理论及其研究方法，它贴近社会语言生活，靠近言语活动客观实际，尤其符合于"以言行事"目的性极强的教师课堂言语事实，因此，选择"言语行为"的路径研究教师课堂教学语言是科学的、是可行的。

第三，"言语行为"论域下的教学语言研究需要向纵深发展。目前研究现状呈现四多四少：站位教育学就教育与教学论专业而从事

[①] 李潇潇：《实习教师课堂言语行为研究——以小学数学实习教师为例》，硕士学位论文，山东师范大学教育学院，2016年。

研究的多，站位语言学就应用语言学专业而从事研究的少；研究单独某学科教学言语行为特点的多，研究多学科教学言语共通性规律的少；研究某一话语类型或某一教学环节的多，研究完整教学语篇整个课堂全过程话语的少；研究教师教学外部话语（即以言取事话语，如组织语、指令语）的多，研究教师教学内部话语（如讲授语、阐释语）的少。

第四，任何复杂的事物或运动，一定会有核心，抓住核心就会纲举目张。如果整个教学语篇是流淌于课堂教学全过程的语流，那么"告知"就是蕴身于心室的语源，教师教学话语由此而汩汩溢出。"告知"是教师课堂言语行为的意图、宗旨、核心，教师课堂教学言语过程就是遵循告知意图、遵守告知原则、把握及激活告知条件、恰当选取告知途径而输出告知话语语流的一种言语行为活动。所以，"言语行为"框架下的教师课堂教学语言研究需要有一种循"告知"路径的研究，揭示与阐释告知意图产生、告知语篇构建，告知机制实现的规律等。

第二章 中学教师课堂教学言语行为的性质、结构

教师课堂教学言语行为十分复杂，里面包含了丰富的内容，比如下面的例子：

例1《一举一动总牵情》一课的课堂实录片段

教师：今天呢，我们一起来上一堂作文辅导课，那么究竟我们今天要上什么呢？我们先一起来看一下大屏幕。

学生：（看短片）

教师：好，刚才那个短片我们看完了，那么这个短片我们看完之后，我想问问大家，刚才看到什么了？谁来举手说？××，你说，你刚刚看到什么了？

学生1：我看到奥巴马他演讲完之后，回去撞到门。

教师：好，请坐。是撞到门了吗？唉，是一脚把门踹开了，这个动作对大家来讲，大家刚才发出了那么会心的笑声，那么我们刚才看到这个动作之后，能不能根据这个动作想一想从这个动作中你可以看出来什么呢？来，谁来说一下？好，来，×××。

学生2：奥巴马生气了。

教师：好，请坐，非常好！也就是说呀，从刚才那么一个小小的短片中，从那个动作中，我们就能看出这个人的情绪是怎么样的，他的心态是怎么样的。其实今天我们这节作文课就是关于动作描写的一节课，今天我们这节课讲的内容是《一举一动总牵情》，看一看怎么

样通过动作描写来表达出人物的神韵,就像刚才用一个细小的动作去表现出人物内心的状态。

例1中教师要告知学生通过动作描写表达人物神韵的方法。为更好地实现这一告知的交际意图,教师没有开门见山,而是实施了一系列的言语行为进行铺垫。教师布置学生看短片,设置提问这是实施指令类言语行为,其交际意图是请求。教师对学生的回答进行反馈,这是实施表达类言语行为,表达教师对学生的态度及评价。教师导入学习内容,这是实施告知类言语行为,告知学生相关信息,即通过动作描写表达人物神韵的方法。通过例1可见,教师课堂教学言语交际包含多种形式的言语行为,其属性各不相同,教师提问学生回答问题的言语行为是请求,教师表达态度、评价的言语行为是表达等,教师课堂教学言语行为是多种交际意向的综合体。确定中学教师课堂教学言语行为的属性,剖析其行为结构的构成要素,才能揭示中学教师课堂教学言语行为的性质。

第一节 中学教师课堂教学言语行为的性质

课堂教学言语交际发生在特定的机构场所(教室)和语境(课堂)下,受机构的制约和影响,因此,教师课堂教学言语行为是一种机构性言语行为。作为一种言语行为,可以从不同的角度确定其性质,比如从交际形式、语域、交际意图等方面确定其属性,不同角度的解释都可以对言语行为的某一方面做出描述。但从交际意图的角度确定言语行为的属性是最为重要的,因为交际意图是言语行为的核心。以交际意图为出发点确定言语交际的性质能够揭示言语行为的本质特征,并为其他角度的描述提供基础。

奥斯汀的言语行为三分说,将言语行为分为三种:命题行为、施为行为、取效行为,施为行为是其关注的重点,塞尔继承并发展了奥斯汀的言语行为理论,对施为行为的类型进行了深入的研究。所谓施为就是交际意图,塞尔将施为行为分为五种类型:断言类、指令类、承诺类、表达类、宣告类。按照这样的理论框架,教师课堂言语交际行为总体上属宣告类,具体地说是告知,即教师在课堂上的言语交际行为是为了实现告知这一交际意图的行为。

例2《民主选举》一课的课堂教学实录片段

教师:今天这节课,我们进入第一个环节,那就是民主选举,投出理性的一票。好,首先,我们来理解这个选举,我们班选班干是不是一种选举呢?

学生:是。

教师:是选举吗?

学生:是选举。

教师:噢,你们没有选举,是吗?是班主任定的。

学生:老师,我们是选举。

教师:是不是选的?

学生:是。

教师:好,那这个选举算不算选举?

学生:算。

教师:算还是不算呢?

学生:不算。

教师:好,这个问题如果想不清楚的话,我们再换一个问题问,这个我们是不是行使选举权?

学生:不是。

教师:唉,不是行使选举权,是吧?选举权一定是指选举或被选举为什么?

学生:人大。

教师:什么机关的代表?

学生：行政。

教师：不对，不是行政机关，那个叫什么机关？

学生：人大。

教师：唉，对了，人民代表大会的代表，行政机关是政府啊。所以，如果是指选举权的话，一定是指选举或者被选举为人大代表的这样的权利。好，那我刚刚讲到的，我说我们班选班干是民主选举吗？

学生：不是。

教师：我没有说选举权，我用的是一个民主选举。

学生：不是。

教师：什么是选举？

学生：投出理性的一票。

教师：唉，通过群众，是吧？投票等方式来选举某个代表，或者是某个人来组织某些事情，对不对？好，那民主选举，选举如何？要么是班主任指定，班主任选举；要么是大家投票选举。那你们投票选班干，如果我们投票选班干的话，那这算不算民主选举？

学生：算。

例2中教师要告知学生民主选举的相关知识，为更好地实现这一告知交际意图，教师联系选举班干的实例，通过系列提问引起了学生对民主选举的相关认知，从而实现了告知学生民主选举相关知识的交际意图。正如例2所示，对教师而言，课堂教学的主要任务就是向学生传授知识、传递信息，告知是其最基本的交际意图，为实现告知交际意图，教师会实施各种形式的言语行为，这些言语行为都直接服务于告知交际意图的实现，只是实现的方式有的直接，有的间接。

一　直接性告知言语行为

直接性告知言语行为是指以告知形式实现告知交际意图的言语行为，直接性指的是其实现告知交际意图的方式是直接的。

例3 《大气压强》一课的课堂实录片段

老师：托里拆利的这个实验呢我们测出了大气压的值，那么在托里拆利实验的里面玻璃管旁边放了一个刻度尺，那么我把这个装置拿到我们这儿可以测大气压，拿到北京，拿到你们这儿，都可以测大气压。那么这就是一种测大气压的工具，我们叫水银气压计，它测量大气压非常非常准确，但是由于携带不方便，所以在实验室和气象站里我们用这种气压计，日常生活中我们就用另一种气压计，叫金属盒气压计。这个，这个气压计主要是大气压使里面的金属盒发生形变，使指针发生偏转，那么它携带比较方便，所以一般我们用它来测大气压。

例3中教师要告知学生大气压强的相关知识，在介绍托里拆利实验装置时，教师为学生讲解两种气压计的工作原理及区别。整个交际的过程是以教师独白的形式而进行的，教师通过告知的言语行为实现了告知学生大气压强相关知识的交际意图，其实现告知交际意图的方式是直接性的。

二 非直接性告知言语行为

在教师课堂教学言语行为中，除直接性告知言语行为外，还包括其他的言语交际行为，如教师的提问、对学生回答问题做出的评价、对自我态度情感的表达等，这些言语交际行为各有其自身的属性，但都是为实现告知交际意图而服务的。塞尔将间接言语行为定义为"一种以言行事行为是通过完成另一种以言行事行为的方式间接地完成的"。[1] 在教师课堂教学言语行为中，非告知形式实现告知交际意图的言语行为就是非直接性告知言语行为，其实现告知交际意图的方式是间接的。

---

[1] [美] A. P. 马蒂尼奇：《语言哲学》，牟博等译，商务印书馆1998年版，第319页。

1. 请求言语行为

请求言语行为的意向属性是请求，言语行为理论叫命令，我们认为，命令是请求的一种。在教师课堂教学言语行为中，请求言语行为通常表现为教师请求学生回答问题，或要求学生执行指令。教师实施请求言语行为的目的是更好地实现告知的交际意图，本质上是一种间接告知言语行为。

例4《古典概型》一课的课堂实录片段

教师：今天的作业古典概型这张卷写完啊，然后我们这节课来讲一下古典概型，高考考什么，就是从这节课开始，还有几何概型，它俩是高考的内容，所以大家要注意听啊。这节课的内容不难，首先我们先看一下研究概率的作用，这是一个小故事，我们不看了，等下课的时候你们自己看看。好了，我们看两个实验。

例4中教师要告知学生《古典概型》一课的相关知识，在实施告知言语行为的过程中教师强调本节课的学习内容是高考重要考点，要求学生注意听课，课后自己阅读教材上的相关资料。教师要求学生执行指令的言语行为其意向属性是请求，但教师实施请求言语行为的目的是更好地实现告知学生《古典概型》相关知识的交际意图。

例5《季风气候》一课的课堂实录片段

教师：现在我们再继续看一下，看冬季。一起来说一下，冬季应该哪儿温度高，哪儿温度低？

学生：海洋温度高，陆地低。

教师：啊，海洋温度高，陆地温度低，然后这个哪有上升气流啊？

学生：海洋。

教师：海洋。那陆地是什么气流？

学生：下沉。

教师：下沉气流，因此呢，我们看，海洋就形成了近地面的低压，陆地则形成了高压，这样风还是由高压吹向低压，风由……

学生：陆地吹向海洋。

教师：这样就形成了冬季陆地吹向海洋的风，这就是由于陆地海洋比热不同而形成的季节不同、风向变化的这种风。

例5中教师要告知学生季风气候的相关知识，在告知过程中，教师设置了系列提问与学生进行互动，从而引发学生的相关认知。教师通过请求回答学生问题的言语行为促成了学生对相关信息的认知与理解，间接实现了告知季风气候相关知识的交际意图。

2. 表达言语行为

表达言语行为的意向属性是表达，奥斯汀将其归入表态型言语行为，塞尔将其归为表达型言语行为，我们认为，表达就是说话人向听话人表达内心的态度或状态。教师课堂表达言语行为有两种表现：一种是表达教师对告知内容的态度和情感，另一种是表达教师对学生认知状态的情感反馈。

例6《木兰辞》一课的课堂实录片段

教师：下一段讲的是沙场征战的岁月，这段没有详细描写木兰是如何去从军的，但是它的很多词句都让我们感受到了战场的那样一种残酷，那样一种悲壮，那么在读这样几句的时候，应该怀着怎样的感情去读呢？举手来说。

例6中教师要告知学生朗读《木兰辞》沙场征战岁月一段的感情基调，为引起学生的相关认知，教师通过向学生表达自身感受的言语行为以引起学生的情感共鸣。表达言语行为的实施直接服务于告知交际意图的实现。

例7《回延安》一课的课堂教学实录片段

学生1：我要补充一点就是，"宝塔山下留脚印，毛主席登上了天安门！"我觉得和第四大节有一块是呼应的，说不只是延安发生了大变化，祖国也在变化。

教师：好，说得非常好，心非常得细啊，他又说了我们没有提到的东西。好,非常好,还有没有想补充的?

学生2:第五段的第一节和第二节我认为体现了延安在不同时段的表现。"革命万里起高潮"是一个时段,"毛主席登上了天安门"是另外的一个时段,说明已经胜利了。

教师:看出来了祖国的进程,一步一个脚印,是不是?说的非常好,这一点我都没有发现啊,今天我们同学的学习老师非常的满意啊!

例7中教师对两位学生的回答均做出了反馈,表达了教师对两位学生认知状态的肯定与赞赏,教师通过实施表达言语行为增强学生的学习意愿,密切师生间的情感关系,从而促成了告知交际意图的实现。

以上,仅仅分析了两种普遍存在且最为典型的非直接性告知言语行为,旨在说明教师课堂教学言语行为的属性。通过以上各例可见,无论是教师请求学生回答问题、要求学生遵守指令的言语行为,或是教师表达态度、情感的言语行为均是与告知密切相关的行为,服务于整体上的告知交际意图的实现,其本身的意向属性并不影响教师课堂教学言语行为总体上的告知属性。具体如图2-1所示:

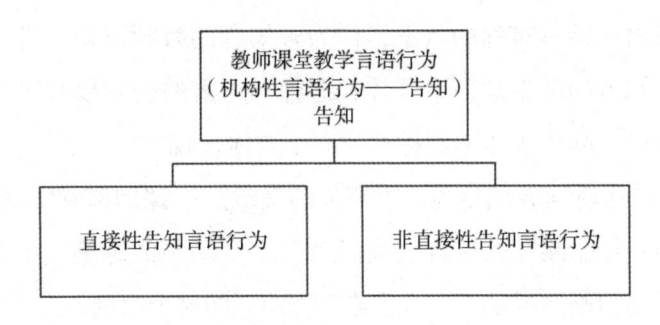

图2-1 中学课堂教学言语行为属性分析图

由图2-1可知:中学教师课堂教学言语行为是一种机构性言语行为,其基本属性是告知,是以告知为核心交际意图的言语交际行为。尽管其内部包含多种意向属性的言语行为,但都服务于整体上的告知交际意图的实现,只是实现的方式有的直接,有的间接。通过告知形式实现告知交际意图的言语行为是直接性告知言语行为，通过非告知形式间接实现告知交际意图的言语行为是非直接性告知言语行为。

第二节　中学教师课堂教学言语行为的特点

作为一种机构性告知言语行为，中学教师课堂教学言语行为具有独特性，主体身份的标记性、交际意图的复杂性、话语选择的策略性是教师课堂教学言语行为的典型特征。

一　主体身份的标记性

课堂教学言语交际发生在特定的课堂语境中，告知者与被告知者同时具有教师与学生的机构身份，这一角色身份具有预先标记性，决定了会话参与者的话语权力具有不对称性，即教师作为告知者占据主导者的地位，学生作为被告知者处于被引导者的地位，师生双方所占有的信息、地位、权力均呈现出不对称性。另者，在数量上，主体双方也呈现出一种不对称的状态，作为告知者的教师通常只有一个，但作为被告知者的学生是一个群体，这种一对多的交际模式也是中学课堂教学言语交际中主体不对称性的一个具体表现。

例8《让诗词春风化雨，点亮你的文章》一课的课堂实录片段

教师：根据刚才的讲解，我们来做一个小小的练笔。要求：诗句前后有一定的阐述或解说。大家看一下前面的这个示例，我爱生活，我爱四季，阳光明媚的春天，沾衣欲湿杏花雨，吹面不寒杨柳风的细腻最美……那我们下边要仿写的是夏天、秋天和冬天。为了节省时间，大家采取填空的形式。四分钟填空时间，写完的同学举手示意我一下啊。

学生：（思考、完成填空）

教师：谁先来？给大家展示一下你所写的，展示一下咱们的风采，×××你先来。

学生1：诗意的夏天，小荷才露尖尖角，早有蜻蜓立上头。萧瑟的秋天，无言独上西楼，月如钩，寂寞梧桐深院锁清秋的寂寞。白雪皑皑的冬天，千山鸟飞绝万径人踪灭的孤独最美。

教师：她写得非常不错，但是有一点，我想跟你商量一下，就是你写秋天这组句子的时候，咱们在写秋天的时候为了使这个句式看起来工整一些，最好咱们也用两句诗来写，你那个好像用了好几句。×××你来。

学生2：骄阳似火的夏天，接天莲叶无穷碧，映日荷花别样红的生动最美。天高云淡空，冲天香阵透长安？

教师：停！全句别直接说空，天高云淡的秋天啊，的秋天你没说。继续。

学生2：天高云淡的秋天，冲天香阵透长安，满城尽带黄金甲的磅礴最美。千里冰封的冬天，墙角数枝梅，凌寒独自开的孤傲最美。

教师：好，请坐，写得还是非常不错的，只不过有点儿紧张。再给一个机会。哪位同学？×××。

学生3：朝气蓬勃的夏天，稻花香里说丰年，听取蛙声一片最美。天高云淡的秋天，停车坐爱枫林晚，霜叶红于二月花的清爽最美。千里冰封的冬天，墙角数枝梅，凌寒独自开的坚韧最美。

教师：好，请坐，写得也非常不错。但是有一点啊，刚才咱们同学在说的时候很多同学提到了什么生机勃勃的夏天，咱们一般用"生机勃勃"这样类似的词形容什么？春天！我们在说夏天的时候不要用，我们强调它的什么特点？热，对不对？那么王之涣啊有这样一句话，他说："欲穷千里目，更上一层楼。"那我们接下来看化诗为文的第二境界。

例8中教师要告知学生在写作中引用诗词增强文采的方法，为引起学生的相关认知，教师与三位学生进行了互动，均采用了指定内容、指定对象的提问方式，教师牢牢掌控话语权，控制着话题的走向、话语的进程及话轮的起承转合，课堂教学言语交际是在教师的主导下发起、推进直至最终完成。

二 交际意图的复杂性

机构性话语发生在特定的机构场所、具有特定的组织制度，带有明确的机构任务，因此，机构性会话相较于日常会话具有更为明确的目的导向性，话语的生成者必须将机构任务内化为自己的交际目的，实施指向机构任务的言语行为。[①] 对中学教师而言，课堂教学是一种以告知为核心交际意图的言语交际行为，教师告知的过程亦是学生获知的过程，相较于日常告知言语交际，教师课堂上的告知更加强调学生在获知相关信息的基础上，引起认知、态度、行为上的改变，其交际意图具有更加明确的导向性和复杂性。

例9 小区物业工作人员与业主的会话片段

物业：您是3号楼2单元401的业主吧？今年的物业费您没交，费用是2300元。

业主：不是我不交，要是你们把小区管理得井井有条我肯定交，但是现在的情况是，卫生一团糟，连楼道内的卫生都不能及时打扫，你们啥时候把卫生搞好，我啥时候交。

物业：我只负责通知，有问题你找老板。

例10 《雪》一课的课堂教学实录

教师：在上课之前呢，老师请大家欣赏一首歌曲，这首歌曲离咱们同学所处的年代有点距离，同学们主要听一下它的歌词。

（教师播放音乐，同学们欣赏）

教师：刚才老师给大家放的是彭丽媛的《塞北的雪》，然后呢，我们由这首歌曲走进我们今天要讲的课文《雪》。

......

[①] 吕淑佳、黄萍：《语用目的原则与机构性话语研究》，《外语学刊》2015年第5期。

教师：好，这篇文章运用了托物言志的写作手法，用象征的手法，以具体的事物来表现某种特殊的意义，就是托物言志。这篇文章中江南的雪象征对美好事物的向往和追求，北方的雪象征一种不堪沉沦、昂扬向上、执着斗争、不屈不挠的精神。这两幅图画贯穿着共同的哲理：要用战斗创造一个春天般的美好世界。那么，老师想问一下，鲁迅笔下那种美好的春天，在我们这一代，是不是已经到来了？我们是幸运的，是幸福的。阅读鲁迅先生的《雪》，我们既欣赏到优美的江南的雪和壮美的朔方的雪，更能体会到他博大的胸襟和坚强的斗志。所以说，《雪》不仅仅是一支不同凡响的雪之绝唱，更是一曲响彻云霄的精神的战歌。

例9中物业工作人员告知3号楼2单元401的业主今年物业费的金额是2300元，业主以小区卫生不能及时打扫为由拒交物业费，物业工作人员再次强调自己的交际意图，"我只负责通知，有问题你找老板"，即物业人员的交际意图是告知而非请求。例10中教师要告知学生《雪》一课的相关知识，为了更好地完成告知交际意图，教师采用了歌曲导入法，通过播放彭丽媛的歌曲《雪》，营造氛围、激发兴趣。教师的交际意图是使学生在获知《雪》一课相关知识的基础上，学生鲁迅先生的写作手法，感知鲁迅先生博大的胸襟和坚强的斗志，端正人生态度，提高审美能力。相比之下，例9中物业工作人员的告知更加注重告知者告知的过程，而例10中教师的课堂告知更加注重引起被告知者在认知、态度、行为上的改变，追求告知效果，教师课堂告知言语行为的交际意图具有更加明确而显性的目的导向性和复杂性。

三　话语选择的策略性

正因中学教师课堂教学言语行为以上两个方面的特征决定了教师话语选择的策略性。特定的交际场所、交际意图、角色身份、权力关系等作为交际语境的重要因素制约着主体双方的话语选择与理解、话语意义的构建。相较于日常会话，课堂会语更具交互性，师生互动既是表层话语形式上的对话交流，又有内在认知上的沟通与呼应。如例8中教师正是通过与三位学生的互动会话了解学生的认知状态，调控告知效果；例9中教师采用歌曲导入的告知形式目的在于激发学生的学习意愿，增强告知效果。为更好地实现告知交际意图，获得言后之果①，教师的话语选择具有策略性。

第三节 中学教师课堂教学言语行为结构

中学教师课堂教学言语行为可以看作是一般言语交际行为的特例，自然具有一般言语交际的行为结构，即由交际主体、交际意图、交际形式、交际环境所构成的行为结构。

一 告知交际主体

课堂教学言语交际的主体是教师和学生。一般的课堂中，教师总是一个，学生是群体，总体上是一对多的交际。交际主体分为说话者和听话者两方，课堂言语交际，教师基本上是说话的一方，学生是听话的一方，但这并非固定不变的。在课堂教学言语交际中，说话者的角色会发生转变：当教师提问的时候，学生回答就成了说话者，如果教师跟一个学生互动，那么，教师和这个学生相对于其他学生来说，就共同构成说话者的一方。

例11《基因指导蛋白质的合成》一课的课堂实录片段

教师：在开始今天这堂课之前，老师先给大家看几幅图片，大家要仔细看啊！在图片放映过程中，注意观察图片，在图片当中你都看到了什么？

---

① 言后之果即奥斯汀言语行为三分说中的取效行为，指说出话语实际产生的效果。

第二章　中学教师课堂教学言语行为的性质、结构　/　51

学生：（看图片）

教师：这些图片是老师在《侏罗纪公园》这部影片中截下来的，那么，大家思考这样一个问题：为什么已经灭绝的恐龙又出现了呢？侏罗纪公园当中科学家做出这样的解释，就是提取恐龙的DNA，经过一系列复杂的实验过程，最终转化为恐龙新个体。那么，请大家想一下，利用这一手段能否将已经灭绝的恐龙重新复活呢？让我们带着这样的问题来学习第四章第一节——基因指导蛋白质的合成。

例11中教师处于说话的一方，学生处于听话的一方，教师是告知者，学生是被告知者，师生双方均是课堂告知言语交际行为的主体。

例12《压强》一课的课堂实录片段

教师：看第一节《压强》，在介绍压强之前呢，先介绍一种力——压力。什么叫压力？好，××你来说一下，什么叫压力？

学生1：压力是，嗯……

教师：它的特点是什么？

学生1：接触的力。

教师：嗯，接触的力，这是一个，还有什么？

学生1：还有……嗯……方向。

教师：方向关系。

学生1：（听不清）

教师：好，坐。我们把垂直作用在物体表面上的力叫作压力。刚才，她把这两个特点说出来了，第一个是接触的力，第二个它的方向关系是垂直的，压力和重力在一些情况下有一定的关系。我们看一看，举个例子说，一个物体放在水平桌面上，那么，这个物体对桌面的压力作用点在哪个位置？

学生：接触，接触。

教师：唉，就在这儿，是不？因为力的作用点作用在哪个位置上？什么物体上？

学生：受力物体上。

教师：唉，压力的受力物体是桌面吧？好的，方向是什么呀？

学生：垂直于那个面上。

教师：垂直于这个面上，是吧？好，这个力跟重力跟物体的重力什么关系？

学生：相等。

教师：相等，再准确点说，什么上相等？

学生：大小。

教师：跟重力一样不？

学生：不一样。

教师：无论是施力物体、受力物体还是作用点，是不都不一样啊？重力的施力是谁？

学生：地球。

教师：受力是谁？

学生：物体。

教师：这个物体啊，这是压力，压力的受力物体是谁？

学生：桌面。

教师：桌面，嗯，施力物体是谁？

学生：物体。

例12中教师是课堂教学告知言语交际行为的发起者，但教师并非始终占据说话者的角色，当教师提问学生1回答问题时，学生1就由听话的一方转向说话的一方，相对于其他学生而言，教师和学生1共同构成了说话者的一方，与作为听话者的其他学生同为课堂告知言语交际的主体。

二　告知交际意图

中学教师课堂教学言语交际的核心意图是告知，交际意图的属性决定了言语交际行为的性质。按照交际意图的一般结构，中学教师课堂教学言语行为的交际意图可以表示为：告知［M］。"告知"是意向，"M"是告知的事项或内容。在中学课堂教学言语交际中，意向可以用语言形式表现出来，也可以不表现出来，但无论是否用语言形式表现，意向总是存在的。"M"是告知意向内容，是教师要告知学生的信息，是一定要用语言形式表现出来的。

例13《写作——让一缕诗情伴你文采飞扬》一课的课堂实录片段

教师：咱们先来欣赏一段歌曲，那么，大家在欣赏的过程当中不要只看这个画面里边唯美的图片哦，注意思考一下这首歌的歌词在语言上有何特点？

（教师播放音乐，PPT呈现歌词，学生欣赏）

教师：这就是这首歌的歌词，谁能来说一说这首歌在语言上有什么特点？

学生1：这首歌歌词很有古风，而且里面运用很多诗句。

教师：哦，很有古风，运用了很多诗句。好，你请坐。

学生2：它用优美的语言描写了四季的景色。

教师：啊，优美的语言，四季的景色。

学生3：这个好像就是独醉笑春风，落雪寒梅香满蹄。

教师：啊，这里面提到了落雪寒梅香满蹄。好，你请坐。那么，这段歌词啊，它最大的特点就在于使用了大量的古诗词名句。大家看，这就是这首歌词里出现的古诗词名句。那么，可以看得出来啊，古诗词名句的使用使这段歌词读起来齿牙留香、文意盎然。那么，本节课啊，我们共同来学习如何让诗词春风化雨，点亮你的文章……

例13中教师的交际意图可以概括为：告知［在写作中运用古诗词的方法和技巧］。"告知"是交际意向，"在写作中运用古诗词的方法和技巧"是告知事项，两者均以语言的形式表现出来，在教师的告知话语中，"本节课啊，我们共同来学习如何让诗词春风化雨点亮你的文章"标明了这一言语交际行为的属性是告知，其后是围绕告知事项"在写作中运用古诗词的方法和技巧"的具体告知过程，"告知［在写作中运用古诗词的方法和技巧］"的交际意图是通过话语形式得以体现并最终实现的。

三　告知交际形式

告知使用的形式包括语言形式和非语言形式，本文主要探讨的是语言形式的告知形式，即告知话语形式。在中学教师课堂教学言语行为中，告知话语形式是告知言语交际凭借的手段，是告知交际意图得以实现的具体话语表现。话语形式表现包含着对语言单位的选择和对语言单位的线性排列，对教师而言，课堂教学言语交际就是教师选择话语形式将告知交际意图符号化，并最终实现告知交际意图的过程。对告知者教师而言，告知话语形式是其所选择的告知交际意图的外在标识；对被告知者学生而言，告知话语形式是其推导交际意图的线索，告知话语形式是连接告知者与被告知者的桥梁。告知话语形式在中学课堂教学言语交际中的作用如图2-2所示：

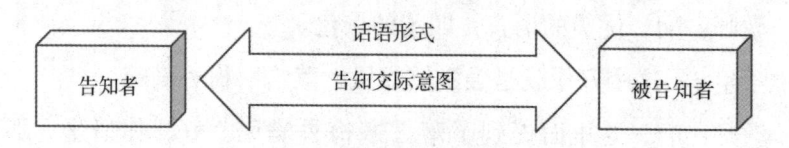

图2-2　告知话语形式连接告知交际主体立体示意图

告知话语形式是对语言的具体运用，语言结构系统为告知主体的选择提供了无限可能性，同一告知交际意图可以通过不同的告知话语形式得以实现。但正如索绪尔所提出的符号具有任意性和约定性的特点，语言结构系统一方面为话语形式的选择提供了最大可能性，另一方面又对话语形式的选择具有约束性，制约着告知交际主体的选择与理解。事实上，告知交际主体对话语形式的认知加工就是在无限可能性与约束性之间建立一种平衡。评价告知话语形式恰当与否的标准取决于告知交际意图的实现程度，实现了告知交际意图或有助于实现告知交际意图的话语形式就是有效话语形式，相反，未能实现告知交际意图或无助于实现告知交际意图的话语形式就是无效话语形式。

例14 《始得西山宴游记》一课的课堂实录片段

教师：在中国啊有许多才华横溢的官员，他们在政治上失势，被排斥出政治权利的中心，然后外放到穷乡僻壤去，他们在那里写了很多文章，这些文章流传下来，就是祖国文化，那许多才华横溢的官员到那些地方以后寄情于山水，思考自己的人生和使命，写出了很多文章流传到现在，我们初中的时候就学过一篇，我现在简单地给大家做个提示，（PPT呈现《小石潭记》文本）这就是我们初中学过的《小石潭记》，作者抒发了怎样的思想感情？

学生：忘了。

教师：很多学生说忘了，忘了的呢，我们来看一下，咱们来读一遍，然后想想，回忆回忆，初中的时候作者表达了怎样的思想感情，记住了啊，好，咱们一起来读一下，从小丘西行百二十步开始。

学生：（读课文）

教师：这样读一遍大概勾起了大家的记忆啊，我们当时讲这篇文章时说这篇文章抒发了作者怎样的思想感情呢？找同学回忆一下啊，×××，这篇文章表达的是怎样的思想感情？

学生1：（沉思中）

教师：回想一下。

学生1：寂寞苦闷。

教师：嗯，你从文章之中还能得到其他的感情吗？

学生1：寂寥无人、凄神寒骨、悄怆幽邃。

教师：嗯，好，请坐。我们在表达思想感情的时候，作者在描绘小石潭啊这个优美的景色，然后表达了作者啊在小石潭的情感。什么情感？她刚才不是说了吗？

学生：寂寞。

教师：对，寂寞，然后？

学生：痛苦。

教师：啊，表达了他在这边，含蓄地表达了寂寞，然后凄神寒骨、悄怆幽邃、他无法排解的哀伤，表达了这样的情感，而《小石潭记》这篇文章呢，作者是？

学生：柳宗元。

教师：对，柳宗元，他跟我们今天学习的作者是同一个啊，那《小石潭记》跟我们今天要讲的这篇作品有什么关系呢？除了作者是同一个之外，还有什么关系呢？大家做了预习啊，有什么关系？都是《永州八记》的一篇，其中，我们今天要讲的《始得西山宴游记》是《永州八记》的第一篇，那我们看一下在《始得西山宴游记》这一篇中，作者所看到的景物、所描绘出来的情感和《小石潭记》有什么一样和有什么不一样？

例15 另一位教师《始得西山宴游记》一课的课堂实录片段

学生：（课前演讲）

教师：同学们讲得非常好，但是自始至终呢，都是拿着稿子在念着，也没有跟下边同学进行交流的过程，整个内容里边呢，把乔布斯的时间胶囊当时的心情也分析得很到位，但是缺少了这么一些事情、这么一些个人的观点，我希望在以后的讲解过程中，后边的同学能够稍微注意一下，能够呈现给下面听的同学更好的状态，更好的一面。说到"时间胶囊"呢，其实啊，在我们同学当中，未必会像乔布斯一样，真的会在某年某月某日在什么地方埋下一颗，但是实际上在我们的成长过程里边啊，我们往往会留下我们自己生活的烙印，我们在我们的生活中，可能因为某一些鸟雀死了，然后我们会在某一个地方挖一个坑，埋下我们对它的那份情感，这样的点点滴滴其实在我们的生活中应该有很多次,让我们随时随地为昨天埋下情感。今天呢,我们要回到过往,借助文学大家留给自己的烙印,留给后人的烙印来把握前人的思想感情,在思想感情的共鸣当中,也许我们会获得更丰富的人生道理。我们首先来看的是这么一首诗,我截取了其中的两联(PPT呈现),这两联当中啊,作者有趣地抒情并自恭,作者说呢"不见人",但是我想,聪明的读者是可以借助意象,借助意象共同勾勒出一个意境感受到抒情主人公的思想感情、他的人生追求,同学们想一想,隐藏着的抒情主人公是有一个怎么样的人生追求?有着怎么样的思想感情的这么一个人?×××,来你说一下,你体会到的主人公是一个怎样的思想感情?

学生1:(思索中)

教师:有紧跟着我吗?没有!(有两句听不清)因为作者的确没有直接表达他想表达的思想感情是怎么样的,但是他的感情寄托于一些物象来体现出来的吧,也是用什么?山水平原很壮大,除了水还有什么,互相追逐的云,对吧?借助这些意象你感受到的作者的思想是怎么样的?

学生1:寄情于山水。

教师:啊?

学生1:寄情于山水。

教师:寄情于山水,对吧?好,先请坐。来,你来说一下。

学生2:从山水中读出了作者对山水的喜爱。

教师:对作者那种隐匿于山水之间的生活状态的喜爱之情,对吧?

学生2:对。

教师:好,请坐。同学们根据这个意象感受呢,即使一些没有表现出来的一些情感,他其实是借助一些词语进行解释的……

(教师介绍了关于柳宗元的经历和情感)

教师:柳宗元其实写了很多寄情山水的文章,被称为《永州八记》，这八记分别就这些（PPT）呈现，我们今天要学的就是八记中的一篇，《始得西山宴游记》，这八记的题目，《始得西山宴游记》与其他几篇有什么区别？多了一些词对吧？它多了一个"始得"，多了一个"宴"，那么这个词究竟是什么意思呢？"始得"就是"开始"，准确地来说是第一次，那么"宴"呢？"宴"不是"宴会"，是"快乐"，那是一种安详快乐的场景。很奇怪，这应该是人生中最狼狈的岁月吧，他是怎么说的？我挺快乐的，我第一次得到这样的快乐，请两位同学读一下课文的第一、二自然段，找出文章中关于描绘第一次得到这么快乐的句子有哪些。

例 14 与例 15 是不同教师讲授同一篇课文，两位教师具有相同的交际意图，即告知［《始得西山宴游记》一课的文学常识及作者柳宗元的思想情感］。为实现这一告知交际意图，两位教师选择了不同的告知话语形式。从告知效果来看，两位教师选用的话语形式均促成了学生对告知交际意图的推导与理解，推动了告知交际意图的实现，因此，两种话语形式均是有效的告知话语形式。不过，不同话语形式如何实现同一告知交际意图？不同话语形式在实现同一告知交际意图的过程中是否存在差异？如果存在差异，它们的差异是什么？如何解读？这些问题虽不是本文研究的重点内容，但确实值得进一步深入地研究。

例 16《DNA 复制过程》一课的课堂实录

（课堂教学已进行 9 分 11 秒）

学生：老师你讲的是 52 页吗？

教师：对，53 页了都。

学生：47 页没学呢。

教师：52 页，52 页就是前面的探索。

学生：不是，我说 47 页没学呢，DNA 分子的结构。

教师：没学呢？

学生：啊。

第二章 中学教师课堂教学言语行为的性质、结构 / 59

教师：我忘了，那咱们少上一节课，都讲半天了，才告诉我，来讲这个吧，这个完事了吧，这跟前边没有什么太大关系，在这里边就是图3-12右侧"大肠杆菌DNA"的复制形式，第一大、第二大、到了这边是第三大，证明了DNA确实复制的时候它是以半保留复制的形式来进行的，就这样，那么接下来我们再来看DNA复制的过程，来吧，别说话了，我们看一下DNA复制的过程，了解DNA复制的过程，打到54页，首先在这里边这个问题大家在必修一已经学过了，再读一下！真核细胞当中DNA复制在哪儿啊？DNA复制在哪儿？知道吗？往这瞅，不兴唠嗑，不兴睡觉，趴桌子的坐起来啊。

例16中教师要告知学生DNA的复制过程，课堂教学已进行近十分钟，才有学生提出教师漏讲了部分内容，这说明大多数学生并未真正参与到课堂教学言语交际中来，教师采用的话语形式未能有效激发学生获知相关信息的意愿，无助于"告知［DNA复制的过程］"这一交际意图的实现，因此是失败的、无效的告知话语形式。

通过以上各例可见，在中学课堂教学言语交际中，告知话语形式是交际意图实现的具体话语表现，告知交际意图的标识和推导都需要依托于特定的告知话语形式而实现，受到告知话语形式的制约。

四　告知交际语境

交际语境是言语交际存在的时空状况，教师课堂教学言语行为存在于特定的交际语境中。首先，告知言语行为大多发生在教室，教室是一个封闭的空间环境，教室的结构、陈设都是为课堂告知言语交际而专门设置的。在这个封闭的物理空间中，言语交际有效地屏蔽了干扰，使交际能够全神贯注。其次，教室环境透露出正式、严肃的氛围，有利于告知言语交际的进行。最后，课堂告知一定存在于某种连续的背景中，即告知不是从"零"开始，而是连续告知的一部分，这样，先前告知的东西就成为一种背景语境。

1. 告知语境的性质

在中学教师课堂教学言语行为中，交际语境具有如下属性：

（1）主体认知性

在课堂教学言语交际中，并不是语境的全部要素都参与到言语交际中来，只有那些被交际主体认知到的语境因素才会进入交际语境，影响着言语交际的推进和效果，决定着话语的形式和意义。交际语境并不是纯粹客观的东西，而是交际主体主观构建的结果。即使在相同的环境中，不同交际主体对同一话语形式可能产生不同的认知，因为语境本身并不能发挥作用，真正在言语交际行为中起决定作用的是被交际主体认知到的与话语意义构建相关的那部分语境，即交际语境。[①]

例17《价格变动的影响》一课的课堂教学实录片段

教师：下面我们还是拿汽车说事儿啊，汽车价格上涨，电瓶车、自行车的需求量会怎么样地变化？

学生：上涨。

教师：汽车降价了，买自行车和电瓶车的人会怎么样？

学生：多/少。

教师：汽车降价了，买自行车和电瓶车的人就少。为什么？因为买车的人多了。从我们经济学上讲，自行车、电瓶车和汽车的用途差不多，都是为了满足我们代步的需要，可以互相替代的对不对？

学生：对。

教师：所以叫互为替代品，它们的功能差不多，那它们的价格变动和需求具有什么样的关系呢？汽车降价了，电瓶车、自行车的需求量会减少对不对？那也就是说它们是成什么关系？

学生：反比。

教师：当汽车涨价了，自行车、电瓶车需求量会增加，是成什么比？

[①] 吕明臣：《话语意义的建构》，东北师范大学出版社2005年版，第28—29页。

学生：正比。

教师：一种商品的价格变化与其替代品的需求量成同方向变化。

例17中为更好地实现"告知［价格变动的影响］"的交际意图，教师列举了丰富的例子以此激活存储在学生长时记忆中的相关认知，当教师询问"汽车降价了，电瓶车、自行车的需求量会减少说明它们成什么关系"时，学生的认知结果与教师预设的结果并不一致，这说明交际主体双方对交际语境的认知并不相同。当教师询问"汽车降价了，买自行车和电瓶车的人会怎样"时，同为被告知者的学生其回答各不相同，这说明即使在同一环境中，不同个体对相同话语形式可能产生不同的理解，交际语境是交际主体认知的结果。

（2）运动变化性

交际语境不是既定的、纯粹客观的东西，而是随着言语交际的进程而不断变化的，是交际主体主观建构的结果。在教师课堂教学言语行为中，交际语境既制约着教师对话语形式的选择，又制约着学生对话语形式的理解和话语意义的建构，教师常常会依据实现告知交际意图的需要而创设某种情境，使交际语境与交际意图建立关联，也就是说，交际语境会适应主体认知加工的需要而不断变化。

例18《热力环流》一课的课堂教学实录片段

教师：这节课呢，我们来学习新课，啊，首先呢我们来看一个故事，先来看一下讲的是一个什么样的故事？（PPT呈现）

学生：（看屏幕上呈现的故事）

教师：看完没有？在这个葫芦峪，葫芦峪这个地方，大家看一下这个字，这个"峪"字，大家想一下，这是个什么样的地形？

学生：山谷。

教师：山谷，所以叫"峪"，啊，大家想一下，这样一个地形呢，它首先发生了什么事呢？啊，粮食会放在这里是吧？放在这里干吗呢？

学生：（各抒己见）

教师：给司马懿看的吧，有粮食赶紧去抢，把粮食抢回来，抢不了的时候怎么样呢？

学生：放火烧。

教师：哎，放火烧！结果呢？在这个紧要关头，突然天降大雨，把火给浇灭了，司马懿呢被赶跑了，然后说了一句话："天要亡我啊！"是不是天真的要亡他呢？还是一种巧合？是不是巧合呢？这里老师先卖个关子，先不说，我们先学习下这节课的内容，学完之后呢，大家就会很好地理解了。啊，这节课呢，我们来学习热力环流。

例23中教师通过"诸葛亮火烧葫芦峪"的故事既水到渠成地导入新课，又巧妙地激发了学生接收告知信息的意愿，为告知言语行为的顺利实施做了充分的铺垫。教师所讲的故事，具有真实而具体的情境，引发了学生对热力环流相关知识的认知，使交际语境与交际意图建立关联，对告知交际意图的实现具有促进作用。

以上各例说明：在中学教师课堂教学言语行为中，交际语境随着言语交际的进程而不断运动变化，是交际主体主观建构的结果，对交际双方话语形式的选择与理解具有制约作用。

2. 告知语境的内涵

在告知交际意图实现的过程中，影响告知交际效果的因素均可视为告知交际语境内涵的构成要素，在交际过程中发挥作用。

（1）告知言语交际情境

"言语交际情境包括两个方面：一是主体对交际发生的时间和空间的物理环境的认知；二是对物理环境所具有的'意义'的认知。"[①]师生是在特定的时间、在封闭的教室中（特殊课除外）进行告知言语交际，这一时空环境及师生双方对特定时空环境的认知状况共同构成了课堂告知言语交际的情境，制约着师生双方对告知话语的生成和理解。

---

① 吕明臣：《话语意义的建构》，东北师范大学出版社2005年版，第96页。

例19《淳于髡》一课的课堂教学实录片段

教师：好，希望大家走上社会之后，一定要记住：相信自己。好，这是给我们班同学量身打造的一个题目"淳于髡，我想为你唱首歌"。昨天我给大家布置了，对吧？好，我给大家再留出两三分钟时间，没有完成的抓紧时间，写完的同学小组讨论。

学生：（有的继续完善，有的相互讨论）

教师：好，停，咱们找几位同学来展示一下吧。来，这个组。好，×××你读一下吧。

学生1：让我轻轻告诉你，我多想为你唱首歌。在远行的路上，你是否还在为其余王侯者而忧愁？仁者无忧，智者不惑，勇者不惧。你离我们而去，却让我们骄傲。记得赵国精兵十万，你却让楚闻之夜引兵而去。你虽为齐之赘婿，长不满七尺，却诡计多变、滑稽多变，就让我为你歌唱，齐之圣人也。

教师：好。

学生1：我想为你歌唱。

教师：再读。

学生1：我想为你歌唱，成为像你一样的贤士，让我为你歌唱吧！

教师：好。

学生：（鼓掌）

教师：别光鼓掌，点评一下呗。

学生：好。

教师：好在哪儿？

学生：引用。

教师：引用什么啦？

学生：智者。

教师：智者无忧，勇者不惧，仁者不惑，还引用了歌词，是吧？并且注意点题，开头和结尾都是我想为你唱首歌。

学生：嗯（附和老师的评价）。

教师：很好，我得表扬表扬他。好，请大家欣赏一下，这是×××同学的课本。

学生：哇！（鼓掌）

教师：所有同学都应该向他学习，你问问自己，你的基础和他相比也不差，我相信有付出就有回报，对吧？希望你继续努力。

例 19 中教师的告知话语中充满了具有肯定、鼓励色彩的语句，如"我得表扬表扬他""有付出就有回报""希望你继续努力"等，这样的话语形式源自教师对课堂教学情境所具有的意义的认知，即"充满正能量，应对学生具有激励作用"，教师对交际情境的认知通过其选用的话语形式得以体现，同时，教师对特定交际时空环境的认知与交际的时空环境共同构成了交际情境制约着教师的话语形式选择。

（2）告知意向内容以外的话语信息内容

在告知话语中，除告知事项本身以外，还必然包含一些与实现告知交际意图密切相关的信息内容，比如连续告知中以往告知内容的背景性话语，对告知事项进行导入、铺垫的解释性话语，对维护课堂言语交际顺利进行的指令性话语等，这些信息内容也会融入交际语境中，影响着告知言语行为的实施与效果。

例 20 《直线和圆的位置关系》一课的课堂实录片段

教师：那前面我们学习了直线的方程，啊，直线的方程，那么，比较常用的就是一般我们都把它化成一般式，对吧？

学生：嗯。

教师：那么圆的方程我们也学了啊，一个是标准方程，一个是一般方程，对吧？标准方程就是 $(x-a)^2+(y-b)^2=r^2$。那么这节课我们来看一下，直线和圆的位置关系怎么判断？那么书中我们学的直线和圆有几种位置关系？

学生：相交、相切、相离。

教师：相离、相切、相交。好，那现在我们学了解析几何，我们可以用方程来表示直线和圆，那我能不能用方程来判断直线和圆的位置关系呢？

学生：可以。

教师：看一下书啊，课本127页例1，看一下。

在现实的课堂教学中，一个相对完整的学习内容通常需要几次课来完成，这使教师告知学生相关学习内容的过程以连续告知的方式呈现，每节课既是一个独立的告知言语行为，又是连续告知过程中的一个环节，服务于整体的告知需要，每节课的告知事项既保持相对独立，彼此间又密切相关，上节课的内容是下节课的基础和铺垫，下节课的内容是上节课的拓展和延伸。正如例20所示，以往所学的直线的方程和圆的方程是学习《直线和圆的位置关系》一课的基础和前提，这是师生双方所共识的背景知识，是实施当前告知言语行为的信息基础，这些内容也是交际语境的内涵要素，对实现"告知［用方程判断直线和圆的位置关系的方法］"的交际意图具有重要影响。

例21 《万有引力定律》一课的课堂实录片段

教师：这一段需要大家做的题很多，而且往往在历年的高考中也有体现。再这样我给整办公室去，跟你老师说说反倒不好，你消停地别影响我讲课啊！来玩了啊？第一个事儿提出的问题还是给大家讲一讲万有引力定律的内容、它的应用以及它的公式，大家想一想！把地上的捡起来，×××你说一下。

学生1：（听不清）

教师：好，坐吧。解决问题的时候一定想着点啊，解决问题分为这么三个方面：第一个方面是什么？说的是？

学生：自然界中任何两个物体都是相互吸引的。

教师：唉，第二个说的是什么？

学生：引力的大小和方向。

教师：唉，引力的大小和方向，和谁有关？

教师：大小和什么有关？大小什么情况？

学生1：大小相反。

教师：唉，大小相……？

学生2：引力的大小和物体的质量成正比。

教师：胡编滥造，还相反？那么对这个问题注意一下，对大小来说，和质量成什么？

学生：正比。

例21中教师要告知学生万有引力定律的内容、应用及公式，个别学生不遵守课堂纪律，没有认真听课，因此，教师在上课之初就告知学生本课的学习内容在历年高考中均有所体现，旨在通过这一信息引起作为被告知者的学生的关注，从而更好地实施告知言语行为。

以上各例说明，在中学教师课堂教学言语行为中，除告知意向内容外，与实现告知交际意图密切相关的信息内容也会融入交际语境中，成为交际语境的内涵要素，对告知言语行为的实施及交际效果的实现具有重要影响。

(3) 实现告知交际意图的难易程度

在实施课堂教学言语行为前，教师会对实现交际意图的难易程度进行估量，如果告知事项对学生来说较为容易，那么学生获知并理解告知信息的可能性就大；反之，如果告知事项对学生来说较难，那么学生获知并理解相关信息的可能性就小，实现告知交际意图的难易程度也是交际语境的内涵要素之一，对师生双方的话语形式选择与理解，对交际意图的标识与推导具有制约作用。

例22《弹力》一课的课堂教学实录片段

教师：接下来我们做一个实验，我们认为这个讲台的桌面硬不硬？

学生：硬。

教师：那我们就用力去压它，它发生形变了吗？

学生：没有。

教师：那这个形变如果放大，那怎么放大呢？下面老师讲一下实验器材，这是一支笔，它能发射光束，这光束能感觉到强的亮力，那么我把它放到桌面上，大家看一下，看到一个点。

学生：哪呢，点？

教师：看到了吧？那么，我们来看一下光点有没有？

学生：有。

教师：有什么变化？是不是我这边确实有形变了，从小到大的距离发生变化，这边我们有看到。我们下结论，什么结论？很硬的桌面受力的时候，它也发生了弹性形变。那么，由此我们可以想到形变会分为几类？

学生：两类。

例22中教师考虑到弹力形变的相关知识较为抽象，对学生来说理解起来难度较大，因此，采用了实验演示的方式以帮助学生理解，实现告知交际意图的难易程度作为告知语境的内涵要素之一，在教师的话语形式选择中发挥了制约作用。

除以上三点外，交际主体的需要、意愿，交际主体的交际角色、交际关系以及主体对上述内容的认知与定位都是告知交际语境的内涵要素，在实现告知交际意图的过程中共同发挥作用，这部分内容将在第三章课堂告知交际主体分析中具体阐述。

在现实的课堂教学言语交际中，教师会依据实现告知交际意图的需要对上述语境内容进行择取，而语境也会随着言语交际的进行而不断发生变化，这体现着交际语境所具有的主体关照性和动态性。当然，交际语境所具有的主体关照性和动态性并不是漫无边际的，而是存在于一定的范围之内，这一范围便是我们从大量的中学课堂教学实录中所总结概括出来的以上诸方面的语境内涵要素。在教师课堂教学言语行为的实现过程中，作为交际主体的教师和学生正是在这一语境范围内选择协调，建立平衡。

五 告知交际结构

中学教师课堂教学言语行为是以告知为核心交际意图的言语交际行为，具有由告知交际主体、告知交际意图、告知交际形式、告知交际语境所构成的行为结构，四个构成要素相互连接、相互依存，对课堂告知言语行为的实施与效果具有重要影响。中学教师课堂教学言语交际行为结构可以如图2-3所示：

```
              告知交际形式

   教师  ←──────────────→  学生

              告知交际意图


           告知交际语境（教室）
```

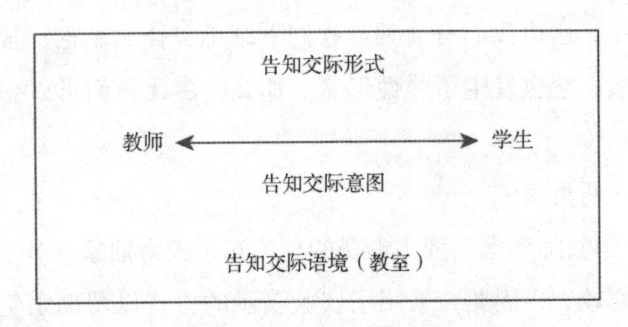

图2-3 中学教师课堂教学言语行为结构图

由图2-3可见：第一，中学教师课堂教学言语行为的四个构成要素相互关联、相互依存。第二，四个构成要素在课堂告知言语交际行为结构中的地位各不相同，告知交际意图是核心，其他三个要素因告知交际意图而存在，教师与学生为实现特定的告知交际意图而发生言语交际关系，告知语境和告知形式是为了实现特定的告知交际意图而服务，告知交际意图使课堂告知言语交际行为结构的各个要素凝结为一个整体。第三，每个要素都可以进行专题研究，但不能脱离中学教师课堂教学言语交际的整体框架而孤立进行。第四，中学课堂告知言语交际的过程是双向互动的，教师和学生同为告知言语交际的重要参与者，主体间具有互动性。

本章主要讨论了中学教师课堂教学言语行为的性质、结构。中学教师课堂教学言语行为是以告知为核心交际意图的言语交际行为，告知是其基本属性。作为一种机构性言语行为，主体身份的标记性，交际意图的复杂性，话语选择的策略性是中学教师课堂教学言语行为的主要特征，其构成要素包括：告知交际主体、告知交际意图、告知交际形式、告知交际语境。告知交际意图是告知言语交际行为结构的核心，其他三个要素对告知交际意图的实现、告知效果的达成具有重要影响。作为机构会话，课堂教学言语交际发生在特定的机构场所（教室），其交际语境具有封闭性、固定性的特点，因此本文暂不考虑交际语境对告知效果的影响。后续章节将对告知交际主体、告知交际形式（主要是语言形式）分别展开讨论。本章为后续研究提供理论基础。

第三章　课堂告知交际主体分析

言语交际是人的互动行为，交际意图的标识与推导都依赖于主体的相关认知。课堂告知交际的主体是教师和学生，其需求与意愿、交际角色、交际关系以及主体对上述内容的认知状况直接影响着告知言语交际的效果。

第一节　主体的需求、意愿与交际效果

一　告知者的需要与交际效果

在《中学教师课堂教学言语行为教师调查问卷》中关于交际主体的需要及满足状态的调查题目是：

您认为教师实施课堂教学言语交际行为的原因是：（　　）
A. 满足自身需要　　B. 满足学生需要　　C. 未曾做过思考

中学教师对这一问题的认知状况如图 3-1 所示：

从图 3-1 中可见，无论初中教师还是高中教师都将满足学生的某种需要作为实施课堂教学言语行为的原因，忽视了满足自身需要是一切行为最根本的驱动力，这说明中学教师对实施课堂教学言语行为的动机缺乏有效认知。

人有某种需要渴望得到满足是一切言语交际的缘起，在中学课堂教学言语交际中，师生双方的需要是言语交际顺利实施、交际意图圆满实现的前提条件。教师实施告知言语行为前首先会考虑行为满足的

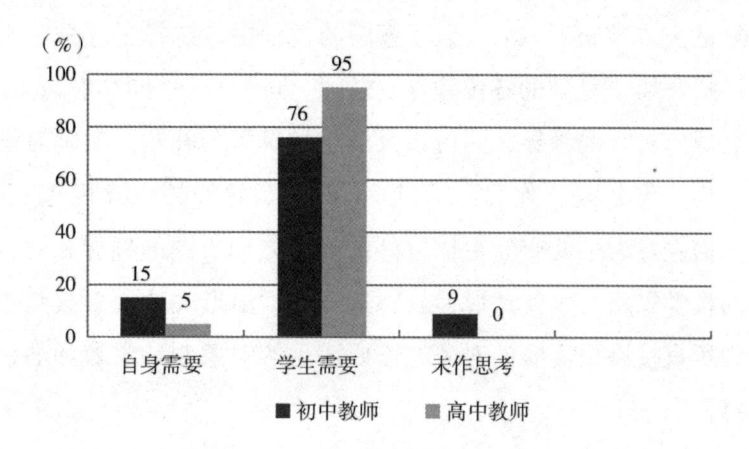

图3-1 中学教师对实施课堂教学言语行为原因的认知情况

对象,其中包含着四种可能:一、满足告知者教师自身的需要。二、满足被告知者学生的需要。三、满足交际双方的需要。四、满足交际双方以外的第三者的需要。教师依据满足需要的对象择取相应告知话语形式。

例23 《最后一课》一课的课堂教学实录片段

(背景:笔者在校领导陪同下进入教室听课)

教师:各位领导、老师、同学们,大家上午好!今天我们学习的《最后一课》被誉为世界文学宝库中一颗璀璨的明珠,小说将普法战争这一重大历史题材浓缩在一所小学的最后一堂法语课的课堂里,谱写了一曲悲壮昂扬的爱国主义赞歌,创造了短篇小说的典范。小说可圈可点之处实在太多了,以往我在讲述这一课的时候老是忙于讲解,学生忙于记录,可学生收获的并不多,本节课我通过让学生批注式阅读,充分预习,再通过学案的引导,课堂上的适当点拨,通过让学生用自己的眼睛发现美,并在发现中体会到语文学习的乐趣。好,上课。

学生:老师好。

教师:同学们好,请坐。

例23 因为有领导、同行听课,因此,教师在实施"告知 [《最后一课》的文本赏析]"这一交际意图的过程中,选择了正式、礼貌的话语形式,如"尊敬的各位领导、老师、同学们""同学们请坐"等,从而表现出对听课领导、同行以及学生的尊重与礼貌。教师对学生的称呼不是"你"或"你们",而是"学生",这样的话语形式表明教师的导入语主要为了使交际主体以外的第三方即听课的领导和同行了解教师的教学思路。也就是说,教师选择的话语形式体现着教师告知言语行为所直接满足需要的对象,需要满足的对象制约着教师的话语形式选择。

通过以上分析可见,同在教学语境中,同为实现告知学生某种信息的交际意图,因告知言语行为满足需要的对象不同,教师选择的告知话语形式各有不同,教师的话语形式选择会受到告知言语行为满足需要对象的制约。

二 被告知者的意愿与交际效果

在《中学教师课堂教学言语行为学生调查问卷》中,关于被告知者获知告知信息意愿的调查题目有3个,具体内容如下:

1. 您常常因何种原因听课,接收教师讲解的内容?(　　)
   A. 需要(例如考试)　　B. 意愿(兴趣、有意思)
   C. 教师严格要求
2. 您在课堂教学言语交际中的学习状态通常是:(　　)
   A. 良好　　B. 一般
   C. 不好
3. 在课堂教学言语交际中影响您学习状态最为重要的因素是:(　　)
   A. 考试需要　　B. 听课意愿
   C. 教师的严格要求

在《中学教师课堂教学言语行为教师调查问卷》中,相关调查题目有 3 个，具体内容如下：

1. 您认为学生听课，接收教师讲授内容的原因是：（　　）

   A. 需要（例如考试）　　　　B. 意愿（兴趣、有意思）

   C. 教师严格要求

2. 您的学生在课堂教学言语交际中的学习状态通常是：（　　）

   A. 良好　　　　　　　　　　B. 一般

   C. 不好

3. 您认为在课堂教学言语交际中影响学生学习状态最为重要的因素是：（　　）

   A. 考试需要　　　　　　　　B. 听课意愿

   C. 教师严格要求

中学师生对这一问题的认知状况如图 3-2—图 3-4 所示：

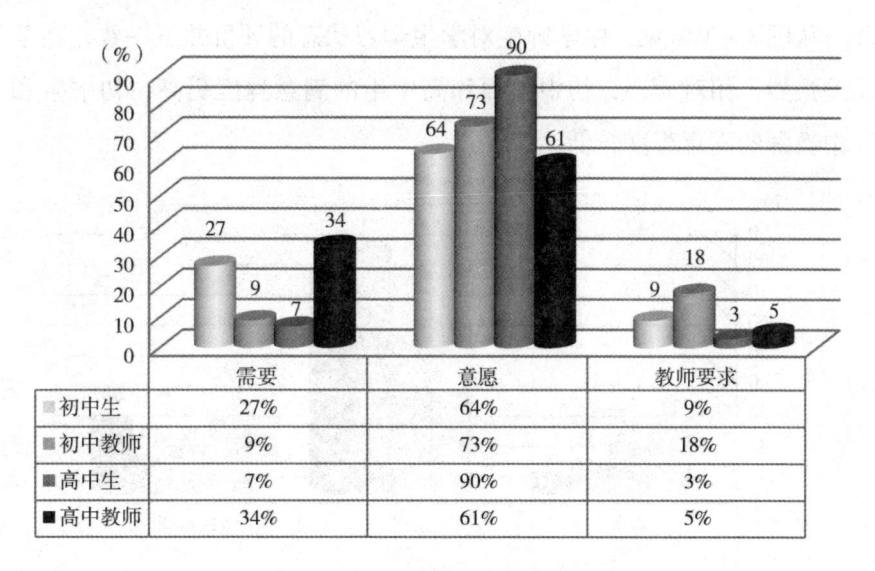

	需要	意愿	教师要求
初中生	27%	64%	9%
初中教师	9%	73%	18%
高中生	7%	90%	3%
高中教师	34%	61%	5%

图 3-2　中学师生对学生接收告知意向内容的原因认知对比情况

从图 3-2 可见，中学师生普遍认为学习意愿是学生接收告知信息的关键因素，尤其是高中生，能够正确认知意愿在课堂教学言语交际中的重要作用。

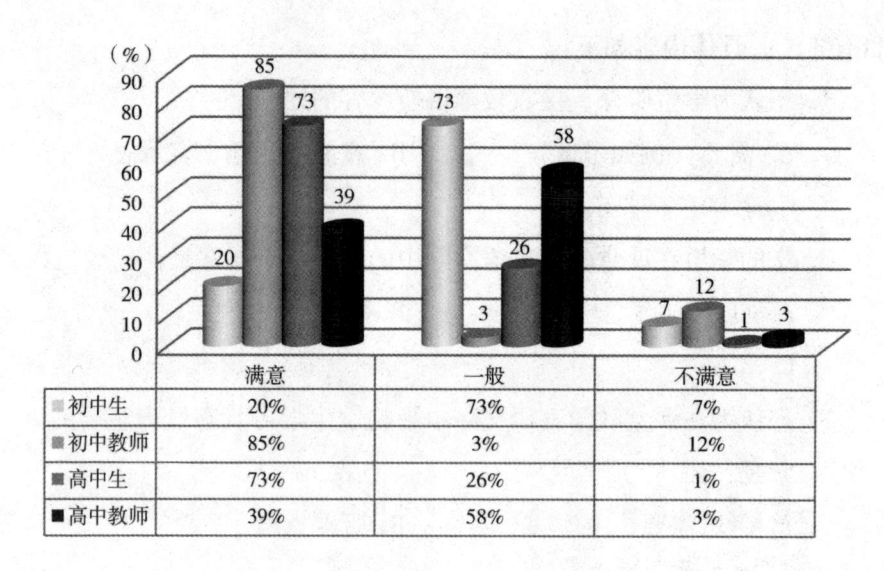

图3-3 中学师生对学生学习状态的评价对比情况

	满意	一般	不满意
初中生	20%	73%	7%
初中教师	85%	3%	12%
高中生	73%	26%	1%
高中教师	39%	58%	3%

从图3-3可见，中学师生对学生学习状态的评价并不一致，甚至反差强烈，相对而言，初中教师和高中生的满意程度更高，初中生和高中教师的满意程度较低。

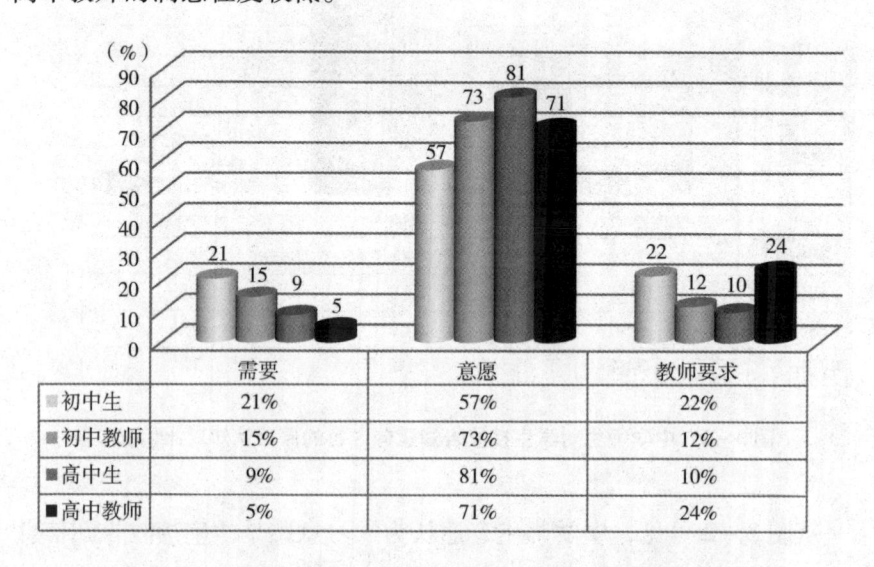

	需要	意愿	教师要求
初中生	21%	57%	22%
初中教师	15%	73%	12%
高中生	9%	81%	10%
高中教师	5%	71%	24%

图3-4 中学师生对影响学生学习状态关键因素的认知对比情况

从图3-4可见，中学师生对影响学生学习状态关键因素的认知基本达成共识，能够普遍认识到学生的意愿对中学课堂教学言语交际效果的深刻影响。

在中学课堂教学言语交际中，教师为满足告知需要而发起告知言语交际，但学生并不只是因为需要而学习，学生获知告知信息的渴求度决定着其接收告知信息的行动意愿，直接影响着告知言语交际的效果。

例24《行进间的单手上篮》一课的课堂教学实录片段

教师：好，我们进入学习行进间的单手上篮，我先不讲啊，我先给大家做个完整示范，看一下，我讲的是以右手投篮为例，这里可能有左撇子，就是方向相反就可以，方法是一样的，就方向相反。运球，做个示范动作。

（教师示范）

学生：好（鼓掌、呐喊）！

教师：我相信你们以后做得肯定比我好！再来一次，仔细看，你们别光看热闹，看点门道出来啊！运球，掌握住了。

学生：好（欢呼、鼓掌）！

教师：好了，想一想为什么我们平时管这个上篮叫三步上篮，其实它是几步？

学生：两步。

教师：迈两步，但是为什么叫三步上篮呢？其实它是三个步骤：从运球开始，第一步双手接球，右脚跨一大步，然后将左脚放在相对位置，第三步就是左腿跟进，腾空，两手向上托球，到最高点的时候，左手松开，右手到。那么这个上篮啊，一般有两种方式，我刚才做的是？

学生：栏板。

教师：还可以直接这样一扫篮，一般的顺序都是够篮板的框，这个比较容易啊，进球点多一些，进球的面大一些。再做一次啊，记住三个步骤啊，第一个左脚，然后右脚、投篮。

学生：（鼓掌、呐喊）

例24中教师要告知学生行进间单手上篮的技巧，这一告知信息既是考试的必考内容，又是学生感兴趣、想学会的技能，学生获知该信息的渴求度高，学习意愿强，因此，教师通过专业而精彩的动作示范，简洁明了的话语形式，成功地实现了"告知［行进间单手上篮的技巧］"的交际意图，学生接收告知信息的意愿促成了告知交际意图的实现。

例25《外交关系的突破》

教师：嗯，今天在《环球时报》上看到这样一则关于钓鱼岛问题的最新报道，嗯，《环球时报》上称，中国海监编队在钓鱼岛临海内对非法活动的日本船只进行了监视取证，并对日方船只实施了拘留，嗯，驱离的这个措施。这是中方第一次宣布在钓鱼岛中国领海内拘留、驱离日船。《环球时报》称，嗯，这个是阶段性的，在钓鱼岛的问题上宣示主权。讲到钓鱼岛的问题啊，必将会讲到三个国家：一个是中国，另一个是日本，还有一个是美国。

学生：中国、日本、美国。（与教师一起）

教师：似乎中国、美国、日本之间一直在历史上就存在着说不清、道不明的关系。那今天我们就要来回望一下历史，回到20世纪70年代，来看看这一时期中国、美国、日本之间所建立的外交关系。来看今天的课程《外交关系的突破》（PPT呈现）嗯，首先，将我们这个的视角呢转向"历史深观察"栏目，看看他们这个节目是如何向我们讲解70年代外交之重返联合国。嗯，我们有请我们今天的，嗯，"历史深观察"主持人××和××两位资深观察员。

学生：（鼓掌）

学生1、学生2、学生3：（走上讲台）

学生：（笑，觉得有意思）

例25中交际意图可以概括为告知［中美日三国的外交关系］，考虑到学生对传统教学方式,即教师讲学生记的教学模式感到枯燥、乏味,因此,教师创设了学生主持"历史深观察"栏目的方式。在教师的告知话语中"请""资深观察员"等语句极大地激发了学生获知相关信息的主动性和渴求度,使"告知［中美日三国的外交关系］"的交际意图顺利实现。

通过上述两例可见,同在课堂教学语境中,因学生获知告知信息的渴求度,即接收相关告知信息的意愿不同,教师在实现告知交际意图时所选择的话语形式有所不同,不同的话语形式体现着"被告知者获取告知信息的意愿"的话语意义。

第二节 主体交际角色与交际效果

一 主体角色类型与交际效果

在言语交际中,主体的话语角色与其他社会角色身份等共同构成交际角色,以其存在的状态可以分为两种:外显于交际语境的显性角色和内隐于交际语境的隐性角色。

1. 显性角色与交际效果

主体显性角色主要体现为两类:社会类角色和家庭类角色,交际主体常常将以上两类角色作为自身在言语交际中的角色标识。

(1) 社会类角色及交际效果

在课堂教学言语交际中,主体的社会类角色主要包括职业、职务及社会地位等,这些角色因素会融入交际语境中,影响着交际的效果。

例26《雪》一课的课堂教学实录片段

教师:好,咱们同学啊,可以通过网络以及我们以前学过的书,很多的方式来积累有关雪的名句,现在我们来看一下老师黑板上大屏幕给大家显示的,我们大家一起读一遍,"孤舟"一二。

学生:(齐读)

教师：好，那么有关雪的段落，我们在初一的时候学过什么？

学生：《济南的冬天》。

教师：《济南的冬天》有一段话我们背过，咱们一起来背一遍，"最妙的是下点小雪"，一二。

学生：（齐背）

教师：好，我们这段文字选自老舍的《济南的冬天》，我们同学有一个音读错了，应该是下点"薄（báo）"雪，那么，老师喜欢的有关于雪的名篇有两个：一个是《沁园春·雪》，毛主席写的，还有一个就是我们即将要在第六单元学到的《白雪歌送武判官归京》。从初一到现在呢，老师经常到冬天的时候都会跟大家说的一句话就是？形容雪的就是？

学生：忽如一夜春风来，千树万树梨花开。

教师：忽如一夜春风来，千树万树梨花开。那么，今天我们同学在早上上学的路上就会有这样的一种感受，是吧？当然了，那一首诗描写的是塞外的雪，但是我们恰好处于北方，雪对于我们来说是特别寻常的一个东西，那么现在呢，一起来读一遍这首《沁园春·雪》。

学生：（齐读）

例26 教师在实施告知言语行为的过程中，对学生提出了诸多要求，如读古诗、背课文、回答问题等，旨在提升学生的认知效率，学生之所以配合教师遵守指令、完成相关互动，其重要原因之一就在于主体双方的社会角色产生了重要影响，即在课堂教学中，教师负责引领学生完成相关认知，学生应执行教师的指令，配合教师完成相关互动。主体的社会角色身份保证了课堂告知言语交际的顺利开展及告知效果的实现。

例27 《自由落体运动》一课的课堂教学实录片段

教师：我们前面学过了匀变速直线运动及其规律，我们今天找一下生活中有哪些常见的例子，来转换一下，什么样的运动适合匀变速直线运动？那么，现在给大家做个小实验，我这里有一百元钱，可以用来做什么呢？那么有没有同学注意到，在街头有一伙人会拿一百元钱，告诉周围的人说，如果有谁能夹到这一百元钱，我就把它给谁，但一次机会要十元钱。现在老师也想找同学做一下这个实验，不过没关系，这是免费的。

学生：哈哈哈……

教师：好，现在谁来做一下呢？

学生：班长，班长。

教师：那个女同学。

学生1：（没夹住钱）

教师：好，没夹到没关系，再来一次。体育一般都有不服输的精神，体委来夹一下，但事先说明，今天我不管你夹没夹住，钱都是我的。

学生：哈哈哈……

学生2：（没夹住钱）

教师：好，其实啊，老师告诉大家，无论谁都夹不住，这是一个骗局，但也有物理知识在。好，学习今天的知识后，我们将解决这个问题。

例27 教师要告知学生自由落体运动的特点及规律，为调动学生学习相关内容的兴趣，提升获知相关信息的意愿，教师采用了与学生互动进行现场演示的方式。在确定演示学生人选时，学生们一致推荐班长，因为大家对"班长"这一身份具有一致的认知，即班长是学生代表，班级各项活动的表率，应该发挥带头作用。班长"失败"后，为进一步增强告知效果，教师邀请了体委继续验证，因为教师对"体委"这一身份的认知是：活动能力强、动作敏捷、反应快，由体委来完成此项活动更有说服力。例27中"班长""学委"的职务身份保证了告知效果的实现。

（2）家庭类角色与交际效果

主体家庭类角色是指主体在自身家庭中所承担的家庭内角色的集

合，中学教师在实施课堂教学言语行为的过程中，常常利用家庭类角色身份以引起学生的情感共鸣，促成告知交际意图的实现。

例28《我的叔叔于勒》一课的课堂教学实录片段

教师：今天这节课呢，我们依然走进《我的叔叔于勒》，今天是我们第三次课走进《我的叔叔于勒》，老师一直和大家说，文字的魅力是无穷的，那么，因为文字的魅力是无穷的，文学作品一定也有丰富多彩的魅力，那么，在大作家笔下的经典就是一个更奇妙的世界。我们初读《我的叔叔于勒》的时候，可能我们感知得还是不够清楚，上节课在大家自己通过对课文的理解，对课文提出一定质疑的时候，我们还会有新的发现，那么这节课我们就再来重读一下这个经典，看一下我们还会有哪些新的发现。……

教师：既然左拉说他（莫泊桑）的作品丰富多彩，那么，我们就要理解一下"丰富多彩"的含义，"丰富多彩"就是说当我们换一个角度来看这个小说的时候，我们会对这个小说有一个全新的领悟，那我们今天就来看一下他的小说《我的叔叔于勒》它的丰富多彩到底体现在哪里？我们先从这篇小说的人物入手，我们首先进入小说的第一个人物——于勒，我们先来揭开于勒这个谜。要分析一个人物，先分析人物在作品当中的起点，大家看于勒的起点，通过于勒的起点，你来概括一下于勒是个什么样的人？来，你说。

学生1：于勒是个坏蛋，是个流氓。

教师：噢，于勒十恶不赦啊，在你眼里。我们可能在初读这个小说的时候，可能觉得于勒真的是十恶不赦，那么，现在我想假如你是菲利普夫妇，于勒是你的亲弟弟，你会怎么做呢？于勒就这样一个人，你会怎么做？你是他哥哥现在，你咋做？

学生2：同情他，包容他。

教师：你太善良了，弟弟那么十恶不赦，你都包容他。来，你说。

学生3：抛弃他。

教师：抛弃他，你做得太好了，我支持你。来，你说。

学生4：先劝他，如果他不能改邪归正，再抛弃他。

教师：嗯，看×××做的，循序渐进。××。

学生5：先进行说服教育。

教师：然后呢？他不改呢？

学生5：更严厉的方法。

教师：更严厉的方法是什么方法？打他？骂他？严刑拷打？

学生5：冷落他。

教师：哦，他采用的是冷落法，就是冷暴力。××你说。

学生6：严厉地管教他。

教师，严厉地管教他，那他还不改呢？

学生6：断了他的资金。

教师：他都没有钱了，还怎么断呢？而且你自己的钱也不够花，刚刚够生活，来下一个。

学生7：软禁。

教师：软禁是犯法的，别看是你亲弟弟，也犯法。来，你说。

学生8：我把他送到监狱进行教育。

教师：直接送监狱，你看多狠，这×××长得虽然小，但是心狠手辣。

学生9：让他体验一下一分钱没有的生活。

教师：一分钱没有，让他沿街乞讨去呗？心灵回归了，是不是？××你说。

学生10：我会劝阻他。

教师：劝阻他不改怎么办？

学生10：劝阻不改，不管他了。

教师：你也不管他，看到没？其实大多数同学都支持不管他，撵他出去，对不对？菲利普夫妇怎么做的？

学生：撵他出去。

教师：撵到哪去了？

学生：美洲。

教师：那看来菲利普夫妇那天的做法也未必过分，对吧？他虽然是你的亲弟弟，当他十恶不赦时，你也可能痛下决心，把他驱逐出门，×××都要把他送监狱呢？看来菲利浦夫妇的做法足以让我们觉得正常。

例28 中教师通过让学生换位思考的方式，引起学生对家庭关系中兄弟关系的情感共鸣，以此获得对菲利普夫妇人物性格的深层认知，使学生改变了初读课文时对菲利普夫妇残忍自私性格特点的看法，对菲利普夫妇的形象有了更加全面而深刻的认识。家庭类角色身份在交际过程中发挥了重要作用，促成了学生对告知信息的理解。

2. 隐性角色与交际效果

主体隐性角色可以分为两类：客观因素角色和主观因素角色。

（1）客观因素角色与交际效果

主体客观因素角色是指主体的性别、年龄、学历、经历、经验、背景等客观存在的因素角色，在中学课堂教学言语交际中，主体客观因素角色作为交际语境的内涵要素之一，对告知效果的实现具有制约作用。

例29《晨昏线判读》一课的课堂教学实录片段

教师：咱们最近这个考题当中啊，晨昏线一直是个难点……（听不清），首先我们看一看晨昏线的……（听不清），现在可以看到大屏幕上的球，现在你可以看到……（听不清）由夜半球进入昼半球，所以它是晨线，当然后面那跟线是看不见的。那么，晨线刚才我说了，另一个就是昏线，昏线是什么？

学生：（回答得较为杂乱，听不清）

教师：是这种直接的，昼半球或者夜半球对着你的情况，那么现在呢，咱们做一个简单的例子，假如你的眼睛是太阳，我的脑袋就是地球的话，我现在脸对着你的这头就是什么啊？

学生：昼半球。

教师：你看你们阳光灿烂的。

学生：（哄笑）

教师：那个昼半球啊，同学们要注意，如何来区分这个晨昏线，咱们同学要注意，地球是自西向东旋转的，以我为例的话，我就应该这样转，那我右耳这一侧，是什么线啊？

学生：晨线。

教师：这头儿呢？

学生：昏线。

教师：如果是春秋分日的话，那么晨昏线刚好经过我的头顶和两个耳朵，那也就是说经过南北两个极点，如果是冬夏至日，它情况就不一样了，因为晨昏线并不和经线圈重合，而和经线有一定的角度，如果是夏至日，那么晨昏线是倾斜的，与我的秃顶点重合。

学生：（再次哄笑）

教师：秃顶处刚好是极昼，对吧？……（听不清）如果是冬至日，那么它的晨昏线是这样倾斜的，从脑门这儿过去，这个晨昏线保证了北极圈以内出现了什么啊？

学生：极夜。

教师：这种情况比较多一些，这是关于侧视的，那么俯视的呢，现在咱们看一看，这儿有两个地球，大家可以看一看地球的自转方向，这是哪个半球啊？

学生：北半球。

教师：嗯，不管从哪儿看都是北半球，好，下面这个是南半球的情况，南半球是逆时针，北半球是顺时针，大家要记住这个，为啥要你先看这个呢，因为对晨昏线的判读啊，往往需要你先锻炼你判断俯视图的自转方向，现在呢，咱们同学看，在这个图上注意这有个绿点和蓝点，那么PO、QO，O点是晨昏线以及圈的切点，那么这两根线谁是晨线？谁是昏线？我们需要看一看，现在呢，随着地球自转方向，这是哪个半球啊？

学生：北半球。

教师：既然是北半球，那么咱们同学看到PO这条线，由昼变为什么啊？

学生：夜。

教是：嗯，对，由昼变为夜，那么它是什么啊？

学生：昏线。

老师：QO呢？

学生：晨线。

老师：所以啊，关于这个晨昏线，我们一定要先判断它地球的自转方向，然后再去具体判定它。

例29是一次成功的课堂教学言语交际，在告知意图实现的过程中发挥作用的不仅是教师恰当幽默的告知形式，教师所具有的名牌大学的学历、渊博的地理学识、丰富的教学经验等所构成的客观隐性角色也发挥了重要作用，该教师毕业于东北师范大学地理科学学院，教学经验丰富，现任学校地理教研室主任，这些隐性角色因素虽未在话语形式层面得以明示，但作为告知交际语境的重要内容，对告知效果的实现具有促进作用。

（2）主观因素角色与交际效果

主观因素角色主要包括主体的性格、修养、气质、爱好、情绪等。教师在实施中学课堂教学言语行为的过程中，其主观因素角色会对学生的学习意愿及告知的效果产生影响。

例30《法国大革命》一课的课堂教学实录片段

教师：一年上这个神圣又神秘的四楼的这个教室呢，我们都能讲一两次课，进到这个房间呢，我们都会感觉到稍微有一点紧张。大伙放松，别紧张。今天呢，我也争取好好发挥啊，好好发挥，再现一下我当年的风采。给点掌声！

学生：（鼓掌）

教师：刚才啊，给班级介绍的是每天间操都会出现在领操台上的×××同学，那么，今天呢，值日的班长呢是团支书×××同学，下面有请×××同学跟大伙嘱咐几件事情。

×××：嗯，我是今天的值日班长，我希望大家可以好好，这节课好好表现，有双倍加分。

教师：下面我们进入课堂啊，今天有这么多的领导和老师都在啊，我们共同来学习一下选修的第二本书第六课《法国大革命》。之前我们学习过英国的革命和北美的独立运动，今天来共同探讨一下法国大革命的背景、经过及相关文件的颁布，以及一个著名的人物——拿破仑。通常我们提到法国，咱们同学会有一个什么样的感觉呢？你会第一时间想到哪些呢？

学生1：嗯，我能想到就是那个巴黎的凯旋门，然后埃菲尔铁塔，然后还有那个巴黎圣母院，还有凡尔赛宫。然后之后呢，著名的旅游景点有那个普罗旺斯，就是经常说是，薰衣草的天堂，完了之后还有塞纳河，就是特别美丽，完了之后还有一些大家都比较熟悉的品牌，像那个兰蔻、然后……

老师：好，请坐。看来同学对法国还是挺有了解的啊，还有哪个小组能补充一下，你对法国是一个什么样的视角来看的？

学生2：在我印象里，法国一般都是比较浪漫气息的那种感觉，然后我觉得比较有名的可能是甜点，还有那些什么鹅肝之类的。

教师：好，请坐啊，回答非常好啊，咱同学还有点儿紧张啊，今天不是已经打预防针了吗？放松！看我状态，哥今天是高兴的！

学生：（笑）

教师：看到法国啊，主要会有这样的一些感受：第一个就是葡萄酒，看来咱们同学都是好同学，基本上不喝酒是吧？没提到啊。葡萄酒前一段习主席去法国访问，法国总统开了一瓶97年拉菲，我估计味道是相当不错的啊。然后就是女同学最爱的香水，夏天到了，这个香水该发挥作用了，对吧？特别搞运动的男同学也会适当的喷一点儿，当然很昂贵的啊！然后就是我们喜爱的各种包包，对不？各种名牌包包，是不？LV包包，那个我们平时在早市上也能看见的那个……

学生：（笑）

教师：看来呢，法国这些商品全都是奢侈品，对吧？非常昂贵。那么你说出售这些奢侈品的商家和资本家们他们赚钱不？

学生：赚钱。

教师：赚钱啊，利润非常高，对不？最贵的这个一个包啊，能达到几十万美元。几十万美元能顶上一台好车和一栋楼了，对吧？所以呢，背后出售这些奢侈品的资本家们非常赚钱，是一个富有的阶级，那么这个阶级在当时的思想状态如何呢？你想一想，当时17世纪、18世纪的法国有什么运动呢，它的思想状态如何呢？

学生3：它有启蒙运动，然后思想状态是民主和法制深入人心。

教师：嗯，好，请坐。当时富有的这是什么阶级这是？唉，资产阶级是吧，这帮人有钱吧？思想怎么样呢？还行，是不？受到谁的影响？

学生：孟德斯鸠。

教师：对，启蒙思想家的影响。这人谁啊？孟德斯鸠。他有什么思想？三权分立。哪三权呢？行政，立法和司法。孟德斯鸠后来呢这一思想在哪一国政体当中得以体现呢？美国。美国什么宪法？1787年宪法。唉，这节课讲的法国就没实现，你说为什么？

学生4：嗯，因为，因为法国有那个封建社会，美国没有，而且法国的资本主义发展没有美国的好。

教师：好，坐，啊，回答非常好。一呢，从经济上回答；二呢，从法国的这个社会传统上回答。美国呢，没有经过封建社会，所以能够直接确立三权分立的资本主义社会，而法国封建社会也将近一千年哪！挺长，是不？所以呢，作为法国思想家，孟德斯鸠的三权分立思想只能在美国实现，没有在法国实现。

例30中可以感受到一种轻松、活泼又略带紧张的氛围，这一氛围的形成主要源于两点：一是领导听课，教师及学生的情绪受到影响，略带紧张；二是教师幽默的性格特征使学生受到感染而积极踊跃地参与互动。主体双方的情绪、性格等主观因素在告知言语交际的过程中发挥了作用。

例31《古典概型》一课的课堂教学实录片段

教师：上周我们学习了对立事件、互斥事件，还有它的独立性，是不是？那个题就是求对立事件、互斥事件它的概率的，别整丢了啊，明天讲。今天我们往下学习古典概型，然后刚才又发了一张卷儿，这是上个星期古典概型的卷儿啊，今天回去以后必须做完，明天上课就处理这两张卷儿，就是一个是互斥事件、对立事件的概率，还有一个就是古典概型这张卷儿啊，咱们现在又没有晚课了。

学生：是吗？

教师：所以要求你回家啊。

学生：（一阵骚动）

学生1：老师，那张卷儿什么时候发的？

教师：发了，咱们没发对立事件、互斥事件吗？发了！咱们讲一半吧，还有一半没讲，都没有吗？

学生：没有没有没有。

教师：啊，那就先不做，明天发。

学生：就是刚发那个吧？

教师：行，那你今天先把这个古典概型的这个概率给我做完啊，然后那个我回去找找去。

学生：老师，写什么啊？

教师：什么啊？是这样讲的吗？（敲桌子）把嘴闭上！再说一下

今天的作业啊，古典概型这张卷全写完啊。然后，我们这节课来讲一下古典概型。高考考什么，就是从这节课开始，这节还有几何概型，它俩是高考的内容，所以大家要注意听啊。

从例31中我们可以感受到一种严肃甚至压抑的课堂氛围，其告知效果必然大打折扣。通过师生的对话互动，我们可以感知到教师的性格特点：严肃、缺乏热情，教师的性格特征及情绪状态自然会影响作为被告知者的学生的学习状态。例31中教师的主观因素角色使告知言语交际处在压抑拘束的状态下，大大降低了学生接收告知信息的意愿度和主动性，削弱了告知效果。

二　主体角色定位与交际效果

在《中学教师课堂教学言语行为学生调查问卷》中，关于主体交际角色认知与定位的调查题目有4个，具体内容如下：

1. 您认为学生在课堂教学言语交际中的角色是：（　　）
　　A. 接受者　　　　　B. 主导者　　　　　C. 参与者
2. 您在课堂教学言语交际中经常充当的角色是：（　　）
　　A. 接受者　　　　　B. 主导者　　　　　C. 参与者
3. 您认为教师在课堂教学言语交际中的角色是：（　　）
　　A. 决定者　　　　　B. 主导者　　　　　C. 参与者
4. 您的教师在课堂教学言语交际中经常充当的角色是：（　　）
　　A. 决定者　　　　　B. 主导者　　　　　C. 参与者

在《中学教师课堂教学言语行为教师调查问卷》中，相关调查题目有4个，具体内容如下：

1. 您认为教师在课堂教学言语交际中的角色是：（　　）
　　A. 决定者　　　　　B. 主导者　　　　　C. 参与者
2. 您在课堂教学言语交际中经常充当的角色是：（　　）
　　A. 决定者　　　　　B. 主导者　　　　　C. 参与者

3. 您认为学生在课堂教学言语交际中的角色是：（ ）

　　A. 接受者　　　　　　B. 主导者　　　　　　C. 参与者

4. 您的学生在课堂教学言语交际中经常充当的角色是：（ ）

　　A. 接受者　　　　　　B. 主导者　　　　　　C. 参与者

中学师生对师生双方交际角色的认知状况如图 3-5、图 3-6 所示：

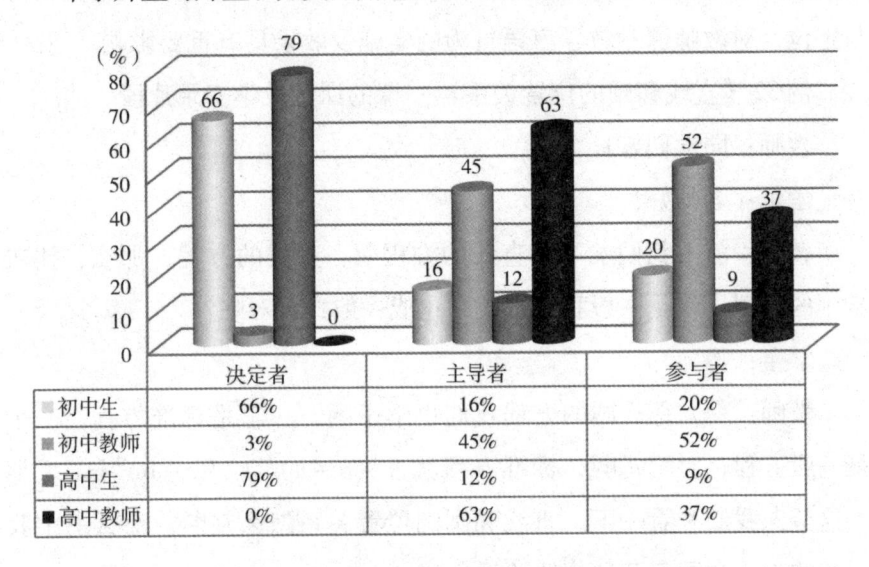

	决定者	主导者	参与者
初中生	66%	16%	20%
初中教师	3%	45%	52%
高中生	79%	12%	9%
高中教师	0%	63%	37%

图 3-5　中学师生对教师交际角色的认知对比情况

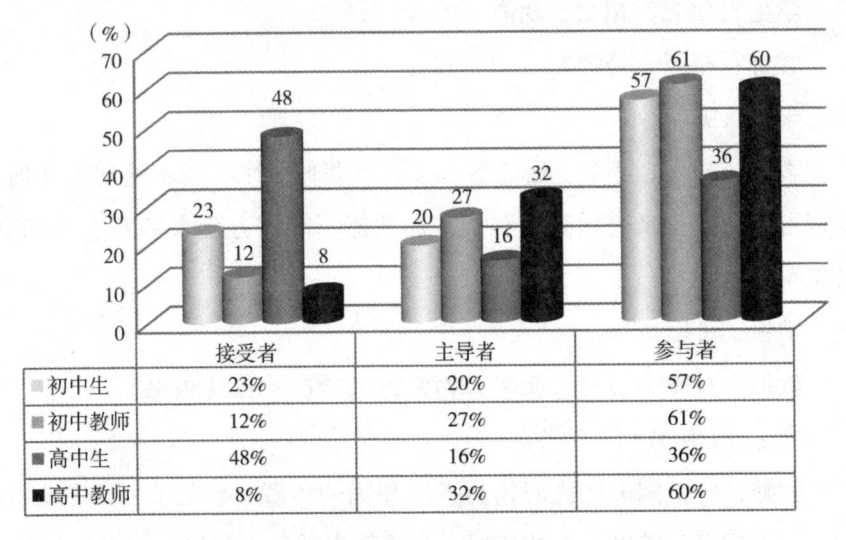

	接受者	主导者	参与者
初中生	23%	20%	57%
初中教师	12%	27%	61%
高中生	48%	16%	36%
高中教师	8%	32%	60%

图 3-6　中学师生对学生交际角色的认知对比情况

通过图 3-5 和图 3-6 可见，中学师生对交际角色的认知状况并不统一，反差鲜明，这说明中学师生对交际角色缺乏有效的认知，尤其对于教师的交际角色误区严重。

在课堂教学言语交际中，教师和学生首先具有告知者与被告知者的话语角色，师生双方能否对自身及对方的话语角色进行正确的认知与定位，对教师课堂教学言语行为的实施及效果具有重要影响。

例 32《直线和圆的位置关系》一课的课堂教学实录片段

教师：同学们好！

学生：老师好！

教师：前面我们学习了直线的方程啊，直线的方程，那么，比较常用的，嗯，就是一般我们都把它化成一般式，对吧？

学生：嗯。

教师：啊，那么圆的方程我们也学了啊，一个是标准方程，一个是一般方程，对吧？啊，标准方程就是 $(x-a)^2+(y-b)^2=r^2$。那么这节课我们来看一下，直线和圆的位置关系怎么判断？那么书中我们学的直线和圆有几种位置关系？

学生：相交、相切、相离。

教师：相离，是吧？

学生：嗯。

教师：相切，相交。嗯，好，那现在我们学了，嗯，这解析几何，我们可以用方程来表示直线和圆，那我能不能用方程来判断直线和圆的位置关系呢？

学生：可以。

教师：看一下书啊，课本 127 页例 1，看一下。（板书）

学生：（看书）

教师：好，例 1 让我们判断直线和圆的位置，已知直线和圆的方程，如果相交，求出交点的坐标，那我们先看一下解法一是怎么做的。

学生：联立方程。

教师：联立方程，然后呢？

学生：方程解 y。

教师：然后去解啊，联立之后才是得一个方程组，对吧？

学生：嗯。

教师：怎么解啊？

学生：相消。

教师：消元，是吧？啊，消 y，或者是消 x，也都是可以的，对吧？一般来说我们消 y 啊，好，消掉 y 之后得到什么东西？得到一个什么？

学生：一元二次方程。

例 32 中教师的交际意图可以概括为：告知［通过方程判断直线和圆的位置关系的方法］，在实现这一告知交际意图，教师设置了环环相扣的提问，以引导学生的积极思考，获得对告知信息的相关认知。与一般告知言语交际相比，中学课堂教学言语交际更加尊重被告知者在接收告知信息过程中的主体地位，更加注意激发被告知者在获知相关信息基础上引起相关认知的主动性和积极性。正因如此，教师常常会设置提问，并提出相应要求，这样的告知形式源自中学课堂教学言语交际主体交际角色的特殊性，因为教学的价值不是外在的灌输而是学生内化于心的过程，学生在接收告知信息的过程中具有主体地位。例 32 中教师与学生对双方交际角色的正确认知与定位，保证了课堂告知言语交际的顺利开展，并取得了良好的告知效果。

三　主体角色选择与交际效果

在言语交际中，主体双方会对自身及对方的交际角色进行选择，在交际语境中的角色集合中择取一个最为适合的角色作为在告知言语交际中的角色标识，这种选择体现着主体对交际角色的认知，并影响着告知交际意图实现的效果。

1. 教师交际角色选择与交际效果

（1）教师对自身角色的选择与交际效果

例33《最后一课》一课的课堂教学实录片段

教师：那么，现在同学们跟着老师的课件再整理一下，看看小弗朗士的形象，看看他之前是一个什么样的孩子呢？

学生：贪玩儿、顽皮、不爱学习。

教师：课上他变得怎么样了呢？专心了、懂事了。塑造小弗朗士运用了什么样的手法呢？主要用了心理描写，小弗朗士之前什么样的感受？

学生：先是懊悔……

教师：先是懊悔、难过，之后是下定决心，再之后，之后什么样的心理感受？

学生：发生改变。

教师：通过一系列的心理描写，小弗朗士发生了诸多的变化，唉，对待老师、对待同学、对待祖国、对待学习，他的心理都发生了诸多变化。下一个问题是小弗朗士为什么会发生诸多变化？他变化的原因是什么？

学生：知道了是他最后一堂法语课。

教师：知道了这是他最后一堂法语课，最后一堂法语课运用了典型的环境，就像老师去商场买衣服，别人一忽悠我，我就买了自己不喜欢的衣服，然后就回家了，原因就是这种典型环境左右了我，那么就像这个典型环境也影响了谁呀？

学生：小弗朗士。

例33中教师意欲告知学生小弗朗士感情发生改变的原因，为了让学生更好地理解这一告知信息，教师列举了自己在商场购买衣服的经历，作为购买者有时会把自己不喜欢的衣服买回家，其原因在于受到了特定典型环境的影响。例33中教师以购买者的身份唤起了学生在购物中相同角色的共鸣，引发了学生对典型环境塑造人物性格的认知，从而理解了教师告知的信息，有效地实现了告知交际意图。

（2）教师对学生角色的选择与交际效果

例34《我国民族区域自治制度及宗教政策》一课的课堂教学实录片段

教师：这是我们讲的第一个题目，那么，我们针对第一个题目，我们进行一下拓展，来看一下我们第二道题，题目拓展哦，但是这样的题型在高考中是不会出现的。因为我们都知道高考，大家现在做过很多高考题，它的考点怎么样？非常小，对不对？就是聚集在某一个知识点，但这里面为了让大家有一种整本书的跨越能力，所以题目用的是从政治生活的角度分析如何推动新疆地区的发展，这里面就应该考虑到我们首先第一个思考的问题，非常清楚，按照当时的思路分析对不对？但是这里面我们更应该思考的是什么问题？

学生：主体。

教师：主体，对的。谁起什么？推动，对吗？

学生：对。

教师：那这样的话，我们接下来看看我们同学所写的，就我们主体角度，我们学了哪些主体？第一单元学到什么主体？

学生：公民、政府、党、人大、政协。

教师：好，根据这些，我们看一下我们同学所写的，我们同学具有了一种前瞻性，把下面几点都写了，那么一起来看看。如何是我们第一个公民角度？看看我们同学有没有写上去的？公民有没有？

学生：（窃窃私语）没有。

教师：没有，对吗？那大家看看公民角度来看，那么我们如何推动？你们在座的各位都是不是公民？

学生：是。

教师：不能告诉我是敌人吧？

学生：（笑）

教师：你看看这公民应该怎么做呀？你认为该怎么做？那么这么多的趋向于什么地方？

学生：义务。

教师：趋向义务，你认为应该是哪一个？

学生：维护国家和平和民族的团结。

教师：但是，同时我们大家也思考新疆它是一个少数民族吧？它的一种风俗习惯、宗教信仰跟我们一样不一样？

学生：不一样。

教师：所以作为你，比如说我们去那边旅游，我们应该怎么做？

学生：尊重少数民族的宗教信仰。

教师，尊重少数民族宗教信仰等之类，对不对？所以，这个内容也是你公民应该去做的，也就是在具体的行动当中，我们切切实实地去做到的，这是我们讲的公民角度。

在例34中教师要告知学生我国民族区域自治制度及宗教政策，但从学生的反馈情况来看，学生并不能在解答问题时灵活运用教师告知的信息内容，这在某种程度上说明，学生获知告知信息的效果并不理想。为了让学生更好地理解、掌握告知信息并能够学以致用，教师通过去新疆旅游的例子，利用学生作为中国公民的身份与立场，深化了学生的相关认知，最终取得了良好的告知效果。

2. 学生交际角色选择与交际效果

在课堂教学言语交际中，学生也会对交际角色进行选择，以促成告知言语交际的顺利开展，这正是学生在课堂教学言语交际中具有主动性的具体表现之一。

（1）角色选择得当可以促成告知效果

例35《学会与父母沟通》一课的课堂教学实录片段

教师：其实，这首歌曲的歌词表达得很直接，也就是说，我们刚才同样看了两首歌曲，唱的都是关于父母对孩子的爱，但情感表达截然相反。第二种它最想表达的是希望父母能给自己多些空间，不要唠叨，对吧？这样一种情感，这种情感好像我们和父母有隔膜啊，或者一些小的矛盾啊，等等，这也是我们日常生活中经常提到的一个词——代沟。"代沟"这个词，"代沟"这个词啊，咱们生活中经常可以提到，那就请同学们就生活中的了解，谁能给我说一下，在你理解，在你看来，什么是代沟呢？嗯。

学生1：我舅妈说每隔三年一个代沟。

教师：每隔三年产生一个代沟，为什么呢？

学生1：就是比如说我和我妈交流的时候，我会和她说一些学校的事情，她就会说我有点俗。

学生：笑（表示同感）。

教师：（听不清）

学生1：妈妈说我追的明星没有实力，她小时候追的明星才是有实力的。

教师：噢，说你品位再提高一些，这也是一种代沟的表现，还有吗？

学生1：看湖南卫视的娱乐节目，她们就会说我整天看没有用的，嘻嘻哈哈的。

教师：好，请坐，湖南卫视的节目年轻人都喜欢看，但成熟一些的人或者老一代的人可能不会太喜欢，觉得很闹，对吧？

学生2：我觉得时代不一样吧，兴趣爱好性格就更不同了，就会产生代沟。

教师：嗯，好，简单说了自己理解代沟产生的原因，嗯，其实代沟在我们的日常生活中时常存在着，代沟已经是非常社会化、日常化的一个表现，比如沟通时你觉得父母不理解你，又唠叨了，对你念念叨叨，让你感觉烦死了等，这些就是代沟及其表现。

例35 中学生1在回答教师的提问、阐述自己对"代沟"的理解时，通过列举在家庭生活中与母亲存在代沟的事例，利用孩子与父母的家庭关系角色引起教师及其他同学相关角色的共鸣。例35中学生通过恰当的交际角色选择，既阐明了自己的观点，又有效地配合教师完成了相关互动，有效推动了告知言语交际的顺利进行。

（2）角色选择失当会降低告知效果

例36《唱响自信之歌》一课的课堂教学实录片段

教师：有自信才能有成绩，有成绩就会更自信，成绩不仅仅指奖杯和鲜花，今天比昨天做得好了一点，也是成绩，也就是进步，只要有进步，就是成绩。那么从小学呢，你们现在是从小学升入到初中，那么你自己回想一下，现在的你和小的时候，小学时候的你有哪些进步？想一想，可以结合27页下面这个，啊，结合27页下面这个，想一下，你和小学的时候相比，有哪些进步的地方？来，说一下。

学生1：课上随意讲话少了。

教师：课上随意讲话少了，自己说一个（教师目光语提示学生2）。

学生2：不乐意出去玩了。

教师：啊，不贪玩了，来请坐，后桌。

学生3：我，我觉得啊，就是能比以前文静点了。

教师：比以前文静点了，来，请坐，后桌。

学生4：下地不乱走了。

教师：什么？

学生4：下地不乱玩了。

教师：啊，不乱走了，就是有自制力了，后桌。

学生5：放假先写作业了。

教师：知道这个先写作业了，请坐，就是不用父母的督促，来，后桌。

学生6：跟以前一样啊。

学生：（笑）

教师：跟以前一样？你没有一点进步吗？

学生6：好像有。

教师：什么？

学生6：不知道啊。

学生：（大笑）

教师：不知道？想一想，进步的地方，你跟以前不太一样的地方，进步的地方。

学生6：不知道。

教师：有没有小学跟他同学的，有吗？来，说一下，你觉得他进步的地方。

学生7：没有太大进步。

学生：（大笑）

教师：没有太大进步？

学生7：我俩不是一起。

学生6：不是，我是她老弟。

教师：啊，来来来，坐吧，请坐，来，后桌，×××说一下。

例36中教师的交际意图可以概括为：告知［自信的方法和意义］。为实现这一告知交际意图，教师与学生进行了相关互动，在此过程中，众学生的表现各不相同，学生1—5都恰当地回答了教师提出的问题，与教师进行了和谐的互动；学生6和学生7未能有效回答教师的提问而导致互动失败，其原因在于学生6和学生7对自身交际角色的选择失当。作为学生，本应配合教师完成相关互动，推进言语交际的进程，但学生6和学生7忽视了自身作为学生这一角色身份的责任与义务，将生活角色作为交际角色，错误的角色选择导致告知言语交际的最终失败。

四 主体角色调节与交际效果

在言语交际的过程中，主体会根据实现交际意图的需要对交际角色进行调节，比如创设某种角色身份或由某一角色身份转换为另外的角色身份等，以提升交际效果。

1. 创设角色与交际效果

例 37《学会保护自己》一课的课堂教学实录片段

教师：我们保护自己的第一道防线是谁？就是我们自己，自己保护自己，这是我们的第一道防线，也是我们远离暴力侵害的第一个方法，这是我们重点知识，同学们拿出红笔记在五十二页，五十二页最后一段，怎样远离暴力侵害，保护自己第一点，远离暴力侵害的第一道防线是我们自己，远离暴力需要我们提高自我保护的意识，面对不法侵害，我们要依靠自己的智慧准确做出判断，灵活采取方式保护自己。蓝色的什么？重点词汇，我们用笔加点，第一道防线，提高自我保护意识，智慧判断，灵活保护。那下面呢，同学们就进入情境来实际考验一下我们能否化险为夷。（PPT 呈现情境）危险的事情发生了，你该怎么办呢？发挥你的聪明才智，发挥你们的勇敢，来。

学生1：我应该这么做，跟他说一下经过，完了，以最快速度撤离。

教师：以自己最快的速度赶紧撤离，然后，来……

学生2：就是应该迅速撤离，把门关上向邻居求救。

教师：好，那这个跑出去是个技巧啊，人家能看着你往外跑吗？不能吧，对不对？还有没有？来。

学生3：我会说，我是我的同学，我来找同学，这样呢，他不会再去注意我，我就会去想办法。

教师：假装是去找同学，是这样吗？好，请坐，还有没有其他同学？来。

学生4：我觉得可以这么说，叔叔啊，我钥匙没带，你借我一下电话呗，给我妈打一个电话呗，要是不借的话，就抓紧跑。

教师：很好很好，还有没有？还有没有想法？后面的女同学。

学生5：假如是邻居的小孩，会问叔叔需不需要帮忙，要是不需要帮忙的话……

教师：呵，需不需要帮忙？你看见人家翻箱倒柜你认为在找东西，对吗？来。

学生6：如果你认为你自己不够强大的话，你可以拿起你身边的东西……

教师：人家有对你造成暴力侵害了吗？现在你就要对人家进行这么，这样的举动，他的观点对不？我们以前学过他的观点对不对？错在哪了？这是什么行为？以暴制暴的行为，对不对？不可以啊，好，请坐。

学生7：以最快的速度跑出来拿出钥匙，把门反锁上，然后再寻求邻居的帮助，拨打110。

教师：好，请坐啊，我发现同学们都很聪明啊，来我们看看案例中的这个女孩，她是怎么样解决的，如果遇到这样的情境，咱们同学也可以做到如此勇敢机智。我们看看这个女孩子的表现。这个女孩用她的智慧，用她的勇敢，怎么样？化险为夷。那这个案例中呢，有的同学不禁有这样的疑问，这个小偷呢，怎么那么傻啊？大家一定要有这样的一个信念，他是什么人？他在做什么？盗窃，他要比你心虚，毕竟他在做坏事，他比你心虚。所以遇到这样的情况，你一定要镇定，一定要镇定，在这样的情境当中，同学们也提到了有这样的一点啊，我们逃离了，化险为夷了，脱离险境了，还应该怎么样？报警，对吧？在这个案例的最后，这个女孩也报警了，那么我们报警如何做才是正确的呢？我们来一个知识扩展，大家把书翻到53页看一下知识链接。

例37中教师要告知学生学会保护自己的方法和意义，为提升告知效率，教师临时创设了"危险情境"，通过让学生角色置换的方式，使学生获得了对"保护自己的方法和意义"的相关认知。情境中的角色并不是学生的固有角色，而是教师根据实现交际意图的需要而临时创设的，教师临时创设的角色身份促进了学生对告知信息的理解与认知，取得了良好的告知效果。

2. 角色转换与交际效果

例38《人格尊严权之名誉权》一课的课堂教学实录片段

教师：人格尊严权，老师给你们说一个小例子，韩某啊，就是一个女顾客到一家超市去购物，这个购物啊，比较大型的超市它是不是都有一些报警器啊？特别是你走出出口的时候，它会有一个竖着的那种报警器，对不对？韩某买完东西之后，结完账后，通过那个机器前面的时候，报警器就"嘟儿嘟儿嘟"地响了。唉，那出现了这种状况韩某就一脸茫然，"我明明都算过账了啊，我没想逃单"，这个时候保安就把她拦下了，让韩某把她的购物小票拿出来，然后一一地核对，结果没有发现没付款的东西，但是，这个保安还是不罢休，他让韩某打开每种商品的包装袋，一一核对、查找，结果还是什么也没发现。那这个时候韩某的面子挂不住了，如果当时你是一个过路人的话，你会怎么看啊？

学生：多看两眼。

……

教师：如果你是韩某的话，从头到尾你经受了这样的一件事，你遭受到别人的怀疑，别人不尊重你、不信任你的时候，你会有什么样的感受？

学生1：爱咋咋地。

教师：×××说什么？

学生：爱咋咋地。

教师：让别人说去吧，超凡脱俗。你想要享受到在社会上的最起码的一种社会地位，以及你想享受到他人和社会对你尊重的这样的权利,就是我们这节课的什么啊?人格尊严权。能不能明白?也就是你作为人,生活在这个社会当中的最起码的社会地位,我应该得到社会和他人的什么?

学生:尊重。

例38中教师要告知学生人格尊严权的相关内容,为使学生更好地理解告知信息,教师列举了在超市购物结账引起纠纷、触犯消费者人格尊严权的案例,教师先让学生以旁观者的身份进行案例分析,之后又让学生以当事人的身份换位思考,通过调节学生的角色身份,成功实现了"告知[人格尊严权的相关知识]"的交际意图。

在本文所收集的中学课堂教学实录中,未见学生对主体角色进行调节的案例,学生对主体角色进行选择的案例也仅有2例。造成这一状况的原因很多,从交际角色的层面来看,起因于中学课堂教学言语交际的特殊性。学生在中学课堂教学言语交际中的身份和地位具有复杂性:一方面,作为认知主体,具有一定主动性;另一方面,作为告知对象,在某种程度上具有被动性。学生在课堂告知言语交际中身份地位的复杂性使其习惯于在教师的主导下,配合教师完成告知言语交际。

第三节 主体间交际关系与交际效果

在《中学教师课堂教学言语行为学生调查问卷》中,关于主体间交际关系的调查题目有8个,具体内容如下:

1. 您认为在课堂教学言语交际中师生间的交际关系是否具有矛盾性?(　　)

   A. 具有　　　　　　B. 没有

2. 您认为在课堂教学言语交际中师生间良好的交际关系如何构建?(　　)

   A. 教师构建　　　B. 学生构建　　　C. 师生共同构建

3. 您认为在课堂教学言语交际中师生间良好的交际关系是否影响交际效果？（　　）

  A. 有重要影响　　　　B. 有一定影响

  C. 影响不大或没有影响

4. 在课堂教学言语交际过程中您会主动构建师生间良好的交际关系吗？（　　）

  A. 经常　　　　　　B. 偶尔　　　　　C. 不会

5. 在课堂教学言语交际过程中您的教师是否注意构建师生间良好的交际关系？（　　）

  A. 经常　　　　　　B. 偶尔　　　　　C. 不会

6. 您的教师是否采取一定方式激发学生的学习状态？（　　）

  A. 经常　　　　　　B. 偶尔　　　　　C. 从不

7. 您的教师经常采用何种方式激发学生的学习状态？（　　）（可多选）

  A. 通过表扬、鼓励等措施拉近师生关系

  B. 创设情境以加深理解

  C. 调整交际角色以引起师生情感共鸣

  D. 严格要求常带有惩罚措施

8. 您对教师激发学生学习状态的方式是否满意？（　　）

  A. 满意　　　　　　B. 一般　　　　　C. 不满意

在《中学教师课堂教学言语行为教师调查问卷》中，相关调查题目有8个，具体内容如下：

1. 在课堂教学言语交际过程中您与学生的交际关系如何？（　　）

  A. 非常和谐　　　　B. 一般

  C. 带有一定抵触情绪

2. 您认为在课堂教学言语交际中师生间的交际关系是否具有矛盾性？（　　）

A. 有　　　　　　　B. 没有

3. 您认为在课堂教学言语交际中师生间的交际关系是否影响交际效果？（　　）

   A. 有重要影响　　　B. 有一定影响

   C. 影响不大或没有影响

4. 您认为在课堂教学言语交际中师生间良好的交际关系如何构建？（　　）

   A. 教师构建　　　B. 学生构建　　　C. 师生共同构建

5. 在课堂教学言语交际过程中您注意构建师生间良好的交际关系吗？（　　）

   A. 经常　　　　　B. 偶尔　　　　　C. 不会

6. 中课堂教学言语交际中，您是否采取一定方式激发学生的学习状态？（　　）

   A. 经常　　　　　B. 偶尔　　　　　C. 从不

7. 您经常采用何种方式激发学生的最佳学习状态？（　　）（可多选）

   A. 通过表扬、鼓励等措施拉近师生关系

   B. 创设情境以加深理解

   C. 调整交际角色以引起师生情感共鸣

   D. 严格要求常带有惩罚措施

8. 您对自身激发学生学习状态的方式是否满意？（　　）

   A. 满意　　　　　B. 一般　　　　　C. 不满意

中学师生对这一问题的认知状况如图3-7—图3-11所示：

从图3-7可见，中学师生认为主体间交际关系具有矛盾性的比率仅为3%，这一结果表明：中学师生对主体间交际关系缺乏正确的认知，忽视了师生间交际关系具有矛盾性的客观事实。

从图3-8可见，中学生与中学教师对现实课堂教学言语交际中师生关系构建情况的感知存在较大差异，中学教师普遍认为自己经常注

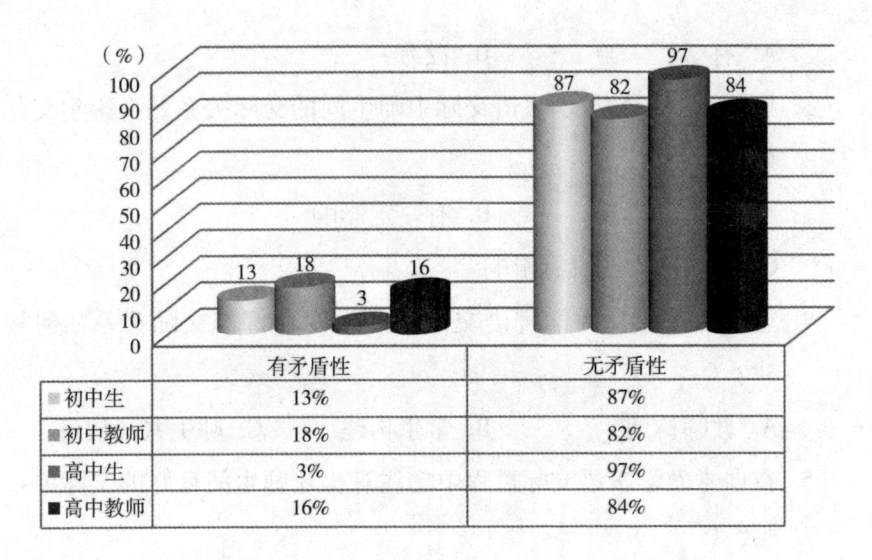

	有矛盾性	无矛盾性
初中生	13%	87%
初中教师	18%	82%
高中生	3%	97%
高中教师	16%	84%

图 3－7　中学师生对交际关系矛盾性的认知对比情况

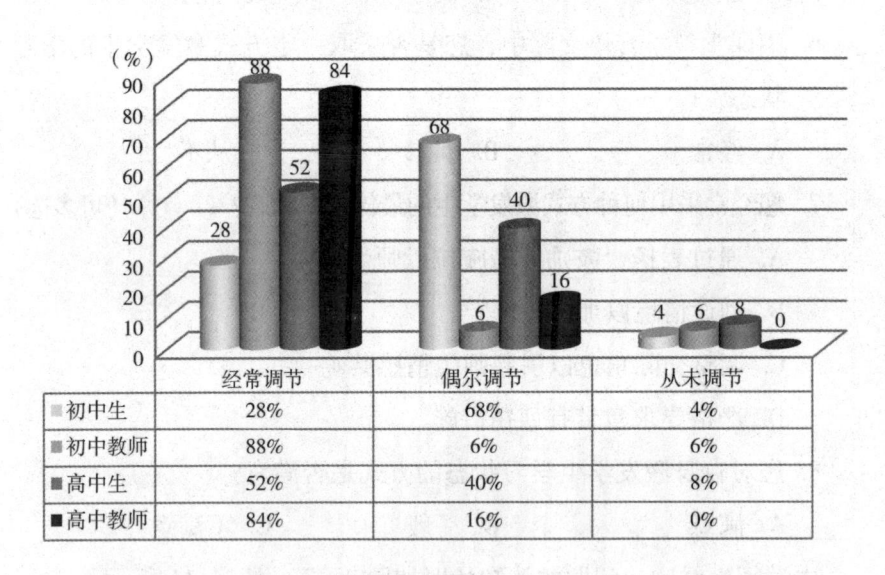

	经常调节	偶尔调节	从未调节
初中生	28%	68%	4%
初中教师	88%	6%	6%
高中生	52%	40%	8%
高中教师	84%	16%	0%

图 3－8　中学师生对现实课堂教学中师生关系构建的感知对比情况

意构建、调节师生间良好的交际关系，而中学生普遍表示教师只是偶尔注意调节师生间的交际关系，尤其是初中生与初中教师，其相关感知形成了鲜明反差。

从图 3－9 可见，关于主体间交际关系对交际效果的影响，中学

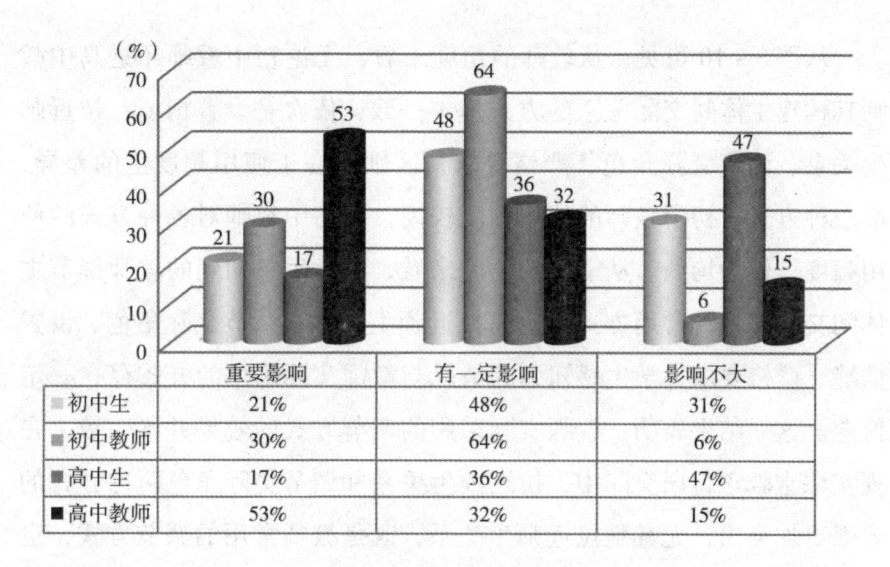

	重要影响	有一定影响	影响不大
■ 初中生	21%	48%	31%
■ 初中教师	30%	64%	6%
■ 高中生	17%	36%	47%
■ 高中教师	53%	32%	15%

图3-9 交际关系对交际效果的影响师生认知对比情况

师生的认知状况并不一致，尤其是初中教师，认为主体间交际关系对交际效果具有一定影响或影响不大的认知比率高达47%。这样的结果表明：中学师生对主体间交际关系及其对交际效果的影响缺乏必要的认知。

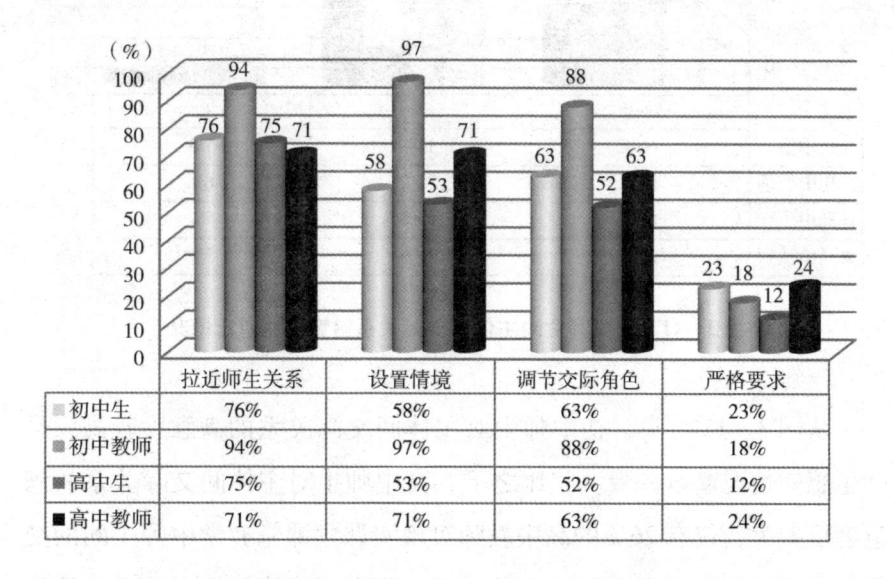

	拉近师生关系	设置情境	调节交际角色	严格要求
■ 初中生	76%	58%	63%	23%
■ 初中教师	94%	97%	88%	18%
■ 高中生	75%	53%	52%	12%
■ 高中教师	71%	71%	63%	24%

图3-10 中学师生对教师构建交际关系方式的感知对比情况

从图 3-10 可见，从教师的角度来看，无论初中教师还是高中教师其构建主体间交际关系的方式基本一致，依次是设置情境、拉近师生关系、调节交际角色、严格要求，区别只在于使用频度上的差异，前三种方式，初中教师的使用频度较高，而高中教师对各种方式的使用频度均较为均衡。从学生的角度来看，中学生感知到的教师调节主体间交际关系的常用方式依次是拉近师生关系、调节交际角色、设置情境、严格要求，学生感知到的情况与教师实际采用的方式存在一定偏差。这一结果表明：教师实际采用的调节方式的效果并不一致，在现实课堂教学言语交际中，拉近师生关系和调节交际角色两种方式的效果更加突出，尤其是拉近师生关系，既是教师常用的调节方式，也是学生最为认可的调节方式。

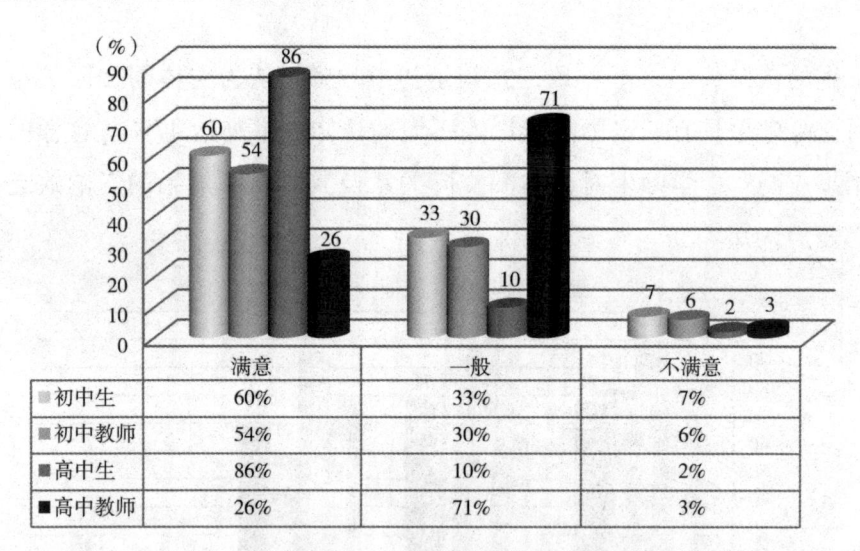

	满意	一般	不满意
初中生	60%	33%	7%
初中教师	54%	30%	6%
高中生	86%	10%	2%
高中教师	26%	71%	3%

图 3-11 中学师生对主体间交际关系满意度的对比情况

从图 3-11 可见，初中师生对主体间交际关系的满意度较高，且师生感知情况基本一致。相比之下，高中师生对主体间交际关系的满意度反差大，仅有 26% 的高中教师对现实课堂课堂教学中师生间的交际关系感到满意。这一结果表明：高中师生对主体间交际关系的认识并不统一，甚至存在一定误区，深入分析主体间交际关系及其对告知效果的影响，深化中学师生尤其是高中教师对这一问题的相关认知是提升交际的效率和交际效果的重要保障。

在中学课堂教学言语交际中，主体间交际关系主要包括三种：话语关系、社会关系和情感关系。话语关系指主体进入交际状态后所形成的交际关系，即告知与被告知的关系；社会关系指主体因职业、身份、血缘等因素而产生的关系，如师生关系等；情感关系指主体在一定的情境、氛围、体验中所建立的心理关系等。[①] 上述三种关系共同构成了主体间交际关系，在告知交际意图实现的过程中部分或综合发挥作用。

主体关系是一种客观存在，但这一客观存在必须依赖主体的相关认知才能进入交际语境并发挥作用。也就是说，只有主体认知到的关系才能成为主体间的交际关系，交际关系是主体主观构建的产物。一方面，主体会根据告知交际意图的实现需要对主体间的关系进行选择与调节；另一方面，主体对交际关系的选择与调节又体现着主体对交际关系的认知与定位。在课堂教学言语交际中，主体间交际关系主要包括两种：社会关系和情感关系。

一 社会关系与交际效果

在课堂教学言语交际中，主体间社会关系主要表现为师生关系。

1. 教师社会关系认知与交际效果

例39《最后一课》一课的课堂教学实录片段

教师：那下一项介绍一下作者，谁能介绍一下作者呢？我发现同学们回答问题不踊跃啊。唉来，××。

学生1：都德，法国小说家，1868年出版长篇自传体小说《小东

[①] 孙维张、吕明臣：《社会交际语言学》，吉林大学出版社1996年版，第160—161、228—230页。

西》，获得巨大成功，并以此享有法国著名小说家的声誉。1870年法国普法战争期间，他的《柏林之围》尤其具有深刻爱国主义内容和精湛的艺术技巧，成为世界短篇小说的杰作。他是一位多产作家，一生有12部长篇小说和4部短篇小说集。

教师：嗯，好请坐。我们在掌握一个作家的时候首先知道他叫什么，然后知道他是哪国人，他的身份是什么，他的代表作品有哪些，这些文学常识同学们要注意积攒，尤其像都德这样比较重要的作家。这个呢，我们讲这么多就可以了。下面呢，我们在学习这篇文章之前呢，要学习一些文体知识，大家想一想我们这篇文章的体裁是什么呢？

学生：小说。

教师：对，就是小说，那谁可以说一下小说的概念呢？什么叫小说啊？

学生2：小说是文学体裁的一种，它以刻画人物形象为主，通过完整的故事情节和环境描写反映社会生活，一般包括自然环境……

教师：嗯，好请坐，你说的是小说的方法，咱们现在问的是小说的概念，什么是小说？其实通过小说的概念我们就可以，我们要学习小说、阅读小说一定要知道哪三方面的内容啊？

学生：情节，人物，环境。

教师：唉，这就是小说三要素。那么，我们看一看要人物塑造就需要如下的一些，来看大屏幕，一些描写方法，今天这个就是一个重头戏。今天通过分析各种描写，看作者是如何刻画各种人物的。

例39中教师善用提问，注重引发学生的主动思考，这样的告知形式体现着教师对师生关系的认知，即在课堂教学中，教师与学生之间是一种引导与被引导的关系，而非命令与执行的关系。教师对师生关系的正确认知有效地推动了告知言语交际的开展及告知交际意图的实现。

例40《过秦论》一课的课堂教学实录片段

（课堂十分骚乱，同学们各自在背诵课文）

教师：都坐下！好，先背第三段啊，抽查啊，×××

学生1：（背诵课文）

学生2：（频频打断学生1的背诵，指出其错误）

教师：你来，老师下一个召唤他，站那儿，再给我背一会儿，重背！×××

学生2：（背诵课文）

学生：（纪律差，时有插话学生打断背诵）

教师：别说话，再纠正啊，那字儿念 xìng 啊，坐。×××

学生3：（未能背诵下来，频频卡壳）

教师：给我站那儿背，×××

学生4：老师我没背下来呢。

教师：现在站那儿给我背。

学生4：不是说明天背吗？

教师：明天背，明天背就得给我写了。×××

学生：老师他这回是真睡着了。

教师：睡着给我召唤起来。

（接着教师又提问几个学生背诵，部分同学能背诵，但多数背不下来）

教师：没有时间和你们磨蹭了，这节课看看还有几分钟下课了，就抓扯这几个人，费劲巴拉的，坐那儿吧都，你们几个啊，明天30遍交给我，其他同学，明天啊，背最后一段，而且我会抽查你这个第三段的，再背不下来的，第三段背不下来的就直接60遍。就一段，昨天让你背两段不背，一段还背成这样，以后再这效果的话，清明节就给你们留作业啊，不管放不放假，你们再背成这样的话咱们只能留作业了，天天都不学习，你们要学得好的话，这段时间表现好的话，清明节我一个作业不带给你们留的，这一天学习这么不自觉呢都啊，咱这节课学《过秦论》啊。

（此时已上课 29 分 38 秒，接下来的时间教师讲解课文，告诉学生这儿记一下，那儿不用记，未做提问等相关互动）。

例 40 中教师验收学生背诵课文的作业，因大多数学生未能认真完成，教师对学生进行了责罚，命令学生抄写数十遍课文。案例中教师以权威者的身份对学生进行处罚，并要求学生服从，这体现着该教师对师生关系的认知，即在课堂教学中教师具有绝对权威，可以对学生发号施令，学生应执行教师的指令，师生关系是命令与服从的关系。教师对师生关系的错误认知使课堂气氛压抑沉闷，交际效果自然大打折扣。

2. 学生社会关系认知与交际效果

例 40 中造成告知交际失败的原因不仅在于教师对主体关系认知失当，事实上，学生对主体关系的认知与定位也影响着教师课堂教学言语行为的实施及效果。

例 41 一堂化学习题课的课堂教学实录片段

教师：看一下，第一到第五，哪道题需要讲一下？

学生：第五、第三。

教师：第五要讲啊？第三也要讲？好的。第三题，叙述错误的……叙述错误的，看一下 A，所有元素中氢原子半径最小，氢原子半径最小对吗？

学生：对。

教师：注意啊，这个地方我们比原子半径的时候是不考虑什么元素的？

学生：稀有气体。

教师：注意啊，我们不考虑稀有气体的，我们讲过它们的测量方法跟其他元素不一样，对吧？所以半径最小的元素是不是氢原子？

学生：是的。

教师：因为它是氢原子，半径最小。第二个选项呢？让你比较微粒大小，微粒半径，这三种离子它的半径应该怎么比？

学生：按周期。

教师：按周期行吗？铝是哪一个周期的？

学生：铝是第三周期。

教师：嗯，特别是金属离子，金属往往会失去最外层电子，金属层会少掉一层，是不是？所以我们要分析离子的电子层排布，离子的电子层排布，看一下，有几个电子层？

学生：两个。

教师：所以我们说这三种离子的电子层排布是完全相同的，对吧？对于电子层排布相同的微粒，半径大小看什么呀？

学生：核电荷数。

教师：核电荷数越大半径越小，所以，核电荷数我们看一下最大的应该是铝，对吧？我们之前讲的是钠，今天讲的是氧，所以它说半径最大的是怎么样？

学生：错误的。

教师：所以，第三个选项它说比较的是最高正价，比最高正价你应该去看什么呢？

学生：最外层电子数。

教师：最外层电子数，因为我们讲了主族元素的最高正价等于什么？最外层电子数，也等于它的？主族序数，对不对啊？好，要注意哈，那很显然这三种元素我们看一下，磷、硫、氯分别应该是哪一组的元素呢？或者说它的最外层电子数应该是多少呢？磷是哪一主族？

学生：第五主族。

教师：有的同学在翻书啊，不能翻啊，这个其实应该是自己讲出来的，是不啊？最快的方法是想一下它的电子排布，是不？应该是十五号元素，2、8、5，最外电子数是5，第五主族，那硫和氯呢？第六主族和第七主族，所以最高正价是依次序增高，没有问题吧？

学生：没有。

例41中学生在教师的引导下，勤于思考，积极互动，充分发挥了主体地位，学生对师生关系的正确认知与定位，有效地促成了教师课堂教学言语行为的实施及告知效果的实现。

例42 文言文复习课的一段课堂教学实录

学生：老师，前面那个"虽有嘉肴"的"嘉"是不是不算通假字？

教师：不算，"嘉"就是好的意思。

学生：不是通假字？

教师：不是通假字，现在"嘉"也是好的意思。

学生：现在"佳"不是那个"嘉"呀？

教师：哦，好，请坐，这个不是通假字啊，为啥这个不是通假字？现在这个"佳肴"是一个词，但是你现在说这个"嘉肴"指好的食物也不是不可以，这两个字不是通假字。什么叫通假字？就是这个字本身没这个含义，我在这儿把它借过来充当这个含义，这叫通假字。这两个"佳、嘉"它本身是可以通的，相通的，唉，所以这两个"佳、嘉"不叫通假字。这个为什么叫通假字，你看，这个字本身没有啥含义，就它俩本来没关系，就仅在这篇文章中把它俩关联上，这叫通假字，实际上是借过来的，实际上"假"是什么意思？"假"是借的意思，不是真假的"假"啊，这个"假"是借的意思，通假就是俩字相通，把一个字借过来了，这叫通假字，而这两个"佳、嘉"它们两个本身怎么用都行，可以互相换着用，好了，这个不算啊。

例42中学生敢于提出质疑，主动要求教师答疑解惑，较之例41，例42中学生对师生关系的认知具有新的飞跃，其获知告知信息的主体意识更强，主动性更高，大大提升了告知交际的效率和效果。

二 情感关系与交际效果

正所谓"亲其师，信其道"，师生间建立良好的情感关系能够提升学生接收告知信息的意愿，有助于教师告知言语行为的实施及良好告知效果的实现。师生间的情感关系不仅是一种客观存在，主体可以根据实现告知交际意图的需要进行调节。

1. 情感关系调节恰当可以提升告知效果

例43《人格尊严权之名誉权》一课的课堂教学实录

教师：客观的评价得出来的这个评价就是他的名誉，能不能明白？唉，这就是名誉的含义啊！好，我先不说了，那名誉现在老师说了，是对他的客观评价，对不对？那现在你们就开始评价一个人，让你们评价一个人咱们不评价咱们同学了啊，怕你们基于自己的感情色彩啊，开始瞎评价，那我们想一想，你想评价一个，咱们来评价一下伟人或者是名人吧，想一想啊？谁？

学生：（好多学生同时发言，有些杂乱）

教师：谁？这个是客观评价吗？姓李的全好人？这个叫，李双江他儿子叫什么？

学生：李一天吧。（哈哈大笑）

教师：叫李天一，对不对？他干吗了？犯罪没？

学生：犯了。

教师：犯罪了，姓李的都是好人吗？是不是太，太泛泛了那个评价？唉，以偏概全了，是不是啊？唉，就是说李白是好人，所有姓李的都是好人？想一想。

学生：雷锋。

教师：雷锋，嗯，雷锋可以，那你评价一下雷锋这个人，雷锋是一个什么样的人？向雷锋学习对不对？什么人？

学生：正直的人。

教师：正直的人、善良、他最多地出现在我们的群众的眼睛当中的是因为他怎么了？

学生：乐于助人。

教师：唉，乐于助人，对不对？他把他的一切奉献给了人民、祖国和革命事业，对不对？唉，雷锋就是这样的一个人，这个是我们对他的一个客观的评价，而且他确实是这样的，对不对？那也就是说他的名誉好不好？

学生：好。

教师：唉，是非常得好的，那雷锋我们评价完了，那接下来你想一想还有谁呢？

……（教师与学生不断互动，非常和谐）

教师：哦，啊，太厉害了！对啊，对，说得非常好啊。那行了，我们，那也就是说我们把这些人都评价了一番对不对？那我们对他的评价啊，那也就是说我们对一个人的评价有好有坏，也就是说一个人的名声也有好有坏，其实我们每个人，生活在这个社会当中，是不是无时无刻不处在这种评价当中啊？唉，往往有的时候说啊，比如说那个*吧，虽然说他学习上怎么样？，稍微有一点点的不尽如人意，对不对？但是老师曾经夸过他什么啊？忘了？我夸过你什么来着？

学生：爱干活。

教师：不是爱干活，而是干什么啊？就是，确实就是当他成为值日生的时候，他会怎么样？把今天的值日任务完成得非常好，我感觉陆航是一个非常细心的人，所以就是说，我有的时候交给他工作，我都非常放心啊，那也就是说这个人这方面的名誉是不是非常好啊？

学生：是。

例43中教师的幽默与鼓励、对学生的真诚评价与积极引导，在潜移默化中拉近了情感关系，最终使教师告知言语行为得以圆满完成。当然，良好情感关系的建立有赖于师生双方的配合与协作，除教师的相关努力外，学生的表现也具有重要影响。

例44《回延安》一课的课堂教学实录片段

学生："心长翅膀吧脚生云，再回延安看母亲。"

教师：好，同学们一起读力量还是比较大的啊，感情基本到位。那么在回忆延安当中啊，我们回到信天游的这种写作手法，非常粗犷也非常豪迈，也感受到了延安人民的热情和真挚，同时也感受到了延安的那种伟大的作用。因为啊，作者把自己对家乡的情感完全地释放出来，就像我们刚才读的那两句，表达了作者对家乡的那种热爱和赞美。（板书）对家乡的热爱和赞美，所以说同学说祝福祝延安也可以，那我觉得颂延安也可以，更具有文学色彩一点，对不对？

学生1：我要补充一点就是，"宝塔山下留脚印，毛主席登上了天安门"，我觉得和第四大节有一块是呼应的，说不只是延安发生了大变化，祖国也在变化。

教师：好，说得非常好，心非常得细啊，他又说了我们没有提到的东西。好，非常好，来，还有没有想补充的？

学生2：第五段的第一节和第二节我认为体现了延安在不同时段的表现，"革命万里起高潮"是一个时段，"毛主席登上了天安门"是另外的一个时段，说明已经胜利了。

教师：看出来了祖国的进程，一步一个脚印，是不是？说得非常好，这一点我都没有发现啊，今天我们同学的学习，老师非常满意啊！

学生3：再说一句第五段第五句话，"社会主义路上大踏步，光荣的延河还要在前头"是写当年作者年幼阔别家乡的时候，看到家乡时的激动，表达了她对家乡的赞美。

教师：好，非常好，对家乡的赞美。

学生4：我也说的是第五段"社会主义路上大踏步，光荣的延河还要在前头"，"光荣的延河还要在前头"，作者借延河表现延安的革命精神，像延河一样绵延，在社会主义道路上前进。

教师：好，好你来说。

学生5：我觉得第五段的第一句"杨家岭的红旗啊高高的飘"，和第一段的景物描写"红旗飘飘把手招"，有着对比的感觉，因为，就是虽然离乡十年，延安的变化非常得大，但是，有些事情没变，就像红旗飘飘，我还觉得这个东西借代就是暗示我对延安的思念和延安对我的思念也都没有变。

教师：你说得非常好，这两句话严格来说是照应的，是不是？同学对第五节真是情有独钟啊！看来作者他的写作、他的心理已经被大家领悟到了。那么，好我们接下来思考下一个问题。

从例44中可见，教师不断的肯定与鼓励使学生的学习热情持续高涨，与此同时，学生的积极思考、踊跃发言又提升了教师的教学热情，师生双方共同建立了亲切温馨的情感关系，在这样充满尊重和正能量的氛围中，告知言语交际圆满完成并取得了良好的告知效果。

2. 情感关系调节失当会削弱告知效果

例45《依法行政》一课的课堂教学实录片段

教师：好了，那这个漫画它其实确实体现出权力需不需要监督？需要。政府权力运用得好，可以造福人民；权力一旦被滥用，就会滋生腐败、贻害无穷。所以呀，为了防止权力的滥用，一定要对权力进行制约和监督，这是必要性了，是不是？

学生：是。

教师：重要性是什么？……我要不收拾你，我就难受。

学生：哄堂大笑。

教师：你就嘚瑟吧，隔这么老远就看着你了。这是第一个啊，重要性。咱们说有必要性，还有什么性？重要性。那对权力进行制约和监督的重要性是什么呢？那就是对政府权力进行制约和监督的意义，这意义在哪儿呢？

学生1：第二段，第二段第一句。老师让我坐下吧。

教师：你给我过来，我要不掐你嘴巴我都难受，你还让不让人上课了？我就看你是冲我的啊。

学生1：我错了，老师！

教师：不行，什么错了？谁让你看的？……（听不清），这一天天的，……（听不清），你就公开挑衅我，刚才坐那收拾完……再一点哪，就是说到政府权力，对政府权力进行制约和监督的重要性。

例45中教师要告知学生对权力进行制约和监督的必要性和重要性，在告知过程中，一名学生十分顽皮，扰乱课堂秩序，因此，教师频频打断正常教学，对其进行了严厉地指责，甚至采用了侮辱性的语言，这样的话语形式不仅大大损害了教师的形象，而且破坏了师生间的情感关系，其告知效果必然受到影响。相反，如果例45中的教师能够采用新颖有趣的告知形式，充分调动学生的学习意愿，营造和谐融洽的情感关系，交际效果自然得到提升。

当然，情感关系的建立需要师生双方的共同努力，学生消极的学习态度及不当行为会破坏师生间的情感关系，降低告知效果。例如：

例46 化合价习题课的课堂教学实录片段

教师：把这卷子拿出来咱们接着讲卷子，上节课咱们讲到哪道题了？

学生1：第五题（小声回答）

教师：第九题啊？

学生2：没讲到第九题啊（语气不耐烦），第五题还没讲呢。

教师：就说第五题呢。

学生3：学生1你啥耳朵呀？

教师：第五题讲完了吗？

学生：没有呢。

学生4：没讲呢，才讲，第四题才讲完。

教师：好了，第五题，这题怎么做？

学生5：化合价吧？

学生6：查化合价。

教师：学生1，你说这题咋做？

学生1：嗯，氢知道是，嗯，正一价。

教师：嗯。

学生1：然后氧是正二价。

教师：对。

学生1：然后g，那个x……

几个学生：正四（小声）

学生1：负一，负一，正四价。

教师：x正四价。

学生1：嗯。

教师：接着往下说。

学生1：然后……四价。

教师：那五个趴桌子的给我起来，那角上谁呀？

学生1：正四价，然后氢是负一价。

教师：氢是正一价。

学生1：噢，对，氢是正一价，然后那个是负四价。

教师：好。

例46是一堂关于化合价的习题课，教师不确定上次课讲到第几题，于是询问学生，学生1的回答不恭敬，甚至表现出不耐烦，教师对此虽未当即批评，但在随后的提问中指定该生回答问题，目的就是警示与处罚。虽然这一告知言语交际最终得以完成，但整个课堂气氛压抑沉闷，师生间的情感关系淡漠消极。出现这样的状况，教师固然存在一定失误，但学生的态度及表现也是破坏情感关系、影响交际效果的重要因素。

本章对课堂告知言语交际的主体进行了全面而细致的分析，详细阐述了主体的需要与意愿、主体交际角色、主体间交际关系及主体对以上内容的认知状况对告知效果的影响。

第四章 课堂告知语言形式分析

言语交际的意图必须通过交际形式来实现,交际形式有语言和非语言之分,语言形式是最重要的,因为,离开语言就不能称其为言语交际,并且非语言形式一旦脱离语言也就没有了意义。因此,课堂告知言语交际的形式分析主要关注的是语言形式。一般来说,对语言形式的分析可以从两个方面着眼:言语交际所选择的语言形式;言语交际生成的话语形式。这两个方面联系密切,在分析的时候并非能够泾渭分明,因此,本文关于课堂告知言语交际语言形式的分析不注重上述两个层面的区分,只讨论其中有特点的言语形式,既涉及语言又包括话语形式。

第一节 告知话语形式映射模式分析

课堂告知言语行为结构由告知交际主体(教师和学生)、告知交际意图、告知语言形式(不讨论非语言形式)和告知交际语境构成。告知语言形式指实现告知言语行为的形式,其状态受告知言语行为结构的制约,告知言语交际行为结构必然在告知话语形式层面得以映射。告知话语形式映射模式分析有助于对教师的话语形式选择做出更透彻的解释。

一 映射模式

在课堂告知言语交际的起始阶段，教师会告知学生本节课的学习内容，即告知事项，在教师的话语形式层面，告知言语交际行为结构的构成要素及告知事项必然得到映射，随后是围绕告知事项的具体告知话语。为描述方便，用字母来表示，"S"表示告知主体，"S_1"代表教师，"S_2"代表学生，"I"表示告知意向，"M"表示告知事项。根据语料，现实课堂告知话语形式的映射模式可以概括为六种：SIM模式、S_1IM模式、S_2IM模式、IM模式、SM模式和M模式。

1. "SIM"模式

在SIM模式中，告知主体双方（教师和学生）、告知意向、告知事项均映射在告知话语形式中，在本文所收集的115篇中学课堂教学实录中，该模式共有98例，占总数的85.2%。

例47 那前面我们学习了直线的方程，那么比较常见的就是一般我们都把它化成一般式，对吧？那么圆的方程我们也学了啊，一个是标准方程，一个是一般方程，标准方程就是$(x-a)^2+(y-b)^2=r^2$。那么，这节课我们来看一下直线和圆的位置关系怎么判断。(《直线和圆的位置关系》)

例47 在教师的话语形式层面，"我们"标识告知主体双方，"看一下"标识告知意向，"直线和圆的位置关系怎么判断"标识告知事项。

例48 今天，我们共同来学习一下选修第二本书第六课《法国的大革命》。(《法国大革命》)

例48 在教师的话语形式层面，"我们"标识告知主体双方，"学习一下"标识告知意向，"选修第二本书第六课《法国的大革命》"标识告知事项。

例49 同学们我们现在开始上《新时代的劳动者》，首先我们看一下这堂课的内容以及它的学习目标。这里边有掌握劳动的意义，这一部分在考试中涉及的频率是非常高的,还有就是了解劳动者享有的权利,我们这节课学习的重点就是劳动者享有的权利以及如何维护自身的合法权益,难点是如火如荼解决就业问题。(《新时代的劳动者》)

例49 在教师的话语形式层面,"我们"标识告知主体双方,"上""学习"标识告知意向,"《新时代的劳动者》""劳动者享有的权利以及如何维护自身的合法权益""如火如荼解决就业问题"标识告知事项。

例50 "以形写神"是东晋画家顾恺之提出的绘画主张,"形"就是外在形象,"神"就是指表现这样的神态内在的精神气质。在追求形象逼真的基础上,画家通过观察、捕捉、提炼,从而展现所画对象的个性特征,以形为依托,将其神传达于作品之上,受到传统诗画艺术的影响,文学作品在塑造人物时,也讲究形神兼备,以形传神,而对于人物形神的捕捉,我们首先关注到的就是人物的外貌描写和神态描写,这节课我们就共同学习记叙文中写作人物的外貌描写和神态描写。(《记叙文写作中人物的外貌描写与神态描写》)

例50 在教师的话语形式层面,"我们"标识告知主体双方,"学习"标识告知意向,"记叙文中写作人物的外貌描写和神态描写"标识告知事项。

2. "S_1IM"模式

在 S_1IM 模式中,告知者教师、告知意向、告知事项均映射在告知话语形式中,被告知者学生呈缺省状态。在本文收集的115篇中学课堂教学实录中,该模式共有3例,占总数的2.6%。

例51 好了,老师开始往下讲,来,同学们一起看一下。

例51 在教师的告知话语中,"老师"标识告知者教师,"讲"标识"告知意向","往下"标识告知事项,虽然在话语形式层面并未具体说明,但学生可以推知本节课的学习内容是上节课的延续。

例52 我先把上节课遗留的那个问题说完啊……接下来我说一下这节课的第二个问题"万有引力的应用"。(《万有引力的应用》)

例 52 在教师的话语形式层面,"我"标识告知者教师,"说"标识告知意向,"上节课遗留的那个问题""第二个问题'万有引力的应用'"标识告知事项。

例 53 化学方程式的计算,我经常把它分为三大类型,文字描述型、图表型以及图像型。那么,这节课我主要讲的是图表图像类化学方程式计算,下面看一下学习目标。(《化学方程式的计算》)

例 53 在教师的话语形式中,"我"标识告知者教师,"讲"标识告知意向,"图表图像类化学方程式计算"标识告知事项。

3. "S_2IM"模式

在 S_2IM 模式中,被告知者学生、告知意向、告知事项均映射在告知话语形式中,告知者教师呈缺省状态。在本文收集的 115 篇中学课堂教学实录中,该模式仅有 1 例,占总数的 0.9%。

例 54 这一块儿需要大家做的题很多,而且往往在历年高考中出现的频率也比较高,第一个事还是给大家讲一讲万有引力的内容,它的应用以及它的公式。(《万有引力定律》)

例 54 在告知话语形式层面,"大家"标识被告知者学生,"讲一讲"标识告知意向,"万有引力的内容,它的应用以及它的公式"标识告知事项。

4. "IM"模式

在 IM 模式中,告知意向和告知事项映射在告知话语形式中,告知主体双方呈缺省状态。在本文收集的 115 篇中学课堂教学实录中,该模式共有 4 例,占总数的 3.5%。

例 55 看第一节《压强》。(《压强》)

例 55 在告知话语形式层面,"看"标识告知意向,"第一节《压强》"标识告知事项。

例 56 看第五课第二个问题"人民代表大会制度"。(《人民代表大会制度》)

例 56 在教师的告知话语形式中,"看"标识告知意向,"第五课第二个问题'人民代表大会制度'"标识告知事项。

例 57 上节课讲了影响价格的因素,今天讲价格变动的影响。(《价格变动的影响》)

例 57 在告知话语形式层面,"讲"标识告知意向,"价格变动的影响"标识告知事项。

例 58 把练习册打到《寡人之于国也》这一课,来看一下这一课的练习题。(《寡人之于国也》)

例 58 在教师的告知话语中,"看一下"标识告知意向,"《寡人之于国也》""这一课的练习题"标识告知事项。

5."SM"模式

在 SM 模式中,告知主体双方和告知事项均映射在告知话语形式中,告知意向并不出现。在本文收集的 115 篇中学课堂教学实录中,该模式共有 4 例,占总比例的 3.5%。

例 59 我们都知道呼吸肯定需要肺,那还有没有其他结构?好,我们接下来把书翻到 43 页。(《呼吸系统》)

例 59 在告知话语形式层面,"我们"标识告知主体双方,"呼吸肯定需要肺,那还有没有其他结构""43 页"标识告知事项。

例 60 今天我们是第一课时学案——不同聚集状态物质在物理性质方面有哪些差异。(《物质的聚集状态》)

例 60 在告知话语形式层面,"我们"标识告知主体双方,"第一课时学案""不同聚集状态物质在物理性质方面有哪些差异"标识告知事项。

例 61 打开上节课的内容……既然知道静摩擦力的特征,那么下面我们将滑动摩擦力和静摩擦力进行对比。(《摩擦力》)

例 61 在告知话语形式层面,"打开上节课的内容"预示着教师首先要复习上节课的内容,复习是为了强化记忆,为了本节课更好地告知，学生可以由此推断出本节课的学习内容与上节课有关，"我们"标识告知主体双方，"将滑动摩擦力和静摩擦力进行对比"标识告知的具体事项。

例62 自己保护自己，这是我们第一道防线，也是我们远离暴力侵害的第一个方法，这是我们本节课的重点知识。(《学会保护自己》)

例62 在告知话语形式层面，"自己保护自己"标识告知事项，"我们"标识告知主体双方。

6. "M"模式

在M模式中，只有告知事项映射在话语形式中，告知主体双方及告知意向均呈缺省状态。在本文收集的115篇中学课堂教学实录中，该模式共有5例，占总数的4.3%。

例63 这章最重要的一个知识点是万有引力问题，其他的问题都是围绕万有引力定律展开的。(《万有引力定律》)

例64 好，下面把《自主学习能力测评》拿出来，活跃一点啊。那么，这本书上面有随堂达标的内容，也有一些习题，这部分习题相对来说比较简单，这是在预习的时候或者说讲课的时候可以当场完成的，如果有问题，那课后拿来问啊。下面课时作业4，第一到第五，哪道题需要讲一下？(《自主学习能力测评》习题课)

例65 把考试卷拿出来啊，考试卷。《试卷讲解习题课》

例66 第一个问题生长素发现过程提炼出来的几种研究方法。(生物习题课)

例67 因为这是一篇美文是不是？来，下面第三自然段谁愿意读？(《与朱元思书》)

在以上各例中，在教师的话语形式层面，"万有引力问题""《自主学习能力测评》""课时作业4，第一到第五""考试卷""生长素发现过程提炼出来的几种研究方法""第三自然段"等语句均标识告知事项，即只有告知事项在教师的告知话语中得到映射。

上述六种模式是从现实的中学课堂教学实录中抽象概括得出的，六种模式的使用频率并不一致，由高至低依次是 SIM 模式、M 模式、IM 模式、SM 模式、S_1IM 模式、S_2IM 模式。具体如表 4-1 所示：

表 4-1　　　课堂告知话语形式映射模式使用频率统计表

映射模式类型	数量（例）	使用频率（%）
SIM 模式	98	85.2
M 模式	5	4.3
IM 模式	4	3.5
SM 模式	4	3.5
S_1IM 模式	3	2.6
S_2IM 模式	1	0.9

由表 4-1 可知，在现实的中学课堂教学中，SIM 模式的使用频率最高，是中学课堂告知话语形式的典型映射模式。"M"是六种映射模式的共有要素，说明告知事项必须在告知话语形式层面得以映射。

从理论层面来说，完整的告知话语形式应该标识告知者、被告知者、告知意向、告知事项，上述四个要素均应在告知话语形式层面得到映射，事实上也的确如此，SIM 模式是现实课堂教学中使用频率最高的告知话语形式映射模式。但尽管如此，教师并非只能采用完整的告知映射模式，主体双方甚至告知意向均可以缺省，中学课堂告知话语形式独特的隐现规律正是课堂告知语境特殊性的具体体现。作为一种机构性会话，在课堂教学语境中，告知者、被告知者、告知意图均是自明的，即告知者通常是教师，被告知者通常是学生，交际意图是告知，这些内容为师生双方所共识。因此，这些要素在话语形式层面部分缺省甚至全部缺省均不会影响告知言语交际的顺利进行。但告知事项作为告知的具体内容，是教师要告知学生的信息，学生对告知事项的接收及理解程度直接制约着告知言语交际的效果，关涉着告知言语交际的成败。因此，为凸显关键信息，提高学生的关注度，教师必定在话语形式层面对告知事项进行映射、凸显、强调。

二 语序排列

话语形式受线性制约,在时间的延展上各要素只能依次出现、线性排列,但教师可以根据表达的需要对语序进行调整,因此,告知话语形式映射模式存在不同的变体。以 SIM 模式为例,其语序排列有"SIM"顺序和"MSI"顺序两种方式,"SIM"顺序如例 51—例 54,"MSI"顺序如例 68—例 72。

例 68 从上节课开始就接触到了议论文的一些写法,这节课我们继续来学习。(《议论文写作》)

例 68 在告知话语形式层面,"议论文的一些写法"标识告知事项,"我们"标识告知主体双方,"学习"标识告知意向,其语序排列呈"MSI"顺序。

例 69 上节课学习了用一元一次方程解决问题,学过了用一元一次方程解决行程问题以及水平问题,这节课我们继续学习。(《一元一次方程》)

例 69 在教师的告知话语中,"一元一次方程解决行程问题以及水平问题"标识告知事项,"我们"标识标识告知主体双方,"学习"标识告知意向,其语序排列呈"MSI"顺序。

例 70 把没讲完的卷子拿出来,第五页,咱们来看一下。(试卷习题课)

例 70 在告知话语形式层面,"没讲完的卷子""第五页"标识告知事项,"咱们"标识告知主体双方,"看一下"标识告知意向,其语序排列呈"MSI"顺序。

例 71 上节课我们已经通读了全文,也把文章划分了部分……好,书可以放在桌面上,第一部分有些字句我们大家一起探讨下。(《木兰诗》)

例71 在教师的告知话语中,"第一部分有些字句"标识告知事项,"我们大家"标识告知主体双方,"探讨"标识告知意向,其语序排列呈"MSI"顺序。

例72 《唱响自信之歌》没讲,是不是?咱们这节课就讲这个。(《唱响自信之歌》)

例72 在告知话语形式层面,"《唱响自信之歌》"标识告知事项,"咱们"标识告知主体双方,"讲"标识告知意向,其语序排列呈"MSI"顺序。

在本文收集的中学课堂教学实录中,上述两种顺序的使用频率并不一致,"SIM"顺序共有93例,占总数的94.9%;"MSI"顺序共有5例,占总数的5.1%。由此可以得出结论:中学课堂告知话语形式的典型映射模式是SIM模式,其常用语序排列呈SIM顺序。

第二节 告知意向标记形式分析

告知言语交际在话语形式层面通常会出现标记告知意向的成分,如"告诉大家一件事"中的"告诉",本文将这些标识告知意向的"程式化"的词语称为告知意向标记语。相较于日常告知会话,课堂告知言语交际中告知意向标记语的程式化特征尤为突出。

一 告知意向标记语的类型

在115篇中学课堂教学实录中,告知话语形式层面带有告知意向标记语的共有106例,无告知意向标记语的仅有9例。中学教师使用的告知意向标记语有"学/学习""看/看一下/看一看""讲/讲一下/讲一讲""复习/复习复习/复习一下""研究/研究一下""说""探讨""上""了解""总结梳理""回顾""欣赏"等,其出现次数及使用频率具体见表4-2:

表 4-2　　　　常用告知意向标记语使用频率统计表

告知意向标记语	出现次数（次）	使用频率（%）
学/学习	39	36.8
看/看一下/看一看	23	21.8
讲/讲一下/讲一讲	19	17.9
进入/走进/进行	6	5.6
复习/复习复习/复习一下	5	4.7
研究/研究一下	3	2.8
说	3	2.8
探讨	2	1.9
上	2	1.9
了解	1	0.96
总结梳理	1	0.96
回顾	1	0.96
欣赏	1	0.96

由表 4-2 可知，在告知话语形式层面，标识告知意向的成分并不固定，可以是词、短语、句子等各种形式的语言单位，尤其以词或短语等动词性成分最为常用，"学/学习"是课堂告知话语形式中使用频率最高的告知意向标记语。在现实的课堂教学言语交际中，不同教师或同一教师为满足不同告知需要可以选用不同的词或短语作为告知意向标记，这些词和短语也并非标识告知意项的专属，告知意向与告知意向标记语之间的关系并非一一对应，教师对告知意向标记语的选择体现着教师的立场、态度及对告知语境的认知，正如沈家煊所提出的语言具有"主观性"的特点，说话人在说话的同时体现着自身对所说话语的立场、态度、情感，在话语中总会带有说话人自身的表现成分，留下自我印记。对教师而言，教师实际选用的告知意向标记语既表明教师对告知话语的态度及感情，同时也体现着教师对师生双方交际角色、交际关系的立场或态度。从这一角度出发，可以将告知意向标记语分为三种类型：师主位型、生主位型、师生主位型。

1. 师主位型

从教师的角度看,课堂教学就是实施告知言语行为的过程,教师是告知主体,学生是接收主体,是告知的对象。因此,在语话形式层面,教师常常选用"讲""讲一讲""讲一下""上""说"等词语作为告知意向标识,这类告知意向标记语体现着教师对主体双方交际角色、交际关系的态度及认知,即在课堂教学言语交际中,教师是讲授者、引领者,学生应认真听讲、积极配合。

例73 我们这节课来讲一下《古典概型》,高考考什么就是从这节课开始,这节还有《几何概型》,它俩是高考的内容,所以大家要注意听啊。(《古典概型》)

例73 在告知话语形式层面,"我们"标识告知主体双方,"讲一下"标识告知意向,"《古典概型》"标识告知事项,"这节还有《几何概型》,它俩是高考的内容,所以大家要注意听啊"是教师对学生提出的要求,这些语句表明了教师对师生双方交际角色及交际关系的立场和态度,即教师是讲授主体,学生是听课主体,学生应该认真听老师讲课。

2. 生主位型

从学生的角度看,课堂教学的过程是学习的过程,学生是学习的主体,教师是点拨者、引领者。因此,在语话形式层面,教师常常选用"学""学习""复习""复习复习"等词语标识告知意向,这类告知意向标记语体现着教师对告知话语的立场、态度,即教师的告知话语应突出学生的主体地位,激发学生学习的主动性和积极性。

例74 我们今天来学习专题一《人身权利我知道》,同学们准备好了吗?在这一专题中有两个重要的考点,现在请同学们来仔细看。(《人身权利我知道》)

例74 在教师的告知中,"我们"标识告知主体双方,"学习"标识告知意向,"《人身权利我知道》"标识告知事项,"同学们准备好了吗""请同学们来仔细看"是教师提醒学生关注焦点信息。教师对告知意向标记语的选择及其实际采用的话语形式表明了教师对自身所说话语的立场、态度，即学生是学习的主体，教师应激发学生学习的主动性和积极性，最大限度地降低学生在接收告知信息过程中的被动性。

3. 师生主位型

课堂教学言语交际是师生双方交流互动的过程，最佳的交际效果是教学相长，从这一角度来说，教师和学生都是课堂告知言语交际的重要参与者。因此，在话语形式层面，教师常常选用"探讨""研究""欣赏""看""看一看""看一下""回顾""总结""梳理""回首""了解""走进""进入""进行"等词语标识告知意向，以密切师生间的交际关系，增强沟通与合作。

例75 在中国苍茫的黄土地上生长着一门独特的艺术，它是黄土高坡上的一朵奇葩。让我们听一下歌曲《山丹丹花开红艳艳》，一曲高歌响彻云霄，一声入耳荡气回肠，这就是黄土高坡上独特的艺术——信天游。今天让我们一起来欣赏贺敬之的《回延安》。首先，我们来把这首诗读一下，谁能和老师配合一下？我找三名同学，谁能做我的知音？跟老师一起完成对这首诗的诵读。(《回延安》)

例75 在教师的告知话语中，"我们"标识告知主体双方，"欣赏"标识告知意向，"贺敬之的《回延安》"标识告知事项。"欣赏""和老师配合一下""跟老师一起"表明了教师对师生双方交际角色、交际关系的立场、态度、情感，即教学的过程是师生双方和谐互动的过程，师生间应建立良好的沟通与合作。

以上，从教师对主体角色、主体关系的立场或态度层面对告知意向标记语进行了分类，事实上，告知意向标记语的各种类别之间很难划分明确的界限，例如"学习"，课堂告知言语交际既是教师告知的过程，又是学生获知的过程，当教师选用"学""学习"等告知意向标记语时是站位于学生的视角，强调学生的主体地位，本文将这类词语归入生主位型告知意向标记语,但这并不意味着否定教师的主导作用,学生的学习过程需要教师的引领与点拨,从这一点来说,这与师生主位型标记语具有一致性,区别仅在于教师对主体双方交际角色、交际关系认知上的差异。再比如,复习是一种特殊形式的学习,是对以往所学内容的回顾与梳理,旨在加深理解、强化记忆,"复习/复习复习/复习一下""总结/梳理"等词语均可以作为复习的告知意向标记语,区别在于:当教师选用"复习/复习复习/复习一下"等生主位型告知意向标记语时,是站位于学生的立场,尊重学生的主体地位;而当教师选用"总结/梳理"等师生主位型告知意向标记语时,更加强调师生间的交流与合作,不同类型的告知意向标记语体现着教师对告知话语的立场、态度、情感上的差异。

在本文收集的 106 篇带有告知意向标记语的课堂教学实录中,三种类型的告知意向标记语的使用频率各不相同,其中,生主位型最多,师生主位型次之,师主位型最少,具体情况如表 4-3 所示:

表 4-3　　　　三种类型告知意向标记语使用频率统计表

类型	个数（例）	使用频率（%）
生主位型告知意向标记语	44	41
师生主位型告知意向标记语	38	36
师主位型告知意向标记语	24	23

由表 4-3 可知,中学教师更倾向于选择生主位型告知意向标记语和师生主位型告知意向标记语,其原因在于课堂告知言语交际具有交互性的特点,特别强调主体双方的互动、交流与合作,生主位型告知意向标记语和师生主位型告知意向标记语更有利于增强学生接收告知信息的主动性和意愿度,消除主体间的矛盾关系。

二　告知意向标记语的位置

在话语形式层面,告知意向标记语的位置十分灵活,甚至可以缺省，因为在课堂教学语境中，告知意向是自明的，因此，话语形式层面的缺省并不影响师生双方对告知意图的表达与推导。

1. 前置

当告知主体在话语形式层面缺省时，告知意向标记语通常出现在句首，如例59、例60，告知意向标记语"看"直接出现在句首，其后是告知事项"《压强》""第五课第二个问题'人民代表大会制度'"，这样的话语形式有利于塑造干脆简洁、开门见山的话语风格。

2. 居中

告知意向标记语出现在句中是最典型且常见的告知话语形式，即"SIM"模式，这是中学课堂告知话语形式的典型映射模式。

例76 今天，我们共同来学习一下选修的第二本书第六课《法国大革命》。（《法国大革命》）

例77 今天这堂课我们继续向下讲新课，讲"5.2 意识的作用"。（《意识的作用》）

例76、例77 在告知话语形式层面，"我们"标识告知主体双方，"学习""讲"标识告知意向，"选修的第二本书第六课《法国大革命》""5.2 意识的作用"标识告知事项，两例中告知意向标记语均出现在告知主体和告知事项之间。

3. 后置

为凸显告知事项，告知意向标记语可以被后置。

例78 "$y = a^x$"叫作指数函数，也就是我们这节课所研究的内容。（《指数函数》）

例78 在教师的告知话语中，"'$y = ax$'叫作指数函数"标识告知事项，"我们"标识告知主体双方，"研究"标识告知意向。教师将告知事项置于句首，将告知意向标记语后置，有利于凸显告知信息，提升学生对告知信息的关注度。

三 告知意向标记语的语用功能

课堂告知言语交际是师生双方的互动与交流，从教师的角度看，这一过程是明示的过程，即教师尽量使告知话语与交际语境相关，准确表达告知交际意图；从学生的角度看，这一过程是推理的过程，即学生尽量通过告知话语中的明示化成分结合交际语境推导告知交际意图、获取告知信息。在中学课堂告知言语交际中，告知意向标记语所扮演的角色正如许家金所比喻的"交通信号灯"或"地标"的作用，[①]它们的存在对在具体语境中师生双方的话语生成与理解具有重要的提示与引领作用。[②]

1. 标识功能

在课堂教学语境中，教师的告知意向是自明的，但尽管如此，教师通常会在话语形式层面通过告知意向标记语进行标识、强调，其目的在于增强学生对告知信息的关注度和参与热情。

2. 凸显提示功能

上文中概括了课堂告知话语的典型映射模式，即"SIM"模式。在话语形式层面，告知事项紧随告知意向标记语后。对教师而言，告知意向标记语不仅可以标识告知意向，同时还可与其后的告知事项自然衔接、意义连贯，使告知信息得以凸显；对学生而言，告知意向标记语可以帮助学生准确推导告知交际意图，抓住告知焦点信息，对获取并理解告知话语具有提示作用。

3. 情感功能

语言具有情感功能，对教师而言，告知意向标记语可以表达教师对告知话语的立场、态度、情感，有助于与学生建立和谐呼应的交际

[①] 许家金：《话语标记的现场即席观》，《外语学刊》2009 年第 2 期。
[②] 陈家晃：《话语标记的语境提示作用》，《北京化工大学学报》2011 年第 4 期。

关系，提升交际效果。对学生而言，告知意向标记语可以引领学生从交际语境中获取情感信息，帮助推导告知交际意图，理解告知话语。正如沈家煊（2001）所说"感情表达也可以看作一种'社会指称'（social referenc-ing），即人们从周围交往的人和社会环境中获取感情信息来帮助理解不确定的信息，并作出相应的反应"。[①]

　　本章从静态层面描述并分析了课堂告知话语中有突出特点的语言形式。课堂告知话语形式映射模式包括六种类型，按使用频度依次是：SIM 模式、M 模式、IM 模式、SM 模式、S_1IM 模式、S_2IM 模式，SIM 模式是课堂告知话语形式典型映射模式，其语序排列方式有两种表现：SIM 顺序和 MSI 顺序，SIM 顺序是常用语序排列顺序。课堂告知意向标记形式主要表现为程式化的告知意向标记语，包括师主位型、生主位型、师生主位型三种类型，其位置可以前置、居中、后置，具有标识功能、凸显提示功能和情感功能。

[①] 沈家煊：《语言的"主观性"和"主观化"》，《外语教学与研究》2001 年第 4 期。

第五章 教学语篇构建形式分析

课堂告知话语是教师（包括学生）在课堂上构建出来的一个相对复杂的语篇结构，即教学语篇，是中学课堂教学言语交际行为在话语形式层面的最终表现形式。根据语料，我们可以归并出一些典型的语篇形式，对这些典型教学语篇形式的分析有助于更加全面地认识教师课堂告知言语行为的实现过程。

第一节 教学语篇的话语结构

教师课堂教学言语行为在本质上是一个告知言语行为，教学语篇是告知言语行为产生的结果，是告知言语交际在话语形式上的表现。

一 教学语篇的界定

中学教师课堂教学言语行为是以告知为核心交际意图的言语行为，告知言语交际的核心就是实现告知交际意图，告知言语交际的过程就是告知交际意图的实现过程，这一过程所产生的结果，在话语形式上的表现就是教学语篇，因此，教学语篇本质上是告知言语交际行为在话语形式上的表现，是教师与学生为实现告知交际意图在告知言语交际过程中的全部话语。告知言语交际行为的结构要素就是教学语篇的结构要素，即告知主体、告知交际意图、告知语境、告知话语形式，告知交际意图既是教师课堂教学言语行为的核心，也是教学语篇构建的核心，教学语篇的构建过程就是师生双方通过一定的话语形式实现告知交际意图的过程。

不同类型的语篇，其话语结构各有特点，本文将教学语篇分为深层结构和表层结构，深层结构指教学语篇的结构模式，表层结构指教学语篇的表层话语形式，从而分析教学语篇的构建规律及话语形式特点。

二 教学语篇的结构模式

话语分析是语用学的重要领域，它创建了一种新的研究范式，其最基本的内容之一就是对研究对象作话语结构形式上的分析，即语篇分析，因此，研究教学语篇的结构模式必然要运用话语分析的相关理论及研究成果。

1. 话语分析的相关理论及启示

（1）话语分析的语篇基础理论

1952 年哈里斯（Zelling Harris）《话语分析》（*Discourse Analysis*）一文的发表标志着"话语分析"这一术语的诞生，并使人们注意到，语言研究的对象应该由关注静态的词、句等过渡到关注动态交流的话语的研究。20 世纪 60 年代贝拉克（Bellack）开启了课堂会话研究的新篇章，他根据维特根斯坦的"语言游戏"理论框架，通过对庞大样本的数据分析，概括出课堂会话的基本单位，其主要编码技术是从"结构化""诱导""应答""反应"四个方面，分析出 21 种课堂教学师生对话沟通的结构类型，并得出结论："诱导（SOL）—应答（RES）—反应（REA）"的教学循环是课堂教学师生会话交流的主要特征。

进入 20 世纪 70 年代，在大西洋的两岸，美国与英国分别开启了关于话语结构的研究，在美国，以萨克斯（Harvey Sacks）为代表的社会学家，从民俗方法论的角度，通过对会话的观察与研究，提出并论证了"话轮""相邻对""话论转换机制"等话语结构方面的基础理论术语，被学界称为"美国会话分析学派"。简言之，萨克斯等人所说的"话轮"就是在会话过程中说话人连续说出的具有一定交际功能的话语,不论长短,下一说话人说话标志着一个话轮的结束。"相邻对"就是会话交替互动中由不同说话者说出的两个相邻话轮的组合,即由前面引发语和后面应接语两个相邻话轮的组合,典型的"相邻对"是一问一答结构,"相邻对"体现着会话的基本特征,即会话是说话人与听话人的互动行为。"话轮转换机制"所概括的就是会话中话轮分配的规律和原则,即在会话过程中话轮在引发与应接中不断交替转换的规律。话语分析学派认为,话轮是交际会话中最基本的结构单位,会话的过程就是在话轮转换机制的作用下,话轮在交际主体之间不断交替转换的过程。

(2) 伯明翰学派的话语等级结构模式

与以萨克斯为代表的美国会话分析学派几乎同时,在英国,伯明翰大学英语研究组的辛克莱与库萨德在研究课堂教学师生会话的基础上,以韩礼德的功能学派理论为指导,遵循结构语言学的原则而构建出一种话语分析模式,这一模式包含上下递次的五个层级的结构单位,即"课(lesson)""课段(transaction)""回合(exchange)""话步(move)""话目(act)"。他们认为,话语单位是分层级的,高一级的话语单位由低一级的话语单位组成,在课堂教学师生会话中,话目组成话步,话步组成回合,回合组成课段,课段组成课。其中,"回合"是会话过程中会话主体之间围绕话题进行话语交流的基本单位,并将课堂会话中的回合概括为"起始(Initiation)—应答(Response)—反馈(Feedback)/跟踪(Follow-up)"的三话步组合状态,即著名的 IRF 模式。

将伯明翰学派的话语分析模式与以萨克斯为代表的美国会话分析学派的话语分析理论比对,伯明翰学派的"话步"大致对应萨克斯等人的"话轮","回合"大致对应"相邻对"。萨克斯等人所提出的两步式"相邻对",其概括的是日常会话中引发接应毗邻相对的话语结构；伯明翰学派所提出的三步式"回合",其概括的是课堂教学中师生会话问答反馈的话语结构,两话步与三话步分别是从不同会话类型中概括出的话语交流的相对完整的交际回合,其不同表现恰好反映出这级话语单位在不同会话类型中各自不同的典型结构模式及特点。

伯明翰学派的课堂话语分析是立足于对英国小学高年级的课堂教学会话的语篇结构分析,其构建的会话分析模式虽不能完全适用于分析描写我国中学课堂教学会话的语篇结构,但其研究角度及所概括出的话语结构的层级性对本文所讨论的教学语篇的结构分析具有重要启示,本章正是从教学语篇的话语结构切入,着重探讨教学语篇在深层语篇构建和表层话语形式上的规律和特点。

2. 教学语篇的五级话语单位

立足话语分析的视角,每节课都是在教师引领下的师生共同构建的一次告知会话语篇,即教学语篇,依据伯明翰学派的话语等级结构模式,同时借鉴近年来我国学者的相关研究成果,我们将教学语篇结构也划分为递次有等的五个层级的构建单位,并且上一层级的话语单位由下一层级的话语单位组成,为避免与已有的术语名称混淆,将它们依次定名为:话篇、话章、话段、话组和话轮。

(1) 话篇

话篇对应于话语分析中通称的语篇,之所以取"话"舍"语"既是为了凸显中学课堂教学言语交际"师生对话"的特质,又为达成五级单位在名称上的统一与对应。话篇是课堂教学告知过程中所有会话参与者围绕告知交际意图的实现而进行的完整会话,是告知过程中所有会话者在教师的引领下有序交替转换话轮的所有言说,话篇是中学课堂教学会话中话语结构最大层级单位,也是课堂教学告知会话的最终结果。

(2) 话章

话章是话篇下一层级的结构单位,是话篇的组成部分。通过对中学课堂教学的实地观察和对课堂教学实录的分析归纳，可以发现：中学课堂教学话篇具有鲜明的结构框架特征，我们将其概括为中学课堂话篇的三话章模式，即开启话章、主体话章、结束话章。三个话章在结构模式与话语功能上各不相同，概括地说，在中学课堂教学告知会话中，开启话章的功能主要表现为导入和构建告知交际语境，主体话章的功能主要表现为与告知交际意图相关联的总话题与分话题的展开与推进，结束话章的功能主要表现为总结和拓展，三话章模式是中学课堂教学言语交际在话语结构上的突出特点。

（3）话段

话段是构成话章的下级单位，是一个或多个相对独立的话语片段，中学课堂教学话篇中的话段通常是完成与告知交际意图相关的分话题的话语段落。分话题指教学话篇各结构层级上与告知交际意图相关的总话题的分支话题，它们可以指属于话段或话组等不同层级单位。

在教学话篇中，话段是一个相对概念，它自身具有层级性，具体表现为一个大的话段由几个小的话段组成，而其中小的话段又可能由更小的几个话段组成，我们将最低层级上的最小话段称为基础话段。在教学话篇中，话段的层级性主要表现于主体话章中，而开启话章和结束话章则通常呈现出由独立话段构成话章的状貌。

（4）话组

话组大致对应话语分析学中的"相邻对"，及伯明翰学派五级结构模式中的"回合"。话语分析的研究者们用"相邻对"指称会话交流中前面引发语与后面接应语两个相毗邻话轮的组合，"相邻对"概念的提出有助于揭示会话交流互动有序的规律，但是，"相邻对"所概括的只是会话交流中最简单最基础的对应结构类型，通常体现在日常会话及法庭审判、医患问诊等特定职业会话的对话模式中，并不能涵盖人际间会话互动的全部对应结构。

辛克莱和库萨德所提出的"IRF"模式是课堂教学会话交流中最

为典型的对应结构类型,在课堂教学会话之外,这种三话步结构的回合也是许多其他类型会话交流的常用模式。但尽管如此,三话步结构的回合依然无法概括人际间会话互动中形态各异的结构样貌。

总之,本文用"话组"指称教学话篇中介于话段与话轮之间的结构单位,其统指中学课堂教学会话互动中引发与接应前后对应所组成的各种形态的一组话轮,既包括两步式毗邻的"相邻对"结构,也包括多步式毗邻的各种对应结构。简言之,话组就是话轮交替中前后对应、意义相互制约关联的一组话轮,是课堂话篇中最小的互动交流单位。

(5) 话轮

话轮与话语分析学所通称的"话轮"一致,指会话交流中说话者在下一说话者开始说话之前所说的全部话语,话轮是话组的组成部分。在教学话篇中,话轮是最低层级的构建单位,也是最小的结构单位。

以上,我们概括了教学语篇结构上下递次的五级构建单位,即话篇、话章、话段、话组、话轮,这是教学语篇在构建结构上的典型特征之一。

三 教学语篇的话语结构特点

不同类型的语篇有各自典型的结构特点,中学课堂教学语篇所呈现出的五级结构单位状貌,及其在宏观上构建框架所表现出的完整性与层级性,形成了教学语篇在话语结构形式上的重要特点。

通过对中学课堂教学的实地观察和实录分析,可以概括出教学语篇在整体上具有内容与形式双层面上的两大特点:话题明确,话语内容具有强制性;框架完整,话语结构具有程式性。教学语篇在内容与形式双层面所具有的特点决定了教学语篇的整体构建必须遵循两大话语规律:话题制约律和语篇结构律。

1. 话语内容具有强制性

无论何种类型的会话必然存在话题,话题是否稳固是日常会话与职业会话的重要区别。日常会话中的话题通常具有灵动性和随意性的特点，常常是依据交际语境，随着会话进程而游走迁移。与此相反，教学语篇等职业会话的话题则呈现出明确性和稳固性的特点，具有明确的目标取向，对教学语篇而言，告知交际意图的实现是其构建的核心，整个教学语篇构建的过程就是围绕着告知交际意图的实现而进行，因此，在教学语篇中，无论是在语篇层面的总话题，还是由总话题所分解出的在各层级结构单位所负责完成的分话题，都必然与特定的告知交际意图相关联，具有明确、稳固的特点，都需要在告知主体教师的引领、调控下，由全体会话参与者有序和谐地进行话轮交接转换而完成。也就是说，教学语篇从宏观到微观对每位会话参与者的话语内容都具有强制性，即必须服务于告知交际意图的实现，教学语篇的构建必须遵守话题制约律。为保证话题的有效开展和推进，作为告知主体的教师时时掌控话题走向，适时调度话轮，在收放之间把握话语支配权，以保证课堂告知会话始终沿着实现告知交际意图这一主线而展开，直至完成。

例79《学会与父母沟通》一课的课堂实录片段

教师：那好，提出第三个问题，我们谁清楚爸爸或妈妈的生日呢？

学生：（纷纷举手）

教师：嗯，特别好啊，你来。

学生1：我妈妈是1972年2月17日的。

教师：哎，好，请坐，还有谁，你说。

学生2：我爸是1971年5月4日，我妈是1973年7月19日。

例79中教师通过提问话论将话语权交给学生，通过指定回答的方式分别将话轮移交给学生1和学生2，在教师的支配、调控下，话轮交替转接自然有序。

例80《唱响自信之歌》一课的课堂教学实录片段

教师：那，来看啊，在这个2013年4月的时候，嗯，我们奥运会的拳击手，拳王邹市明，知不知道这个人？

学生：不知道。

教师：不知道？那，我来说啊。邹市明……

例80中教师通过提问话论将话语权交给学生，通过学生的回答话轮，教师了解到学生的知识背景中没有相关认知，因此，教师收回话语权，通过自我言说的方式直接告知学生相关内容，以此推进这一子话题的有效开展。

例81 音乐课《十送红军》一课的课堂教学实录片段

教师：这首歌曲它采用了几种表现形式或者叫演唱形式啊？想，第一段，宋祖英演唱，"一送里个红军……"（教师示唱），第二段，还是她唱吗？换了，是吧？唉，你说。

学生1：嗯，有合唱。

教师：合唱，很好。

学生1：独唱。

教师：独唱，非常好，还有没有？

学生1：还有混声合唱。

教师：混声合唱，非常好。还有没有？在同一个时间演唱同一个旋律，叫什么？

学生1：男高音和女高音。

教师：男高音还有女高音这是从音色来分，那么，男高音女高音在同一时间演唱同一个旋律，这叫作？

学生1：齐唱。

教师：哎，齐唱，很好。第二个问题……

例81中教师通过提问话轮将话语权交给学生，通过指定回答的方式，将话轮移交给学生1，随后，教师通过反馈话轮收回话语权，并通过追加提问的方式再次将话轮移交给学生1，如此反复交替直至学生1说出正确答案。在这个话段中，话轮交替10次，共含11个话轮，分布均衡，从教师的提问话论开始到师生对话结束共11个话轮，组成五组相邻对。教师的话论都是为引入或推进话题而作出的引导。

例82《虽有嘉肴》复习课的课堂教学实录片段

教师：好了，往下来，说古今异议哈，说古今异义，一词多义一会儿说，好，×××

学生1："沿河求之"的"求"，在这里是"寻找"，在现代汉语中是"请求"。

教师：唉，非常好，请坐，请坐啊。我把这个前面的一擦，第一个古今异义，"求石兽"的"求"，古义是"找"，对吧？"寻找"，今义是什么？唉，"恳求、求取"，好，×××。

学生2：还有那个"盖"。

教师："盖"，嗯。

学生2：古义应该是因为在课文中应该是个动词，"盖上"。

教师：也可以是名词，好，请坐，非常好，"盖"，古义的"盖"在这儿是发语词，在这儿表"因为"，而今义的"盖"，对吧，唉，我们就理解为"盖子"，啊，"盖子"。唉，其实，如果准确地说是"器物上具有遮蔽作用的东西"或"盖上器物上具有遮蔽作用的东西"，就是名词和动词嘛，来来，继续，往下来，×××

……

教师：好，啊，来，不说了，为啥？咱们现在说的基本上已经很全了，再找基本上就属于硬找了，那就不算了，啊，没有了，最后，接下来，说这篇课文里的这个一词多义。

例82中教师要总结《虽有嘉肴》一课的文学常识，教师将这一总话题拆分为三个分话题，在完成其中古今异义这一分话题的话段中，教师通过提问话轮将话语权转交给学生，为广泛调动学生参与互动、积极思考，教师在每位学生的回答话轮后，会收回话语权，并在反馈话轮中再次通过指定回答的方式将话轮移交给下一位学生，在教师的主导及操控下，会话参与者有序地进行话轮的交接转换，随着分话题的不断推进，教师最终收回话语权，宣告这一话题会话结束。

通过以上各例，可以做出如下概括：在课堂教学话篇中，教师常常通过提问话轮将话题引入告知会话，并将话语权转交给学生，为保证话题的有效推进，教师通过话轮的交接转换，控制着会话交流的开展与进程。教师对话语权的支配形式表现多样，但其根本目的是话题的展开与推进，服务于告知交际意图的实现。教学语篇的构建处于复杂的动态语境之中，话题的进程会受到各位参与者的多重影响，如何将预设的话题、分话题带入告知过程，采用何种话语方式切入话题，通过怎样的话语手段推进话题，并最终圆满完成话题，都有赖于教师对话题的有效驾驭、对话题交流全过程的正确掌控。

2. 话语结构具有程式性

教学语篇的话语结构具有程式化的特征，在对中学课堂语篇分析归纳的基础上，我们概括出教学语篇的"三话章"结构模式及多维一体互动有序的话语规则。教学语篇程式化的结构框架具体表现为：特定的开端、结尾和多维有序的主体会话过程。

（1）开端——构建告知语境

从传播学的视角来看，整个课堂教学的告知过程就是一个特定"信息场"的流动，因此，作为告知主体的教师在教学语篇的开端首先需要构建一个"场"，从话语分析的角度来说，这个"场"就是告知语境。在教学语篇中，告知语境不是既定的，而是在告知过程中交际主体动态构建的，随着会话的进程而不断发展变化，但尽管如此，告知交际语境又具有相对稳定的一些因素，如时空环境、会话参与者（即告知者与被告知者）、参与者之间的关系、话题内容（即告知意向内容）等，这些因素是交际双方在进入会话前就应该建立并形成相关认知的。因此，在教学语篇的开端部分通常就是教师构建交际语境的话段。

例83《物质的分离和提纯》一课的课堂教学实录片段

教师：上课。

学生：老师好。

教师：请坐。这节课我们来学习《物质的分离与提纯》。（板书，然后播放 PPT）

例83中教师以问好形式开启全篇话轮，并宣告告知意向内容的主题，即本节课讨论的话题"物质的分离与提纯"。

例84《木兰辞》一课的课堂教学实录片段

教师：同学们好！

学生：老师好！

教师：请坐。上节课我们已经通读了全文，也把文章划分为几个层次，下面哪位同学能根据上节课所讲解的内容和自己对文章的理解，把这篇文章划分的几个层次给大家回答一下，一共四个层次，有没有哪位同学记得？不看书能不能知道？来，×××。

例84中教师以问好形式开启全篇话轮后并未直接宣告告知意向内容，而是总结上节课的学习内容，即已通读全文并划分层次，根据以往的教学模式，学生可以由此推断出本节课的学习内容及讨论话题，即对文章各层次进行文本分析。教师以这样的方式开启话轮，目的之一是宣告告知意向内容的主题，即本节课的学习内容和讨论话题，不过采用的不是明示的方式，而是间接推断的方式；目的之二是通过回顾上节课的学习内容扩大师生双方的共知语境。

例85《想北平》一课的课堂教学实录片段

教师：上课，同学们好！

学生：老师好！

教师：好，请坐。在人类的情感当中，有些情感能够用言语来表达，有些则想说也说不出来，更难以用语言表达，那么，在各种情感当中，像乡愁这类情感更是如此，比如说我们有"近乡情更切，不敢问来人"这样的诗句，是吧？那么，我们今天将学习老舍先生的《想北平》。

例85中教师以问好形式开启全篇话轮后，先用简练精当的言语概括了人们对乡愁的一种独特感受，然后告知学生本节课的学习内容和讨论话题，即"老舍的《想北平》"，为即将开展的课堂教学告知会话做了有效的情感铺垫。

例86 《外交关系的突破》一课的课堂教学实录片段

教师：好，上课。

学生：起立。

教师：同学们好！

学生：老师您好！

教师：啊，今天在《环球时报》上看到这样一则关于钓鱼岛问题的最新报道，啊，《环球时报》上称中国海监编队在钓鱼岛临海内对非法活动的日本船只进行了监视取证，并对日方船只实施了拘留，啊，驱离的这个措施。这是中方第一次宣布在钓鱼岛中国领海内拘留、驱离日船。《环球时报》称，啊，这个是，啊，阶段性的，那个，在钓鱼岛的问题上宣示主权。讲到钓鱼岛的问题，啊，必将会讲到三个国家：一个是中国，另一个是日本，还有一个是美国，似乎中国、美国、日本之间一直就存在着说不清道不明的关系。那今天我们就要来回望一下历史，回到20世纪70年代，来看看这一时期，中国、美国、日本之间所建立的外交关系。

例86中教师以问好形式开启全篇话轮后，引入《环球时报》关于钓鱼岛的一段报道，由此水到渠成地导入本节课的告知意向内容和讨论话题，即"中国、美国、日本之间的外交关系"，并引起了学生对这一话题的相关认知，扩大了师生双方共识的知识背景语境。

例87 《回延安》一课的课堂教学实录片段

教师：好，上课。

班长：起立。

教师：同学们好！

学生：老师好！

教师：好，请坐！在中国苍茫的黄土地上，生长着一门独特的艺术，是黄土高坡上的一朵奇葩，让我们听一下（教师播放歌曲《山丹丹花开红艳艳》）。一曲高歌响遏行云，一声入耳荡气回肠，这就是黄土高坡上独特的艺术，它就是"信天游"，那么今天，让我们一起来学习贺敬之的《回延安》。

例87中教师以问好形式开启全篇话轮后，播放歌曲《山丹丹花开红艳艳》，通过这一背景音乐导入本节课的学习内容和讨论话题，即"贺敬之的《回延安》"，并营造了一种恰如其分的交际情境。

例88 作文课《一举一动总牵情》一课的课堂教学实录片段

教师：好，上课！

学生：起立！老师好！

教师：好，同学们好，请坐！今天呢，我们一起来上一堂作文辅导课，那么究竟我们今天要上什么呢，我们先来看一下大屏幕。（播放短片）

教师：好，刚才那个短片我们看完了，那么，这个短片我们看完之后，我想问问大家，刚才看到啥了，谁来举手说，看到，你看到啥了，谁来举手说，×××，你说你刚刚看到啥了？

学生1：我看到奥巴马他演讲完之后，回去撞到门。

教师：好，请坐，是撞到门了吗？哎，是一脚把门踹开了，这个动作可能对大家来讲，大家刚才发出了那个会心的笑声，那么，我们刚才看到这个动作之后，能不能根据这个动作想一想，从这个动作中你可以看出来什么呢？来，谁来说一下，你觉得……好，来×××。

学生2：奥巴马生气了。

教师：好，请坐，非常好，也就是说呀，从刚才那么一个小小的短片中,从那个动作中,我们就能看出这个人他的情绪是怎么样的,他的心态是怎么样的,其实今天我们这节作文课就是关于动作描写的一节课。今天我们这节课讲的内容是《一举一动总牵情》,看一看怎么样通过动作描写来表达出人物的神韵,就像刚才用一个细小的动作去表现出人物他内心的状态。

例88 教师通过问好形式开启全篇话轮后,播放一段视频,然后根据视频的内容与学生互动,由此导入本节课的告知意向内容和讨论话题,即如何通过动作描写表达人物的神韵,这一过程为即将开展的告知会话建立了良好的交际语境。

例89《公民的权利与义务》一课的课堂教学实录片段

教师:上政治课都是把导学案和课本同时拿出来。好了,即将这一堂课呢,我们进入到第二课,第二课。好,我们首先来梳理一下前面所学的知识啊,前面我们第一个框题学的是,哦,我们的国家性质。我们是什么样的国家啊?

学生:人民当家做主、社会主义。

教师:什么样的社会主义国家?

学生:人民当家做主的社会主义国家。

教师:人民民主专政的社会主义国家,哎,国家性质,学过的知识要注意啊!好,人民民主专政它的本质是什么?

学生:人民当家做主。

教师:对的,人民当家做主,这也就意味着人民是国家的?

学生:主人。

教师:哎,主人,那么作为主人,参与政治生活的一个基本内容是什么呢?

学生:嗯,依法……

教师:依法什么呀?

学生:依法行使政治……

教师：行使政治权利，还有呢？

学生：履行政治义务。

教师：嗯，履行政治义务，好。

学生：嗯，参与社会公共管理活动。

教师：好的。哦，这就是公民参与政治生活的一个基本内容，好，接下来呢，我们就讲呢，公民的权利和义务。

例89中教师的开启话轮直接宣告本节课的学习内容是第二课，然后通过互动的方式回顾上节课的学习内容，由此导入本节课的具体学习内容和讨论话题，即"公民的权利和义务"，复习旧知导入新课的方式既扩大了师生的共识语境，又为即将进行的告知会话进行了充分的铺垫。

通过以上各例，可以概括如下：教学语篇的开端话章通常是教师以问好的形式开启全篇话轮，接下来，或明示或暗示或铺垫加明示，导入本节课的告知意向内容和讨论话题。铺垫的形式多种多样，可以是一段视频，可以是一则报道，可以是一段音乐，也可以是一段陈述，其目的都是为建立恰如其分的交际语境，扩大师生双方的共识认知。总之，在教学语篇的开端话章，教师便以"组织者""主导者"的身份，凸显其告知言语行为上"告知者"的话语角色，其构建方式多种多样，但目的都为建立师生双方作为会话参与者之间的交际关系，构建课堂教学告知会话的交际语境。这样模式化的、中规中矩的结构样态体现着教学语篇区别于日常会话语篇及其他职业语篇的特性，是教学语篇结构模式的典型特征之一。

（2）主体——多维一体互动有序的告知会话过程

这里所说的"有序"不是指表层话语形式上的井然有序，而是指在教师主导下的会话参与者依循话题多方协作、有序地交接转换话轮进行互动交流的会话场，是教学语篇告知主体话章衔接连贯的结构体。

教学语篇的"多维互动"最能体现课堂教学告知会话的组织特点

和有序规则,在教学语篇中,"多维互动"具体表现为:教师与学生的互动,学生与学生的互动。通过对中学课堂教学的实地考察和实录分析,可以发现,教师与学生的互动是课堂教学告知会话的主要互动形式,学生与学生的互动极少发生。

例90《美国内战》一课的课堂教学实录片段

教师:1860年大选是美国历史上地域性最强的一次选举,其结果是南方退出联邦,致使搞独立的舆论和活动更为猖獗。有人评论说:这一投票结果几乎相当于全民公决的独立宣言,此时的林肯,作为少数派的代表,是否应该尊重多数人的意见呢?

学生1:应该,这样可以避免激化矛盾。

学生2:不应该,很多时候真理正是掌握在少数人手里。而且尊重多数人的意见有可能导致分裂。

学生1:什么是民主,民主就是要尊重多数人的意见,既然多数人赞成分离,那就应该分离。

学生2:老师说过,不能把公共意志绝对化,有时候群众的意见是错误的,希特勒不就是群众选上台的吗?

教师:两位同学的看法各有道理,在他们的争论中凸显了一个问题——对"民主"的理解。"民主"并不是完美的社会制度,它只是目前已知的社会制度中较为理想的一种而已,它也有自身的缺陷,正因为它有缺陷,所以需要宪法对其进行限制,这就是宪政。今天我们要讨论的是裁决一切社会行为的最高尺度,南方究竟有没有违反宪法?我们再来看两则材料……

例90中话段的话题是"林肯是否应该尊重多数人的意见,支持独立",这一话段的会话参与人有3个:教师、学生1、学生2,共形成6个话轮。其中,教师占据1、6两个话轮,学生1占据2、4两个话论,学生2占据3、5两个话轮,话轮分布呈均衡状态。话轮1是教师引入话题的发启话轮,教师通过提问的方式将话语权交给学生,话轮6是教师终止话题的结束话轮，教师话轮的功能主要是控制互动会话的进程。从话轮2至话轮5是学生1和学生2依据话题互动交流的过程，在这一过程中，话轮的交替转接自然有序，并随着教师收回话语权而终止。

从话语交流对象关系的角度来看，例89中的话段是以教师与学生的互动为主要存在状态，例90中的话段是以学生与学生的互动为主要存在状态，以上两个话段均是在教师主导下会话参与者们多维互动的交流过程，正是在这一过程中，通过话轮自然有序的交替转换，实现了话题的开展、推进，直至圆满完成。因此，多维有序互动是教学告知会话的本质特征，也是教学话篇构建的会话规则。

（3）结尾——程式化的收场

通过对中学课堂教学的实地观察和实录分析，可以发现：教学语篇的结束话章通常表现为"总结—拓展—宣告结束"三步骤式收场式。教师在结尾话章中通过这样一种程式化的收场模式，达成教学语篇的完整构建。

总之，在教学语篇的结尾话章中，教师通常会以简短精练的话段对本节课的告知意向内容及交流话题进行概括总结，当然，这一总结是灵动的，可以通过教师自我陈述的方式，也可以通过师生问答互动的方式来完成，总结的内容也并不固定，可以是与告知意向内容直接相关的总话题，也可以是总话题拆分出的某一重要的分话题。

拓展，主要表现为教师针对本节课的告知意向内容布置作业，或对告知意向内容进行升华，或对学生提出某种要求、建议、希望等，这些表现方式的目的都在于对告知意向内容进行拓展。

宣告结束，通常是简单的一句"今天的课就上到这儿"，但这简短的告别起着宣告告知会话结束的作用，有时，教师也会附带预告下节课的告知意向内容及话题。

例91《外交关系的突破》一课的课堂教学实录片段

教师：以上就是我们今天所讲的关于70年代外交关系的突破的内

容,好,我们讲到这里,下课。

例91中教师用极为简短的话语对本节课的总话题,即70年代外交关系的突破进行了总结,然后直接宣告告知会话结束。例91中的结尾框架呈现为"总结—宣告结束"式收场式。

例92《DNA的复制过程》一课的课堂教学实录片段

教师:这是最后,这节课的总结,什么叫DNA,时间、模版、原料、能量、酶(两种)、过程,解决合成延伸、材料、复制,结果一个变俩,组合精确的双螺旋式模版,通过复制将遗传信息传递给后代,保持了遗传信息的连续性。这就可以了,好了,这节课咱们就上到这儿,剩下的咱们下节课再说。

例92中,教师首先对本节课的告知意向内容进行了梳理、总结,然后宣告告知会话结束,并顺带对下节课的学习内容进行了预告,即下节课继续学习本章中未完成的内容。例92中的结尾框架呈现为"总结—宣告结束—预告"式收场式。

例93《记叙文中人物的外貌描写》一课的课堂教学实录片段

教师:经过这节课,我们共同学习了外貌描写、神态描写需要注意些什么,即抓住典型特征,生动的修辞点染,还有细致入微的观察。在我们写作当中,不仅要追求形似,更要追求的是一种神似,能做到会形传神。好,下课。

例93中,教师首先对本节课的总话题"外貌描写、神态描写的注意事项"进行了精当地概括,接着对写作提出了要求和希望,最后宣告告知会话结束。例93中结尾框架呈现为"总结—拓展—宣告结束"式收场式。

例94《记承天寺夜游》一课的课堂教学实录

教师:好了啊,因为时间关系呢,咱们背诵啊,给大家留作业啊。回过头来我们看圣贤的经典文章,明月不老,经典永远不朽;明月不老,精神永远留青。其实人的一生会遇到无数的风雨坎坷,愿我们能够走进苏轼,愿我们能够有澄澈的心灵,愿我们的人生能豁达从容,好了,这节课咱们就上到这儿,下课。

例 94 中,教师将未完成的学习任务,即课文背诵留为作业,然后引入一段精致凝练的话语,这段话语既是对本课主题的概括总结,又是对学生用豁达从容的心态面对人生风雨坎坷的美好祝愿,最后宣告会话结束。例 94 中结尾框架呈现为"总结—拓展—宣告结束"式收场式。

例 95 《唱响自信之歌》一课的课堂教学实录片段

教师:这节课啊,主要就这一个大问题,我们应该怎样来树立和增强自己的信心,几点?

学生:三点。

教师:哪三点?

学生:看到进步与长处,增强信心与实力,做自信的中国人。

教师:嗯,一共三点啊,第一个就是看到进步和长处,你要知道你和过去相比你的进步;还有呢,就是你的长处,要发现你的长处,对自己充满信心,最后呢,光有自信是不可以的,还应该培养你的实力,让自己的实力越来越强;最后就是要把自己的信心和国家联系在一块儿,做一个为国争光,对国家充满信心的一个自豪的中国人,这个啊就是要注意的。好,这节课就上到这儿。

例 95 是《唱响自信之歌》一课结束话章中的最后一个话段,教师通过提问的方式与学生共同总结了本次告知会话的内容,尤其是最后教师的结束话轮,教师细致地总结了本节课的告知意向内容,并对学生提出希望、要求,最后宣后告知会话结束。例 95 中结尾框架呈现为"总结—拓展—宣告结束"式收场式。

例 96 《行进间单手上篮》一课的课堂教学实录

教师:我们这堂课学习的主要内容是行进间单手、低手投篮,记住这个名字啊,它的名字叫作单手、低手投篮,那么,每个同学都应该有所掌握,不管是男生、女生。在我的印象中,看到大家都有进步。然后讲讲刚才的篮球赛,总体不错,但是有一些同学篮球的技术、战术不行,咱们以后慢慢学习,更加深入了解篮球运动,掌握怎样打好篮球,现在有的同学技术已经非常高了,不管怎样,我们可以和身边的榜样学习,跟同学一起玩儿,还有和老师的学习。给大家留个任务、作业啊,下节课回家上网或查书,篮球的快攻战术有哪几种?名词啊,快攻战术有哪几种?下堂课我问大家。好了,下课。同学们再见!

　　例96中教师对本节课的告知主题进行了总结和强调,之后又对告知过程中的一个重要环节——篮球赛进行了评点,其后,教师布置了作业,这一作业同时也预示着下节课的学习内容和告知话题,最后,教师宣告告知会话结束。例96中结尾框架呈现为"总结总话题—总结分话题—拓展—宣告结束"式收场式。

　　通过以上各例,可以发现,"总结—拓展—宣告结束"式收场式是教学语篇结尾话章框架的典型模式,具体地说,在总结步骤中教师或自我陈述,或与学生问答互动,或全面详细或简洁精练对与告知交际意图相关联的总话题或分话题进行总结、强调;在拓展步骤中,教师或布置作业,或进行升华、或提出某种要求、祝愿,以实现对告知意向内容的拓展。在宣告结束步骤,教师通常选用最为干脆简洁的语句直接宣告告知会话结束,有时会顺带预告下节课的学习内容和会话话题。

　　本文所概括的三步骤收场模式是教学语篇结尾话章的典型结构模式,但在现实的课堂告知会话中,必然存在着各种形式的变体,如"总结—宣告结束"模式,甚至没有总结,直接以"宣告结束"模式收场等,但无论如何,在教学语篇的结束话章中,教师的结尾话轮一定以宣告告知会话结束而收场,这样程式化的收场模式,最终达成了教学语篇的完整构建。

教学语篇完整鲜明的三话章结构模式和多维一体互动有序的会话特征，形成了教学语篇层次分明且完整的话语结构模式，其具体体现为两个方面：如上所讨论的程式化的结构状貌和如下即将讨论的话语形式上的衔接连贯。

第二节 对话形式

从话语角度看，交际的基本单位可以理解为对话，一个语篇就是由若干对话所构成。不过，直观看语篇，有的对话是显性的，有的对话是隐含的，即对话的一方隐含在另一方的认知中，并不表现在话语形式层面，即一般所说的独白。从这个角度分析课堂告知话语，有助于发现并概括交际主体——教师和学生的课堂言语表现，课堂告知言语行为的话语由教师的独白和教师/学生的对话构成。

一 独白形式

与日常会话及其他领域的机构会话相比，课堂教学中的师生对话具有特殊性。教学中的师生对话包括显性和隐性两种形式，隐性对话形式表现为教师的独白，虽不像显性对话形式有明显而直接的师生交互对话，但教师独白语中同样隐含着师生的交流和互动，同样具有互动对话的功能，只是表现得更加隐性而含蓄。教师独白语中的对话手段主要有两种方式：提问和指令。

1. 提问对话方式

教师的独白语在形式上表现为教师讲学生听，但这并不等同于教师的自言自语。教师的独白语中隐含着师生双方的交流与呼应，只是这种交流与呼应相对隐蔽而含蓄。在本文收集的115篇中学课堂教学实录中，通篇采用教师独白形式的仅有2篇，占总数的1.7%。

经过对实录的整理和分析可以发现，教师的独白形式多出现在启始话章和结尾话章中，尤其多用于概念性知识的陈述和总结环节。在教师的独白语中，最常用的师生交互方式是提问，具体表现为教师问教师答，即教师面向学生提问，但并不要求学生作答，而是教师自问自答。在话语形式层面，教师通常使用疑问句式发起提问，用陈述句式讲授解析，用话语重复的方式强调修补。

例97 所以，新合成的 DNA 分子当中有一条是旧链，有一条是新链，就把这个方式叫作半保留，大家可以看这个，这就是半保留复制，所以第一个我们要知道 DNA 复制的方式叫半保留复制。那么，这个半保留复制我们之所以能在这边我们确定，得有一定的研究方式，就是通过一系列实验手段，那么怎么来证明呢？大家再来看一下半保留复制所具有的特点，第一个如果侵外的 DNA 它的两条链是红色的，那么接下来如果我要让它进行复制，复制一次的时候它会形成两个 DNA，而因为半保留复制，它的其中另一条链应该是跟原来的母链在颜色上不一样，那如果要再让它复制时，它会使 DNA 的数量不断地增加，而且增加之后呢，因为第二次复制时这两条链都是模板链，所以最终诞生的这四个 DNA 只有两个是含有原来母链的，剩下其他的两个都是黑色的，这就是半保留复制。但是，咱们说，这只是个推测，根据沃森和克里克的推测，我们可以推测，经过两次是这样，经过三次时可以得到八个 DNA，而八个 DNA 中含有母链的 DNA 只有两个，其他都是新形成的子链，在这里不断地做模板，不断地产生新的 DNA，但到底是不是这样呢？我们在这里边就有一个非常重要的证据，这个证据是通过实验的手段把它推出来的。在实验过程中我们用到一个方法，叫作同位素示踪法，那么，在我们这里边用到的是哪一个同位素呢？注意看啊，我们在研究 DNA 复制时，想到的是代数作为交际元素，交际元素怎么让它们有交集呢？我们来结合 53 页有一个图 3-12，看这个图 3-12 啊，在这里边第一要问大家的是大肠杆菌首先是放在什么培养器当中培养的？那么就是看书，你可以结合图 3-12，然后第二，在这里边然后转移到什么培养器当中进行培养？所以大家结合这个图 3-12 可以看到，第一个当我把大肠杆菌放到含氮培养液当中培养到一定次数后，可以得到指示为氮 15 的 DNA，得到氮 15 的 DNA，而且大家可以看到得到 DNA，我们把这个 DNA 进行了离心，大家可以看第一个试管，进行了离心，离心之后呢，这个氮 15 的 DNA 的位置将在试管的最上头，所以在这个方法当中，这个操作的过程需要注意的就是离心。那么，我们得到含氮 15 的 DNA 之后，接下来，我们看到是把这个 DNA 放到什么样的培养器当中呢？含氮 14 的培养器，经过一次测验之后，如它是半保留复制，那么，我们得到的两个 DNA，一条链在 15，一条链在 14。那么接下来呢，大家也看到了，要对它不断地进行离心，第二次离心的时候，如果它是半保留复制，那么因为一条链在 14，一条链在 15，那这样的 DNA 子链比只是含氮 15 的 DNA 轻，所以说它的位置要向上移，而且看到的情况是，在第二个试管当中只看到一个 DNA 的链，但如果它要是全保留的话，那是什么情况呢？如果要是全保留的话，应该看到的是两个情况：一个是含氮 15 的，另一个是只含氮 14 的，一次离心之后，我们在试管中会看到两个位置，但是现在只有一个位置，那实际上是它确实是按照我们说的半保留复制原则来进行的，那么在这里边第一个、第二个、第三个，也就是又进行一次分裂，分裂后我们会得到这样两个不同的氮，第一个只是氮 15，所以 DNA 位置在下边，如果是半保留复制的话，一条链是氮 14，一条链是氮 15，所以这样的 DNA 只压在中间，所以它的位置向上移动。如果它接下来再复制一次的话，就会得两种 DNA，一种是氮 15 的氮 14 的 DNA，还有一种情况只是氮 14 的 DNA，这就是按照半保留复制的原则得到的。(《DNA 复制》)①

    例 97 是教师告知学生半保留复制的原则及特点的一个话段，该话

---

① 为区分清楚，案例中提问语句加黑色底纹背景，指令语句加下划线。

段完全采用教师独白的形式。教师通过疑问句式面向学生提问共计 8 次（见例中加底纹背景的语句），每次都是教师自问自答，即教师提出问题后，并不要求学生作答，而是由教师直接做出回答，教师通过提问的方式引领思维、增强互动。通过例 97 的分析可知，教师的独白形式只是在话语形式层面的表现，其内在的实质是师生间的沟通与呼应，提问有效地实现了师生间的交互和对话。

2. 指令对话方式

在教师的独白语中通常带有指令性话语，或提醒学生关注焦点信息，或要求学生实施某种行为，教师通过发出指令组织学生的行为活动，增强学生的参与感，指令对话方式是教师独白语中另一常用且有效的师生交互方式。在上例 97 中，教师的独白语中共有 7 次指令性话语："大家可以看这个""注意看啊""我们要知道 DNA 复制的方式叫半保留复制""大家再来看一下半保留复制所具有的特点""我们来结合 53 页有一个 3-12，看这个图 3-12 啊""就是看书，你可以结合 3-12""大家可以看第一个试管"。7 次都是教师通过陈述或祈使句式向学生发出提醒或要求，使学生有效地配合教师完成相关互动。在话语形式层面的教师独白其实质是以隐性状态存在的师生间的沟通与呼应，指令对话方式实现了师生间的互动对话。

例 98 在新中国成立初期，这个初期指 1949—1956 年，这个时期我们把它称为过渡时期，注意听。1949 年新中国成立的时候，我们取得了新民主主义革命的胜利，我们进入的是新民主主义社会，什么时候我们正式进入社会主义初级阶段呢？到 1956 年底三大改造完成的时候。然后，问以毛泽东为代表的共产党员是如何建立新世界的？接下来回答第一个问题。新中国成立时国民经济状况如何？为什么？来，看书 50 页，状况。来，看社会主义建设起步，过渡时期嘛，1949—1956 年，看新中国成立初期经济状况如何啊，看第一自然段，结论这么记啊：状况是新中国成立前期，然后看最后一句话，国民经济全面崩溃，你说落不落后不足以形容国民经济全面崩溃，崩溃能理解吧？山崩地裂的一种感情。那么，是什么原因，书上写得很详细。原因：第一个，帝国主义长期掠夺，国民政府肆意搜刮，加上多年战争的破坏，看到没有？形势是新中国成立前期全面崩溃，三个原因不用抄，书上现成的，你只要标明白就可以。那么，共产党做出了怎样的回答？大家看，第一自然段写的是严峻的经济形势，要记住！新中国成立前夕国民经济全面崩溃，原因是帝国主义长期掠夺，可以追溯到什么时候？这个长期自鸦片战争以来一百多年的掠夺，然后国民政府大肆搜刮，尤其是在蒋介石意识到自己已经不行了，要退台的时候，能拿走的都拿走了，能运走的都运走了，国库肯定是洗劫一空了，是不是？然后就是长期战争的破坏，内战之前是八年抗战，八年抗战之前是十年内战，十年国共对峙之前是国民大革命，1924—1927年怎么啦？北伐战争。那么，这个全面战争的表现，结合材料，这个课件上没有，在哪呢？看书上第二自然段，新中国成立前期国民经济全面崩溃，这是个结论，原因三个都记完了。（《生产力和生产关系》）

例98是教师告知学生新中国成立初期国民经济全面崩溃的现实状况及原因的一个话段，完全采用了教师独白的形式。其中，指令性话语共出现11次，在话语形式层面，"注意听"是提醒学生认真听课，调整听课状态；"看书50页，状况""看社会主义建设起步""看新中国成立初期经济状况如何啊""看第一自然段""然后看最后一句话""第一自然段写的是严峻的经济形势，要记住""看书上第二自然段"是提示学生关注焦点信息；"结论这么记啊""你只要标明白就可以"是向学生提出建议或要求；"大家看"与以上各句不同，在这里其作为指令语用来组织学生行为活动的功能虚化，主要发挥语篇组织衔接的功能。通过例98的分析可知，教师指令性话语的具体功能各不相同，但作为师生特有的交互方式，是课堂告知话语尤其是教师独白语中师生沟通与呼应的有效手段，是隐性的师生对话形式。

二 教师/学生对话形式

课堂教学中的对话关系有显性隐性之分,从理论上来说,显性方式表现为教师/学生对话和学生/学生对话两种形式,但根据语料可以发现,现实的中学课堂教学言语交际中对话主要表现为教师/学生对话形式,学生/学生对话形式数量极少,且主要表现为小组讨论的形式。在录制时,因各小组同时展开讨论,无法一一进行跟踪录音,在实录转写过程中此部分内容只好略去。

教师/学生对话包括教师/学生群体对话、教师/个别学生对话、教师/个别学生/学生群体对话三种形式,并且均呈现出多维一体、互动有序的特点,即教师掌控话语权及话轮支配的权力,在教师的主导下师生之间多维有序地交接转换话轮,和谐地进行互动交流。

1. 教师/学生群体对话

例99《大气压强》一课的课堂教学实录

教师:我们生活在地球上,那么地球周围有一层厚厚的空气,这层厚厚的空气被称为?

学生:大气!

教师:越往高空空气越?

学生:稀薄!

教师:到达一定高度的时候没有空气就是真空,我们生活在大气层的最底端,就好比假如说现在突然地震了,我们都到海里去了,我们周围全是……

学生:水!

教师:我们全被水包着,那么现在我们生活在地球上,我们以及你周围的物体所有的东西都被空气包围着……刚才我们说了,液体产生压强的原因是液体受到?

学生:重力!

教师：那么空气在地球的周围，而不脱离开地球，这说明地球对空气有着吸引，那么它受不受重力？

学生：受！

教师：正是由于受到重力作用，所以它不能脱离开地球而逃到别的地方，所以空气受到重力，那么它能不能像液体那样由于受到重力而产生压强呢？下面我们做个试验：这是个瓶子，我如果对它施加压强的时候它会？

学生：形变。

教师：我对它不施加压强的时候，它恢复？

学生：原状！

教师：现在这里面呢什么也没有，空的么？什么也没有，我说的对不对？

学生（争相发表意见）：对/不对，有空气！

教师：下面呢，我往这里头倒水，热水，倒热水就给空气加热了，空气变热了就热胀？

学生：冷缩！

（倒水的声音……）

教师：现在我把热水倒掉，有没有变化呢？

学生：变了，变热了，变扁了！

教师：变扁了，什么使它变扁的？

学生（抢答）：大气压！

教师：它周围有什么？

学生：空气！

教师：这说明空气对它有一个压强，使它变？

学生：扁！

教师：那这个现象说明，空气能不能产生压强？

学生：能。

教师：其实不单对它能产生压强，刚才我说了，这个瓶子周围被空气包围着，你、我还有屋里所有东西都被空气包围着，那么，所有的东西都受到空气压强的作用，一句话，现在，空气中的物体受到空气的压强，我们把这个压强叫作大气压强。(《大气压强》)

例99是教师告知学生大气压强定义、引导学生初步感知大气压强的一个话段，该话段从教师引发语开始到师生对话结束共含29个话轮。其中，1、3、5、7、9、11、13、15、17、19、21、23、25、27、29是教师话轮，2、4、6、8、10、12、14、16、18、20、22、24、26、28是学生话轮，整个会话过程都是教师与学生群体的互动。教师开启话题并通过提问引发话轮，学生承接话轮接应回答，教师再次通过提问引发话轮，如此往返循环使话题得以推进，最后教师的结束话轮对整个告知话段的焦点信息即"什么是大气压强"进行总结强调，告知言语交际行为顺利完成。这一告知话段整体上采用了教师/学生群体对话形式，其会话结构模式可以描述为 $I_1R_1[(I_2R_2(I_NR_N))]F$ 结构①，整个会话过程在教师的掌控下通过话轮有序的交接转换使话题得以推进，并最终圆满完成。

2. 教师/个别学生对话

例100《原电池的原理及应用》一课的课堂教学实录

教师：第一个实验要求是将锌片单独插入到稀硫酸中，取出一个小玻璃杯，然后往里面倒入一定量的稀硫酸（老师演示），倒完添加试剂之后，应该将试剂瓶及时放回原处。我把一个锌板放入到稀硫酸当中，大家共同观察，然后呢，我找一个同学到前面来说出相关的实验现象，大家做好实验结果。（老师把锌板插入稀硫酸中）实验现象应该是比较明显了，1号实验组的同学，你看到了什么样的实

---

① Sinclair&Coulthard（1975）提出了课堂话语语篇 IRF（Initiation，Response，Follow-up）模式，"I"表示教师提问，"R"表示学生回答，"F"表示教师对学生回答的反馈或评价。1、2、N表示循环的次数。

验现象？

学生1：可以看到锌片表面有很多气泡。

教师：产生了大量气泡，是吧？

学生1：是。

教师：好了，请回！大家把相应的实验现象记录在实验报告单上。（老师从稀硫酸中取出锌板）第二个实验就是将铜片也插入到稀硫酸当中，看一看有什么样的现象发生。2号实验组的同学。

学生2：铜片表面无明显现象。

教师：没有明显现象，是吧？

学生2：嗯。

教师：好的，请回！现在呢，大家看一看大屏幕的第三个实验装置，将锌片和铜片共同插入到稀硫酸当中，和实验一、实验二一样，观察铜片和锌片表面有没有气泡产生。3号实验组同学。

学生3：锌表面有气泡产生，铜表面没有明显现象。

教师：铜表面没有明显现象，是吧？

学生3：对。

教师：好，请回！

例100 教师通过三个实验引导学生观察、思考原电池的工作原理，这一话段由教师与三位学生的问答对话组成，依次是教师与学生1交流互动的5个话轮，教师与学生2交流互动的5个话轮，教师与学生3交流互动的5个话轮，其中，话轮5、话轮9既是上一话组的结束话轮，又是下一话组的开始话轮。与例99不同，例100教师与三位学生互动对话的过程中都增加了一个反馈话轮，即每次互动都是由教师的引发语开启话轮，学生承接话轮回答接应，教师反馈话轮要求学生确认答案，学生回应话轮确认答案，教师结束话轮并开启新的话题，通过提问的方式与下一位学生进行互动交流，如此交替反复直至最终完成。该话段总体上采用了教师/个别学生对话形式，其会话结构可以描

述为 $IR_1F_1/R_2F_2/R_NF_N$ 结构①，整个会话过程在教师的主导下多维一体、交接有序、分布均衡。值得注意的是，不同于日常会话及其他领域的机构会话，在中学课堂告知会话中，教师与个别学生的互动实质上隐含着教师与学生群体的互动，在例 100 中，在学生回答教师的提问后，话轮 3、7、11 教师通过是非问句要求学生确认答案，形式上这是教师与个别学生的互动，事实上也是教师了解学生群体的听课状态，在教师与个别学生的互动对话中实则隐含着教师与学生群体的沟通与呼应。

3. 教师/个别学生/学生群体对话形式

例 101 《我的叔叔于勒》一课的课堂教学实录片段

教师：大家读得都是饱满深情的，说明你们对于勒都充满深情。你们很爱他，是不是？什么情况下让你发出这种对于勒叔叔的这种爱呢？来，你说。

学生 1：因为此时叔叔很落魄。

教师：于勒叔叔落魄了，是吧？来，谁再来说说？

学生 2：反映了我对叔叔的同情和对我父母冷漠的不满。

教师：反映了我对叔叔的同情和对我父母冷漠的不满，还有没有？"你"爱你叔叔吗？"你"是谁呀？

学生：洛瑟夫。

教师："你"爱你的叔叔于勒吗？

学生：爱。

教师：爱？爱吗？"你"真的能爱他吗？

学生：不能。

教师：为什么"你"爱他去又不能爱他呢？

---

① 不同于 I_1R_1〔$(I_2R_2(I_NR_N))$〕F 模式，$IR_1F_1/R_2F_2/R_NF_N$ 模式在学生回答问题后，教师都会进行反馈，同时提问下一发言人，而 I_1R_1〔$(I_2R_2(I_NR_N))$〕F 模式中，教师只在最后做出反馈、评价。

学生：（停顿）

教师：谁想好了？其实你想想，我觉得现在大家不需要低头看书了，还有对课文不熟悉的吗？我刚才问的问题不清楚吗？为什么"你"爱他去又不能爱他呢？这是为什么呢？举手说。

学生3：因为父母对叔叔都很无情。

教师：好。你来说。

学生4：因为我的父母不允许我去爱。

教师：为啥不允许呢？

学生4：因为我叔叔落魄，我父母怕他回来。

教师：他落魄父母就怕他回来，是这个原因吗？××你说。

学生5：因为叔叔糟蹋钱，而且二女儿要结婚了，他的女婿认为叔叔是一个很有钱的人。

教师：他的父亲很虚伪是吧？嗯，好。其实大家说他的父母很虚荣，不亲近他，因为什么呢？因为他的叔叔曾经是个流氓，所以他的父母为了虚荣抛弃了亲情，对吧？尽管"我"很爱他，但"我"也不能公开的去爱他，这是我们在读课文时体会到的，我们感受到的是当时那个社会的人与人的关系，对不对？金钱至上……

例101是教师告知学生当时资本主义社会人与人之间金钱至上关系属性的一个话段，这一话段既包括教师与5位学生的互动对话，又包括教师与学生群体的互动对话，从教师引发语开始到师生对话结束共含21个话轮，依次是教师与学生1交流互动的3个话轮，教师与学生2交流互动的3个话轮，教师与群体交流互动的9个话轮，教师与学生3交流互动的3个话轮，教师与学生4交流互动的5个话轮，教师与学生5交流互动的3个话轮。无论教师与个别学生的互动，或是教师与学生群体的互动，都是由教师开启话轮，并以提问的方式将话轮转交至学生，学生承接话轮接应回答，教师对学生的回答话轮做出反馈，同时再次以提问的方式将话轮转交给下一发言人。在话轮交接转换的过程中，教师与5位学生的互动对话均采用了既指定发言人又指定话题内容的转换方式，教师与学生群体的互动对话采用了指定话题内容的方式。也就是说，在中学课堂告知会话中，或指定话题内容，或既指定话题内容又指定下一发言人，绝不会出现既不指定下一发言人，也不指定下一步会话活动，完全由学生自选的话轮交接转换行为，这与自然会话中多由会话人自行选择来完成话轮转换的方式及轮流说话、争取话轮机会均等的机制有所不同。当教师转让话轮后，没有学生接应话轮时，教师必须承接话轮成为下一发言人，如话轮11—13，当教师引发话轮11后，学生的接应话轮12呈沉默状态，因此，教师承接话轮，通过诱发反应话轮13对问题进行重复、解释，对学生进行鼓励、引导并再次引发话轮。在自然会话中，如果一方沉默，可能造成双方结束会话，或由另一方通过转换话题进的方式进行补救，课堂告知会话中教师追问的行为体现着教师对话轮分配及话题走向与进程的操控，这样的话轮转换方式和转换机制既是中学课堂告知会话的话轮转换规律，又是课堂告知会话不同于日常会话及其他领域机构会话的具体表现。

三 综合形式

综合形式即教师独白与教师/学生对话综合使用的对话形式，在本文收集的课堂教学实录中采用综合形式的共有113篇，占总数的98.3%。可见，教学语篇的典型对话形式是教师独白与教师/学生对话相结合的综合形式。根据语料可以发现，师生互动对话的过程总体上表现为显性对话相反，在教师的反馈话轮常常以独白形式对学生的回答话轮进行修补、完善或总结、强调，显性对话形式中穿插着隐性对话形式，两种形式相互配合，共同实现话题的推进直至完结。

言语表达是线性的，在交流中会难以避免地出现偏误，在日常会话中，只要不影响言语理解与交流，主体双方通常不予追究不做修补，但在中学课堂告知会话中，教师与其他学生会对偏误实施修补，尤其是教师，对修补学生回答话轮中的偏误具有深深的责任感。即使无须修补，教师的反馈话轮也常常会对学生的回答话轮或整个告知话段进行总结、强调、引发、升华，在话语形式层面表现为教师独白与教师/学生对话的综合形式。

例102《雪》一课的课堂教学实录片段

教师：我们来检查一下预习，鲁迅，我们开学学过有关鲁迅的介绍，对不对？现在老师来提问，×××你向大家介绍一下鲁迅。

学生1：鲁迅，1881—1936年，原名周树人，字豫才，浙江绍兴人，出生在落没封建家庭，我国现代伟大的文学家、革命家、思想家，代表作品有《呐喊》《彷徨》《故事新编》等。

教师：好，请坐。还有没有同学补充其他的？×××

学生2：《从百草园到三味书屋》。

教师：还有吗？

学生3：《社戏》《藤野先生》。

教师：还有？

学生4：《风筝》

教师：×××（学生1）有一个错误，老师以前跟大家讲过，我们在叙述一个人的身份的时候，鲁迅他首先是一个什么？文学家，他写了一定的作品，他形成了一定的思想，他由文学家变成了思想家，而我们在介绍每一个人物的时候是不是都不一样？因为他的这种思想跟革命有关，所以最后鲁迅成了一个革命家，这个顺序是不可以错误的。

例102中共含有教师与四位学生互动对话的9个话轮，其中，教师的结束话轮9对四位学生的回答话轮进行了反馈，学生2、学生3、学生4的回答话轮无须修正，因此，教师未做修补，未做修补不等于未做反馈，这样的方式实则是一种肯定反馈。教师对学生1的回答话轮进行了修补与完善，以独白的形式对介绍作家身份的顺序进行了讲解、强调。在话语形式层面，教师/学生对话形式与教师独白形式相结合，既增强了学生的参与感，又提升了告知效率。

例103《晨昏线判读》一课的课堂教学实录片段

教师：好了，现在咱们看太阳转起来，太阳直射赤道，太阳直射赤道什么日啊？

学生：春秋分日。

教师：春秋分日，这个是什么呢？

学生：冬至日。

教师：冬至日。告诉我这是什么线？

学生：晨线。

教师：晨线。你看晨线所处的位置不同可以判定它大体的时间和节气，这个时候夏至日我们可以让它随便站着，那么现在根据图形大概告诉我，回归线南北移动接近冬至，你看这个时候它才是冬至呢，再回来点儿，咱们同学注意啊，这是根据晨昏线我们来断定节气的最基本的一个知识点。接下来呢，我们做四个练习题。

例103中共含教师与学生互动对话的7个话轮，其中，话轮1—6，由教师的引发语开始到学生回答问题结束，共形成3组相邻对，在话语形式层面总体上表现为教师/学生对话形式。教师的结束话轮7首先以重复的方式对学生的回答话轮6进行了肯定反馈，然后以独白的形式对整个告知话段的焦点信息"根据晨昏线断定节气"进行了总结、强调。教师/学生对话形式与教师独白形式的综合使用，使告知会话有序开展、顺利推进。

通过例102、例103可见，课堂告知会话总体上表现为教师/学生对话形式，在教师的反馈话轮，且通常是结束话轮常常采用独白形式对学生的回答话轮进行反馈、修补、完善，对整个告知话段或焦点信息进行总结、强调、引发。教师/学生对话与教师独白形式的灵活使用既是教师掌控话语权的具体表现，又是教师推进话题实现告知意图的有效方式。

第三节　话题引入形式

话题是话语中的核心部分，在课堂告知言语交际中，话题即是告知的事项，无论总话题的导入，还是不同层级的分话题、子话题的引入总是由教师来主导完成的。在话语形式层面，通常以程式化的引入标记或固定句式作为标识或提示。

一　直接引入

直接引入即没有铺垫与过渡，开门见山直接引入话题的形式，多用于话题开启阶段。在话语形式层面，通常以话题开启标记语或祈使句作为标记提示。

例104 同学们好，请坐。今天我跟大家共同探讨一下古诗词鉴赏这个话题。(《古诗词鉴赏》)

例104 在教师的话语形式层面，"今天"既是环节开启提示，又是话题引入标记，标示其后的内容"古诗词鉴赏"是即将开启的教学环节的话题。

例105 看第五课第二个问题，人民代表大会制度。(《人民代表大会制度》)

例105 在教师的告知话语中，"看第五课第二个问题"是一个祈使句式，表示教师的指令，具有组织学生关注告知信息的功能，学生会依据教师的指令做出相应的反应，即围绕教师引入的话题进入接收告知信息的状态。

例106 来吧，看咱们这一节的第二个实验，噬菌体侵染细菌实验。(《噬菌体侵染细菌实验》)

例106 在教师的告知话语中，"来吧"是话题开启标记，"看咱们这一节的第二个实验"是祈使句式,教师通过话题开启标记和祈使句并用的方式直接引入了"噬菌体侵染细菌实验"的告知话题。

二 链接引入

链接引入即通过链接音乐、视频、图片、事例等资源或利用师生双方所共有的背景知识引入话题的形式。在话语形式层面,通常有信息链接标记作为话题引入提示,其功能在于可以使话题引入更加自然,语义连贯,提升学生的接收意愿和参与热情。

例107 小鸟离人越来越近的时候,它离笼子越来越远。想起一首歌,不知道大家有没有听过。(播放《囚鸟》片段)我是被你囚禁的鸟,早已忘了天有多高,如果离开你给我的小小城堡,不知还有谁能依靠?"笼子"问题,我是被囚禁的鸟,这节课就来探讨一下笼子问题。(《珍珠鸟》)

例107 为使学生深入理解"笼子"的含义,教师设置了与学生讨论"笼子"的环节,在开启讨论环节前,教师通过歌曲《囚鸟》引入了讨论话题"笼子",并为即将开启的讨论环节做了充分的情感铺垫。在话语形式层面,"想起一首歌"自然巧妙地将音乐资源链接到教师的告知话语中,实现了话题引入的功能。

例108 我们之前讲过,亚洲分为六个地区,概括地说就是东亚、南亚、西亚、北亚、东南亚和中亚,对不对?那我们今天学习的印度属于六个地区中的哪一个?属于南亚,30页,看阅读材料,标题是南亚大国印度。(《南亚大国印度》)

例108 在教师的告知话语中,"我们之前讲过"标示其后的内容是以往学过的知识,通过回顾以往所学的关于亚洲版图的知识,利用前后知识的相关性,自然引出了南亚大国印度的相关话题。

例109 我国著名文艺理论家刘潜东说过,操千曲而后晓声,观千剑而后识器,意思是说,练习过很多音乐之后才会懂得很多乐曲,观察过很多柄剑之后才知道如何识别兵器，我们的写作也是这样，读书要破万卷，下笔才能有神……（《写作——让一缕诗情伴你文采飞扬》）

例109 教师借用著名文艺理论家刘潜东的名言"操千曲而后晓声，观千剑而后识器"自然过渡到"写作能力提升的根本方法"这一话题，正所谓"读书破万卷，下笔如有神"。在话语形式层面，"我国著名文艺理论家刘潜东说过"作为信息链接标记语，借用刘潜东先生的名言将写作能力提升方法的话题自然引入教师的告知话语中，发挥了信息链接和话题引入的作用。

三 转换引入

转换引入即终止当前话题，通过话题转换引入新话题的形式。在话语形式层面，转换引入通常带有话题转换标记作为提示，如"下面""那么""接下来"，等等。

例110 在航行的时候，我们知道大船航行得快，说明流速小压强大；小船流速小压强大，这个时候就容易压下去。比如说，咱们国家有个航行护卫线，他们在航行的时候是呈一条线的，如果要想并排也得有距离，原因就是这个，否则就容易被卷进去。这样的话，在液体当中，流速与压强的关系也存在。下面，我们来看一下这节课主要学习的内容：第一，学习了流体的概念；第二，学习了流速与压强之间的关系；第三，我们找到了飞机获得升力的原因。下面，咱们来看练习。

例110 教师的告知话语共包含三个环节：一是利用流速与压强的关系原理告知学生在航行中小船容易被大船压下去的原因；二是总结本节课的学习内容，三是组织学生做练习。在话语形式层面，"下面"共出现两次，第一次完成了第一环节与第二环节的衔接与推进，使话题由知识讲解转入回顾总结；第二次完成了第二环节与第三环节间的衔接与推进，使话题由回顾总结转换为做练习。两次"下面"既是环节推进标识，又是话题转换提示，具有终止上一话题、引入新话题的功能。

例111 咱们首先来了解一下劳动。什么是劳动呢？劳动是劳动者的脑力和体力的支出，是物质财富和精神财富的创造活动。那么，在学校里面，你们是不是劳动者？是什么劳动者？如果说你们能创造财富的话，比如说写一篇优美的作文，大家在报纸上报刊上发表，这是我们讲的劳动。那么，我们再来看看劳动的意义。(《新时代的劳动者》)

例111中教师要告知学生《新时代的劳动者》一课的相关知识，在具体告知的过程中，教师对"新时代的劳动者"这一总话题进行了分解，"什么是劳动""劳动的意义"等均是总话题所拆分出的下位分支话题。在话语形式层面，第一个"那么"既实现了"什么是劳动"这一分话题内上下环节的衔接与推进，又使"在学校里如何理解劳动者"这一话题自然引入。第二个"那么"标示着"什么是劳动"这一分话题的终止和"劳动的意义"这一分话题的开启，通过话题转换的方式自然引入新的话题，在这里，"那么"发挥着话语进程提示和话题转换标记的双重功能。

第四节　话语进程形式

客体世界的信息相互交织、多维复杂，但语言符号是一维的线性排列，因此，在传递信息的过程中，作为告知者的教师必须对信息进行线性化加工处理。对信息进行线性化加工处理可以遵守自然常规顺序，如因果顺序、时间顺序等，当信息组织顺序与自然常规顺序一致时，贮存在人的长时记忆中的认知心理图式可以对信息做出推理解释，自然地实现语篇的衔接连贯。但在现实的课堂告知会话中，教师为丰富话语的信息量或实现某种特定的交际目的常常会打破常规，通过一定的连接标记成分组织编插信息。话语进程标记语就是教师对告知信息进行线性化处理的有效手段之一，其功能主要是标记话语行为和语篇结构，使话语进程更加清晰完整。

言语行为是一个过程，表现在话语形式上就是话语进程。中学教师课堂教学言语行为是有计划的行为，在教师实施告知言语行为前就有明确的话语目标，教师在备课阶段会对话语目标的实现进行细致规划，对宏观的告知事项即总话题进行分解，整个告知语篇由若干个环环相扣的话段①或话组②构成，每一环节负责完成特定的分话题和话语目标，这种计划性在话语形式层面表现为有明确的话语进程标记提示。例如，教师在开始上课前的问好和下课前的告别，"同学好，请坐""好，上课""好，今天的课就上到这儿""好了，下课"等，教师通常使用这类程式化的话语宣告课堂告知言语交际的开始和结束。在具体的告知过程中，无论是宏观上围绕总话题的整个告知语篇，或是围绕某一分话题、子话题的告知话段或话组，在教师的话语形式层面都有明确的话语进程提示标记，如话题的开启、推进、结束标记，话语进程标记对于师生双方的话语表达与理解具有重要的提示作用。

一　话题排序标记

在教师的告知话语中，通常使用话题排序标记使话语结构更加清晰，最常见的排序标记是序数序位成分。

例112 本节课主要学习基因蛋白质的合成过程，主要分为两步：一是遗传信息的转录，二是遗传信息的翻译，我们先来看一下遗传信息的转录过程……（《基因指导蛋白质的合成》）

例112 中教师在上课之初首先告知学生本节课的学习内容及学习

---

① 本文将教学语篇的话语结构单位划分为五级，依次是话篇、话章、话段、话组、话轮。话段是指完成与告知交际意图相关的分支话题的话语段落，是介于话章和话组之间的单位。

② 话组是介于话段或话轮之间的结构单位，是互动对话中引发与接应前后对应的一组话轮，大致相当于话语分析中的"相邻对"，或伯明翰学派五级结构模式中的"回合"。

步骤,"基因蛋白质的合成过程"是总话题,"遗传信息的转录"和"遗传信息的翻译"是对告知事项的补充说明,是总话题的两个下位分话题。在话语形式层面,"一""二"是典型的序数标记,序数标记语的使用使告知话语结构更加清晰,便于学生根据话语进程提示标记更好地接收和理解告知信息。

例113 在一到三部分布置大家两个问题:第一个是老舍怎样写的对北平的爱,一至三部分怎样来写的。第二个问题是第三段中老舍一共说了四次对北平的爱,想说却又说不出来,为什么这样写?第一个是怎么来写的?第二个为什么这样写?带着这两个问题来重新学一下。(《想北平》)

例113是解读课文《想北平》一至三段的一个告知话段,教师的告知信息有两个:一是老舍如何来写对北平的爱;二是老舍对北平的爱四次想说却说不出来,为什么这样来写。在话语形式层面,"第一个""第二个"是典型的序位标记,教师通过序位标记语帮助学生了解话语进程,把握关键信息。

在教师的课堂告知话语中,除序数序位成分外,标识时间、位置的成分也是常见的话题排序标记。

例114 好,例1让我们判断直线和圆的位置,已知直线和圆的方程,如果相交,求出交点的坐标。那我们先看一下解法一是怎么做的……再看看方法二是怎么做的……(《直线和圆的位置关系》)

例114 教师要告知学生已知直线和圆的方程判断直线和圆的位置关系的两种方法,在话语形式层面,"先""再"是话题时间排序标记,教师通过话题时间排序标记语使告知话语进程更加清晰,结构更加完整,对师生双方的话语表达和理解具有提示作用。

例115 这里面我们讲劳动的意义,首先我们要知道劳动者角色的意义,劳动者是有意义的,是吧?其次就是呢,我们讲人是一个社会人,应该回归社会的意义……(《新时代的劳动者》)

例115 我们用来证明论点的材料就是我们的论据，对吧？论据要怎样？论据首先一定要丰富，我们说，你的论据不丰富的话很难支撑起你的论点，对吧？除了丰富以外，这里我们还应该注意什么？其次要强调的是？新鲜。(《议论文的写作》)

例114、例115在教师的告知话语中，"首先""其次"并不为区分后续话语的主次轻重关系，在这里其表示命题信息重要性的意义和功能相对弱化，更多的是作为话题排序标记，发挥程序意义和语篇功能。这一点在下面的例子中表现得更为明显。

例116 通过这一段时间的介绍啊，首先我们要掌握的，荀子战国末期赵国人，这是需要我们掌握的，然后他是先秦儒家的最后代表人物，继承的是孔子的学说，同时在继承孔子学说的前提下，扬弃其消极成分，并批判地吸收各学派的思想学说，成为先秦朴素唯物主义思想的代表人物。(《劝学》)

例117 好了，那么我们先来一起梳理一下《虽有嘉肴》这篇文章它的……我们梳理都有什么内容？首先是通假字，然后一词多义，词类活用，特殊句式……

例116、例117在教师的话语形式层面均选用了"首先"一词，接下来在与此相应的位置上选用了"然后"一词，这说明在以上两例中"首先"表示命题内容重要性的概念意义已经完全虚化，主要是作为话题排序标记，提示话语进程，发挥程序意义。

二 话题开启标记

教师在实施告知言语行为前首先要选择话语起点，或利用共知背景，或通过复习旧知、利用前后知识的肌理联系，或引入某种资源等，教师必须通过某种方式开启话题。在话语形式层面，通常带有明显的话题开启标记。根据语料可以发现，"来/来吧""首先""现在""咱们都知道""在上课之前""上节课……这节课……""大家看"等是中学教师常用的话题开启标记。

例118 上节课我们已经学习了水分跨膜运输的实例和细胞膜的结构以及功能,这节课我们接着学习物质跨膜运输的方式,来看看物质究竟是以怎样的方式进出细胞。(《物质跨膜运输的方式》)

例118 教师通过复习上节课的学习内容,利用新旧知识的内在联系,水到渠成地引入本节课的告知话题。在话语形式层面,"上节课""本节课"等词语使上下节课在内容上衔接紧密、过渡自然,具有开启话题的功能。

例119 我们在学习新课前要掌握背景和作者,常识和作家作品;第二个学前准备就是课文朗读。现在,同学们把学案拿出来……

例119 中教师首先对学习方法和学习思路进行了强调,然后正式进入教学环节。在话语形式层面,"现在"标示新的教学环节即将开始,具有标识并开启教学环节的功能。

例120 咱们都知道,在地球上咱们人生活在陆地上,而鱼生活在海洋里。其实,不太严格意义地说咱们也生活在海洋上。那咱们能生活在哪个海洋呢?生活在气体海洋。那么在气体海洋当中,咱们同学有没有想过这样两个问题:鸟儿是怎样借助空气来飞翔的,还有就是空气当中存在着什么奥秘呢?咱们带着这两个问题来学习第九章第四节《流体压强与流速之间的关系》。(《液体压强与流速之间的关系》)

例120 中教师利用师生双方的共识背景知识"人生活在陆地,鱼和生活在海洋",引发学生思考两个问题:"鸟儿怎样借助空气来飞翔""空气当中存在什么奥秘",从而开启了本节课的告知话题——"液体压强与流速之间的关系"。在教师的告知话语中,"咱们都知道"并不表示命题信息,而是标示其后的内容是主体双方的共识信息,为师生间的交流互动提供信息基础,既是信息链接标记,又具有开启话题的功能。

三　话题推进标记

为有效实现告知交际意图，推进告知进程，教师始终掌控着课堂告知会话主导权。在话语形式层面，"下面""接下来"等是现实课堂告知话语中最为常见的话题推进标记。话题推进标记语是中学教师标识、衔接、推进教学环节，组织话语结构，掌控话语进程的有效手段。

例121 在学习这节课之前呢，同学们先要搞清楚一个概念，就是流体概念，老师在前面已经让同学们预习了，学案上老师也已经写了，下面同学们来完成。什么是流体？通过预习谁能给老师说一下……下面我们还回到咱们刚才提出的，在空气中存在什么奥秘呢？下面我们通过几个实验来说明……

例121 在教师的告知话语中共出现三次"下面"，第一次和第三次都是作为环节标记提示，第二次是话题返回标记，三次"下面"使这一告知话段的各个环节紧密衔接，使告知进程始终沿着既定的方向推进。

例122 我们用实验去检验一下好不好？……我们能得出什么结论？很硬的玻璃瓶，当有力压的时候它确实发生了形变，这形变我们看一下是很大形变还是很小形变？很小。好，接下来我们接着做一个实验……

例122 教师通过实验对之前的告知信息进行验证、总结，达到预期效果后，教师开启新的教学环节以推进告知进程。在话语形式层面，"接下来"既标明上一环节的结束，又作为下一环节开启的标识，使上下环节衔接自然，顺利推进。例122中"接下来"一词实现的是话题内的衔接推进，即上下环节是围绕同一话题而展开的不同阶段，当前话题并未终止。此外，"接下来"还具有话题转换的作用，在下文中具体说明。

除以上典型的话语进程标记提示外，在教师的课堂告知话语中，一些连词也具有话语进程标记的功能，例如："那么"作为连词具有表示推论的意义,用于表示针对前面的某种情况、条件进行推论,后面是该情况或条件应有或可能出现的结果。从对语料的事实分析中可以发现,在教师的课堂告知话语中,"那么"除具有上述真值语义表达功能外,还常常发挥连缀语篇、衔接命题的作用,是教师标识、组织告知话语结构及进程的有效手段。在本文收集的 115 篇中学课堂教学实录中,仅有 8 篇未出现"那么"一词,其余的 107 篇均有不同频度的使用,共计 1955 次,平均每篇出现 17 次,单篇最高使用频次达 130 次,这足以说明"那么"一词在中学课堂告知话语中的常用性和典型性。

  例 123 我们接下来把这个角放在一个平面直角坐标系当中,既然与这个点的位置无关,1 那么就把它这个点放在一个特殊的位置,把这个点放在哪儿呢? 放在单位圆上,放在单位圆上。2 那么什么叫单位圆? 方才说过,什么叫单位圆? 以 1 为一个单位为半径,3 那么圆心在原点,这样的圆称为单位圆。4 那么首先我们在平面直角坐标系中作出一个这样的单位圆,5 那么我这个角我把它的顶点放在原点处,让它的始边落在 X 轴的非负半轴上,6 那么这是一个锐角,我们还在研究锐角,7 那么它的终边,锐角的终边是不一定落在第一象限? 锐角是第一象限角,8 那么这个边,终边与这个单位圆有个交点,我设为点 P。9 那么我这个点 P 我们就可以认为是角在终边上的一个点。既然它的三角函数值和点 P 的位置无关,10 那么我就让点 P 在单位圆上,11 那么它是角的终边和单位圆的交点,这样的话,好处是什么呢? 好处是 OP 的距离等于 1……

  例 123 是《任意角的三角函数》一课的一个告知话段,在该篇中,"那么"一词共出现 130 频次,在本话段中共出现 11 次,其中,第 1 次、第 8 次、第 9 次、第 10 次,表示针对前面的条件而做出后面的推断的意义,具有真值语义表达功能;第 2 次、第 7 次词汇意义虚化,主要用于表示命题的转换、衔接,具有语篇标识、组织的功能;第 3 次、第 4 次、第 5 次、第 6 次、第 11 次既不具有真值语义表达的功能又不具有命题衔接转换的功能,反而阻碍基本命题的流畅表达,是教师的口头禅,是冗余信息,应该去掉。关于"那么"的用法和功能不是本文讨论的重点,此处兹不赘述。

四 话题结束标记

无论是以 45 分钟为节点的整个告知语篇,或是围绕特定分支话题的某一告知话段,在教师的话语形式层面都带有鲜明的、程式化的话题结束标记。通过对课堂教学实录的分析和整理可以发现,"好/好了"是使用频率最高的话题结束标记语。"好/好了"是课堂教学语篇中的高频词,其功能主要分为两种:一是表示一种积极评价,作为互动标记,具有人际功能;二是作为话题结束/转折标记,具有语篇功能。当然,也存在不具有任何功能,只是个别教师口头禅的情况。本文主要讨论"好/好了"作为话题结束标记语的使用情况。

在教学语篇的结束话章[1],在教师宣告下课前通常使用"好/好了"作为话题结束和告知言语交际行为完结的标识。在 115 篇课堂教学实录中,有 102 篇在最后的结束话章中,教师的结束话论使用了"好/好了"一词,足见其常用性和典型性。

例 124 以上就是我们今天所讲的关于 70 年代的外交关系的突破的内容。好,我们讲到这里,下课。(《外交关系的突破》)

例 124 在话语形式层面,"以上就是我们今天所讲的关于 70 年代的外交关系的突破的内容"是对本节课告知话题的总结,"好"既是话题结束的标记又标示着讲授环节的结束、告知行为的完结。

例 125 好了,由于时间的关系我们这节课就到这儿了,下课!(《呼吸系统》)

例 125 在话语形式层面,"由于时间的关系我们这节课就到这儿

----

[1] 话章是话篇的组成部篇,是话篇的下一层级的结构单位,由话段构成。

了"说明告知话题尚未完结，下节课将围绕这一话题继续展开，在这里"好了"主要作为环节结束标记，标示着本节课告知行为的结束。

在围绕特定分话题而进行的告知话段中，"好/好了"既是当前环节结束的标识，又常常预示着新的环节的开始，兼具话语进程标记和语篇衔接的双重作用。

例126 我们刚才做的这个主要是复习运球的和护球的，再有一个是断球的，拿球的同学2/3都被断了，说明运球的能力差一点，断球能力还强一点。好，我们进入学习行进间的单手上篮。（《行进间的单手上篮》）

例126 教师通过游戏的方式复习以往讲授的知识和技巧，随后对这一活动进行了总结。在话语形式层面，"好"既是总结环节结束的标识，又预示着新的环节"学习行进间单手上篮"的开始，使教师的告知话语进程更加明确清晰，上下环节衔接更加紧密。

本章着重分析了教学语篇的结构、构建规律及具有突出特点的教学语篇构建形式，是对教师课堂告知话语结构的动态分析。课堂告知语篇具有递次有等的五级结构单位：话篇、话章、话段、话组、话轮，上一层级的结构单位由下一层级的结构单位组成。在框架结构上，具有内容与形式双层面上的两大特点：话题明确，话语内容具有强制性；框架完整，话语结构具有程式性。课堂告知语篇所呈现出的五级结构单位状貌，及其在宏观上构建框架所表现出的完整性与层级性，形成了课堂告知语篇独特而典型的构建规律。教学语篇对话形式包括教师独白形式、教师/学生对话形式和综合形式，教师独白形式是以隐性状态存在的师生对话形式，综合形式是教学语篇典型对话形式。教学语篇话题引入形式有三种：直接引入、链接引入、转换引入。话语进程形式表现为明确的话语进程标记提示，包括话题排序标记、话题开启标记、话题推进标记、话题结束标记。

第六章　中学教师课堂教学言语行为的实现

　　中学教师课堂教学言语行为实现为一定的课堂话语形式，最终表现为教学语篇，这是人们能够感知到的形式。课堂实践语料表明，不同的课堂、不同的教师，其课堂话语形式是有差别的，这些差别反映了课堂言语交际行为在实现中对实现条件的认知、实现原则的把握。对上述问题的分析不仅有助于理解话语形式的差异，更重要的是为课堂教学言语行为如何实现，即生成可感知的教学语篇提供理论阐释。

第一节　实现结构

　　在《中学教师课堂教学言语行为学生调查问卷》中，关于中学教师课堂教学言语行为成功与否的评判标准即告知交际意图实现结构的调查题目有2个，具体内容如下：

1. 您认为课堂教学言语交际成功的标志是：（　　）
    A. 教学活动的结束　　　　B. 学生学会了教师讲授的内容
    C. 交际意图的实现
2. 您在课堂教学言语交际结束时的状态常常是：（　　）
    A. 未能学会教师讲授的知识
    B. 在一定程度上学会了教师讲授的知识
    C. 在学会知识的基础上引起相关认知、态度、行为上的某种改变在《中学教师课堂教学言语行为教师调查问卷》中，相关调查题目有2个，具体内容如下：

1. 您认为课堂教学言语交际成功的标志是：（   ）
    A. 教学活动的结束　　　　B. 学生学会了教师讲授的内容
    C. 交际意图的实现
2. 您的学生在课堂教学言语交际结束时的状态常常是：（   ）
    A. 未能学会教师讲授的知识
    B. 在一定程度上学会了教师讲授的知识
    C. 在学会知识的基础上引起相关认知、态度、行为上的某种改变

中学师生对这一问题的认知情况如图6-1、图6-2所示：

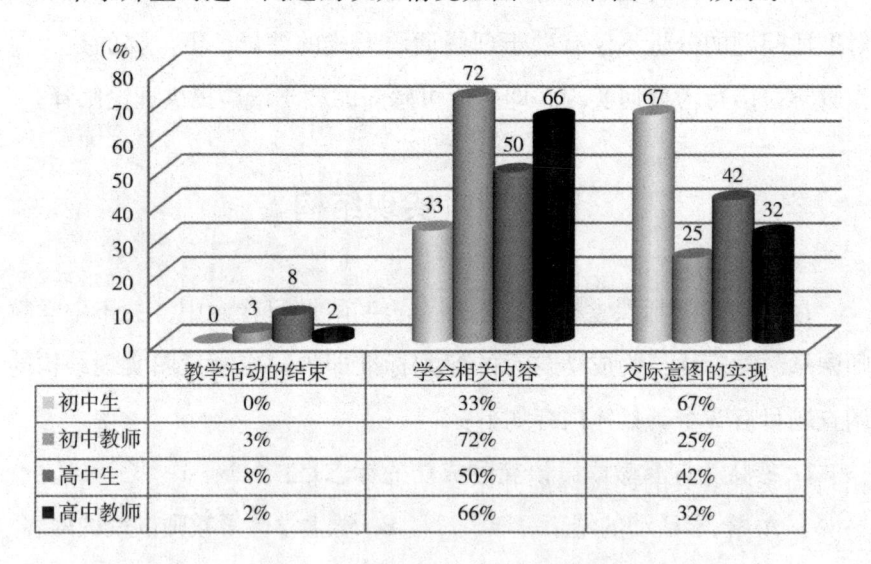

	教学活动的结束	学会相关内容	交际意图的实现
初中生	0%	33%	67%
初中教师	3%	72%	25%
高中生	8%	50%	42%
高中教师	2%	66%	32%

图6-1　中学师生对告知交际意图实现结构的认知对比情况

从图6-1可见，中学师生对中学课堂教学言语交际成功与否的评判标准未能形成正确的认识，对告知交际意图的实现结构缺乏必要的认知。相对于中学生，中学教师在认识上的误区更为严重，这必将影响到中学课堂教学言语交际的顺利开展及实施效果。

第六章　中学教师课堂教学言语行为的实现 / 183

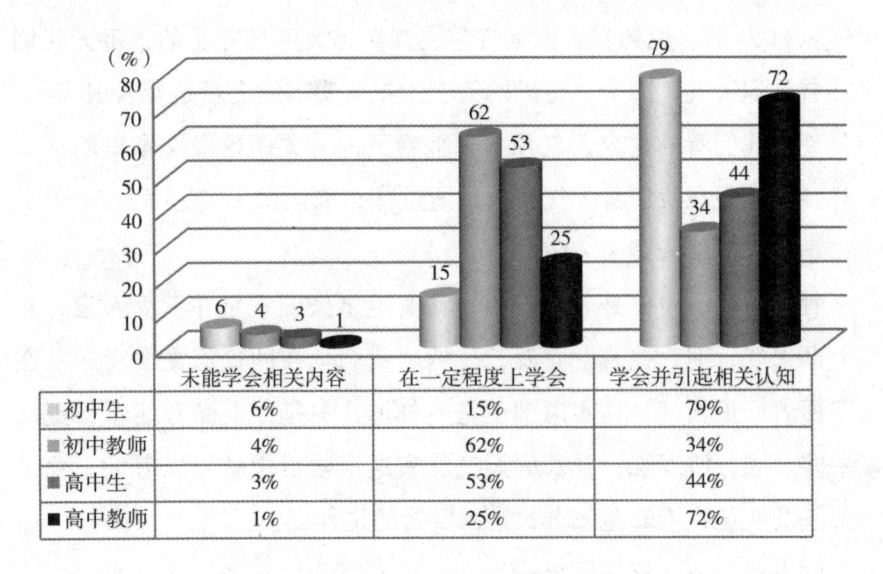

	未能学会相关内容	在一定程度上学会	学会并引起相关认知
初中生	6%	15%	79%
初中教师	4%	62%	34%
高中生	3%	53%	44%
高中教师	1%	25%	72%

图6-2　中学师生对交际结果的感知对比情况

从图6-2可见，中学师生对课堂教学言语交际结果的感知反差较大，初中生普遍认为能够学会告知意向内容并引起相关认知，但初中教师则普遍认为初中生只是在一定程度上学会告知意向内容，初中教师的满意度较之初中生更低。与此相反，72%的高中教师认为高中生能够学会告知意向内容并引起相关认知，但大多高中生表示仅在一定程度上学会告知意向内容，高中生的满意度较之高中教师更低。师生双方对课堂教学言语交际结果的强烈反差说明中学师生对课堂告知言语行为实施效果的评价标准并不统一，对告知交际意图的实现结构缺乏相关认知。

一　实现结构分析

课堂教学言语交际的核心是实现告知交际意图，而告知交际意图是在告知言语交际行为结构中实现的。

例127《看云识天气》一课的课堂实录片段

教师：嗯，今天我们来学习这篇这个单元的第二篇课文《看云识天气》，120页。说到看云识天气啊，其实是大家最熟悉的，每天我们都在看云识天气。因为，每天的天气预报其实本质上就是看云识天气，只是现在我们看的这个天气预报，他看云的方式跟这篇文章里的不太一样，唉，现在我们看天气预报是通过什么来认识天气的呢？

学生：卫星云图……

教师：唉，主要是卫星云图。其实卫星云图它是在上面看云，然后判断天气，啊，在云上面看云，然后我们现在的这篇文章写的是在云下面看云识天气，其实道理上是一样的，只是在上面看能看得更准确一些。唉，所以说，看云识天气其实这个题目中就可以看到，要了解天气的变化，不管是怎么看，都要看的是什么？

学生：……（回答不统一）

教师：所以，这篇文章在我们学的过程啊，其实你可以获得许许多多生活的道理，就是我如何去通过云层的变化或云彩的变化去了解天气的变化。同时，这篇文章它还是我们初中阶段学到的第一篇可以说是说明文也可以叫准确地讲应该叫科学小品文，啊，也可以称之为是说明文。那么，到了初二我们会系统地学习这种文体，我们系统地学习这种文体它的各个方面的知识。那么，这篇文章可以说不是一个非常非常严谨规范的说明文，它应该算科学小品文，那么，我们通过这种文章的学习，唉，为初二的说明文的学习，为初二的科普文的学习打下基础。而且到了初三的中考，这种文体是一种必考文体，所以大家应该对这种文体有足够的了解。那么，接下来我们把书翻到120页啊，这篇文章因为呢，文章也比较长，而且呢，它是一篇科普文，唉，不是说像前面的很多散文一样，对吧？我们是可以诵读的，这篇文章我们是默读，唉，这个单元的课文我们在学习过程中都要掌握默读的阅读方法，所以，接下来我们阅读文章、默读文章，厘清这篇文章的内容和思路。

例127中教师的交际意图可以概括为：告知［看云识天气的方法

及文章的文体特点]。事实上,教师的交际意图除告知学生看云识天气的方法及文章的文体特点外,还希望学生在获知这一信息的基础上掌握说明文、科普文的阅读方法,为后续学习打好基础。其交际意图的整体实现结构可以描述为:教师告知学生看云识天气的方法及文章的文体特点,并在此基础上使学生掌握说明文、科普文的阅读方法。

例128《一举一动总牵情》一课的课堂教学实录片段

教师:好,上课!

学生:起立!老师好!

教师:今天呢,我们一起来上一堂作文辅导课,那么,究竟我们今天要上什么呢?我们先一起来看大屏幕。

(教师播放短片,同学们欣赏)

教师:好,刚才那个短片我们看完了,那么,这个短片我们看完之后,我想问问大家,刚才看到啥了?谁来举手说?看到——你看到啥了?谁来举手说?××,你说,你刚刚看到啥了?

学生1:我看到奥巴马他演讲完之后回去撞到门。

教师:好,请坐。是撞到门了吗?哎,是一脚把门踹开了,这个动作对大家来讲,大家刚才发出了那个会心的笑声,那么,我们刚才看到这个动作之后,能不能根据这个动作想一想从这个动作中你可以看出来什么呢?来,谁来说一下,你觉得,好,来×××。

学生2:奥巴马生气了。

教师:好,请坐,非常好。也就是说呀,从刚才那么一个小小的短片中,从那个动作中,我们就能看出这个人他的情绪是怎样的,他的心态是怎么样的。其实,今天我们这节作文课就是关于动作描写的一节课,今天我们这节课的内容是《一举一动总牵情》,看一看怎么样通过动作描写来表达出人物的神韵,就像刚才用一个细小的动作去表现出人物他内心的状态……

(具体教学过程略,最后教师总结)

教师：好，那么这节课呢，我们通过动作描写的训练，应该说可以让大家呢，感受到动作描写的重要性，我们也能体会到一个好的动作描写究竟能够在文章当中起到什么样的作用，能够让文章的人物形象，让你作文中的人物形象得到一个多么充分地展示。其实动作描写它的路还很长，我希望大家在以后的学习中能够做一个更加有心的人，关注生活，关注细节，让你的语文越学越好！让你的作文越写越好！最后，送给大家一句老舍先生的话，"只有描写行动，人物才能站起来"。好，我们一起读一下，"只有描写行动，一二！"

例 128 中教师的交际意图可以概括为：告知〔动作描写对塑造人物形象的作用〕，事实上，教师的交际意图不仅仅在于告知学生动作描写对塑造人物形象的作用这一信息本身，更希望学生在获知相关信息的基础上关注生活、关注细节、写好作文、学好语文。其交际意图的整体实现结构可以描述为：教师告知学生动作描写对塑造人物形象的作用，并在此基础上使学生关注生活、关注细节、掌握学习语文写好作文的方法。

通过以上分析可见，当教师成功实现一个告知交际意图时，都是通过一定的话语形式唤醒一个整体的告知言语交际行为结构，即告知者告知被告知者某种信息，并在此基础上引起被告知者相关认知、态度或行为上的某种改变。为表述方便，"I 表示告知者，A（D）表示被告知者[①]，M 表示告知事项（信息），R 表示认知、态度或行为上的改变（言后之果）"，课堂告知言语行为结构可以描述为：I 告知 A（D）信息 M + R。

如图 6-3、图 6-4 所示，告知交际意图的实现结构内部具有层级性，"I 告知 A（D）信息 M + R"的过程实际上包含了两个具有嵌

[①] 被告知者用 A（D）两个字母表示是为了凸显被告知者的双重身份，既是告知实现结构"I 告知 A 信息 M"中的接收者，又是"D 获知 M + R"中的实施者。

套关系的结构:"I 告知 A 信息 M"和"D 获知 M + R"。其中,"I 告知 A 信息 M"是告知交际意图得以实现的结构,即告知实现结构,"D 获知 M + R"是具体事件结构,即告知事件结构。告知事件结构以告知实现结构的存在为前提,是告知实现结构的重要组成部分,告知实现结构和告知事件结构具有层级关系,即整体—部分关系。中学课堂告知言语交际意图实现结构内部的层级关系如图 6 – 5 所示:

I 告知 A(D)信息 M + R

图 6 – 3   告知交际意图的整体实现结构示意图

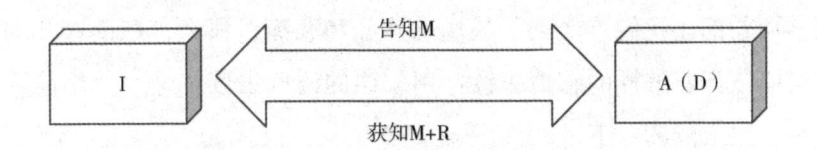

图 6 – 4   告知交际意图的整体实现结构立体示意图

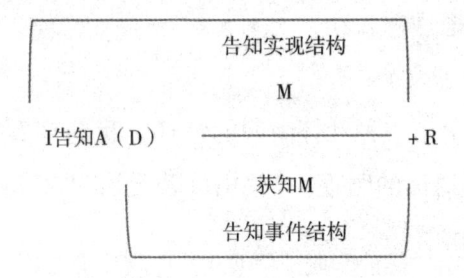

图 6 – 5   告知交际意图的实现结构内部层级关系示意图

如图 6 – 5 所示,作为被告知者的学生具有双重身份,既是告知事件结构"I 告知 A 信息 M"中的接收者,又是告知事件结构"D 获知 M + R"中的实施者,I(D)能否获知 M,并引起 R 是衡量告知交际意图实现程度及告知言语交际行为实施效果的评价标准。

二 实现形式分析

告知交际意图的实现形式有两种：肯定形式和否定形式。肯定形式表现为"I 告知 A（D）信息 M ＋R"，意味着告知交际意图得以实现，告知言语交际成功。否定形式表现为"I 告知 A（D）信息 M，但未能引起 R"，否定形式所否定的并非整体的告知实现结构，即并非"I 不告知 A 信息 M"，而是对告知事件结构的否定，否定形式意味着告知交际意图未能实现，告知言语交际失败。

例 129《木兰诗》一课的课堂教学实录片段

教师：这一段没有详细地描写木兰是如何从军打仗的，但是它的很多词句都让我们感受到了战场的残酷和悲痛，那么，在读这几句的时候应该怀着怎样的感情去读？用怎样的语气去读？×××你能否尝试为大家示范读一下。

学生1：（读课文）

教师：好，请坐。那我们读到的感觉，悲更多一些，壮，壮在哪里？哪位同学能把这种悲壮，×××。

学生2：（读课文）

教师：体现出了一种壮怀激烈的情怀，我们来看一下"万里赴戎机"，"万里"是遥远的路程，"关山度若飞"，"度若飞"它的意思是什么，哪位同学解答一下？×××。

学生3：（听不清）

教师：那在读的时候应该用怎么样的语速？

学生3：快。

教师：用快，那你再给大家示范一下。

学生3：（读课文）

教师：很好，请坐。"朔气传金柝，寒光照铁衣"这两句写出了战士征战旅途上生活的辛苦，那读的时候应该是心疼的，但更多的是悲壮的情绪在里面,咱们一起来读一下,"朔气传金柝,寒光照铁衣"。

学生:(齐读)

教师:那在最后两句应该突出哪些词呢?用你的理解来读一下,×××。

学生4:(读课文)

教师:有没有体会出壮怀的激烈?还有哪位同学?×××。

学生5:(读课文)

教师:他要突出战场上战事的稠密,要写的是整个战事旷日持久,而你要突出的是战士决心的坚定,赴死的勇气,一种保家卫国的热情,两位同学的理解都有各自的理由、各自的好处,我们是不是应该这么读,"将军百战死,壮士十年归"。

学生:是。

例129中教师的交际意图可以概括为:告知[《木兰诗》一课的文本解析]。为实现这一交际意图,教师循循善诱,师生互动有序,学生不仅获知了《木兰诗》一课的文本解析,并在此基础上掌握了解读文学作品的方法,提高了朗读水平。例116中告知交际意图的整体实现结构可以描述为:I告知A(D)《木兰诗》一课的文本解析M+掌握解读文学作品的方法、提高朗读水平R。其中,"I告知A《木兰诗》一课的文本解析M"是告知实现结构,"D获知《木兰诗》一课的文本解析M+掌握解读文学作品的方法、提高朗读水平R"是告知事件结构。其告知交际意图的实现结构表现为肯定形式,说明告知交际意图得以实现,告知言语交际成功。

例130《呼吸系统》一课的课堂教学实录片段

教师:黏液还有其他作用吗?

学生1:保护作用。

教师:怎么保护?

学生1:比如用卫生纸擦鼻子,由于有黏液保护,不至于碰到鼻腔里面也不会直接损伤毛细血管。

教师：哦，黏膜和黏液起到了一定的润滑作用，那么我们再把思路收回来，我们探讨的是呼吸道，在呼吸过程中的作用。

学生2：我觉得黏液是把鼻毛上收集的脏东西运输出去。

教师：嗯，对。可以把鼻毛收集的垃圾粘在一起排出去。还有什么作用呢？提示：黏液，黏液是什么状态？是水。那水能不能在呼吸过程中对空气起作用呢？比如说我们感冒的时候如果鼻子堵了，早上起来的时候你们会感到哪里难受？某些部位会感到火辣辣地疼，为什么会疼呢？

学生3：因为黏液阻挡细菌，而细菌太多了，没缓过来。

教师：同学还是没太明白我的问题，如果我们平常用鼻子呼吸会不会感觉到嗓子疼？但是现在感觉到嗓子疼了什么原因呢？

学生4：因为用鼻子呼吸，鼻子中的黏液会起到缓冲的作用，不会刺激到鼻腔。

教师：缓冲的作用。液体，缓冲，其实还有其他作用，我们东北和南方的空气成分是不同的。

学生5：润湿的作用，如果呼吸没有黏液，起不到润湿作用的话，就会特别难受，而嗓子没有黏液，呼吸进来的干燥的空气就会疼。

教师：请坐，也就是说黏液除了起到阻挡的作用还有润湿的作用，润湿空气以后进入到我们身体里面就会更柔和一些。再回忆下刚刚跑步的时候，会疼就是因为空气太干了。

例130中教师的交际意图可以概括为：告知［鼻黏液的作用］。为实现这一告知意图，教师与五位学生进行了互动对话，教师提问，学生回答。其中，学生1、学生2、学生4、学生5都正确回答了教师的提问，顺利完成了与教师的互动，而学生3未能有效回答教师提出的问题，这说明学生3未能真正理解教师告知的信息，未能形成有效的认知，学生3与教师的告知言语交际表现为否定形式的实现结构，意味着这一告知言语交际的失败。

通过以上分析可见,告知交际意图的实现结构是检验告知交际意图实现程度及告知言语交际行为实施效果的重要标准:成功的告知言语交际,其实现结构呈肯定形式;失败的告知言语交际,其实现结构呈否定形式。告知交际意图的实现结构与下文所讨论的告知交际意图的实现条件图式互为表里,共同揭示了中学课堂告知言语行为的实现要求。

第二节 实现条件

一 实现条件分析

1. 告知者的需要

美国著名心理学家、行为科学研究者马斯洛(Abraham Harold Maslow)的"需要动机理论"从人本主义心理学的视角对人类的行为进行了解释,马斯洛认为,人类的行为是由动机引起的,而动机源于人的需要。[①] 在现实生活中,人有各种各样的需要,有需要就渴望被满足,由此产生满足需要的动机,当主体选择语言形式来满足其告知需要时,告知交际意图便产生了。在课堂告知言语交际中,教师的告知需要是其实施告知言语行为的动因,在满足告知需要的过程中,不同教师或同一教师面对不同的学生群体,其选择的话语形式各不相同,但从满足需要的角度来看,不管选择何种话语形式均是教师对自身需要的满足,教师的告知需要是告知交际意图得以实现的重要条件之一,可以概括为"需要实现条件 SXTJ1"。

2. 被告知者的能力

当告知者产生告知交际意图后,会对被告知者所具有的能力进行

[①] 吕明臣:《话语意义的建构》,东北师范大学出版社 2015 年版,第 57 页。

预设，即被告知者是否有能力接收告知信息并引起相关认知、态度、行为上的改变，当且仅当告知者认为被告知者具备相应的能力，才会实施告知言语行为。

在中学课堂告知言语交际中，教师有告知学生特定信息的需要，在实施告知言语行为前必然会对学生的认知能力及知识背景进行预设，在此基础上选择相应的告知话语形式，当且仅当教师认为学生具备与此相应的能力才会实施告知言语交际行为。当然，告知者也可能对被告知者的能力进行误判，即告知者认为被告知者具备相应的能力，但事实上被告知者不具备，这也将导致告知言语交际的失败。因此，被告知者有接收并理解告知信息的能力也是告知交际意图实现的重要条件之一，可以概括为"能力实现条件SXTJ2"。

例131《意识的作用》一课的课堂教学实录片段

教师：萎靡的自己，找一个例子呗，看看有没有我们身边朋友，……（语言不清）干啥啥都干不好的，那你说你让他打个球儿他都没有精神头儿，那样的有没有？自己找个例子啊，这是对生理的，几点啊？问题是这个，他说这个最具有指导性作用，特别重要的一个。

学生：改造客观世界。

教师：客观世界，这个我们前面学过吧？客观世界是不是包括两个，哪两个？

学生：改造自然社会。

教师：还有人类社会。刚才他举的那个例子，他说的是电脑吧？是吧？你说电脑是改造自然还是改造人类社会？

学生：人类社会。

教师：电脑？是改造自然还是改造人类社会？

学生：人类社会。

教师：大家意见那么统一呢？

学生：嗯。

教师：完了，那可不对了，你要知道什么是改造人类社会？改造社会强调改变人与人之间的关系，是人和人之间的关系，明白吗？电脑那东西是改变人与人之间的关系？我把它整出来是改变人与人之间的关系？这对吗？是不是啊？所以，你包括咱们屋里所有的这些，所有的这些东西，没有改变能出来吗？你比如自然界自己出来一个大楼，是不都不能？这些东西都是改造自然界的表现。那我的问题是改造人类社会需要什么呢？人可以改造人类社会吗？给你一分钟时间，简单交流一下。把你那历史知识用上啊！

学生：（讨论中，但很多学生借机聊天）

教师：好吧，我都后悔给你们这个机会了，不让你们交流，都在那嚷嚷，完了自己不说，来，你说，邓小平理论，你告诉大家他是怎样改造人类社会的？

学生：他……

教师：他指导资产阶级干什么了？

学生：革命。

教师：唉，革命，最后改变全人类嘛，不错。还有吗？刚才谁说了？刚才谁那么活跃？我都看不着谁是谁了，来，××说一个。

例131中教师要告知学生意识的作用，为实现这一告知交际意图，教师设置了关于"人是否可以改造人类社会"问题的讨论，以此来促进学生对告知信息的认知与理解。教师之所以设置讨论的环节是因为教师认为学生具备讨论的能力，有助于学生更好地理解告知信息，但事实上，学生讨论的状态与教师的预设并不一致，很多学生缺乏自控力，在讨论的过程中转移话题，趁机聊天儿，影响了告知言语交际的顺利推进。教师对学生相关能力的错误预设阻碍了告知言语行为的顺利实施。

3. 获知告知信息的实现条件

教师要告知学生某种信息，并希望学生在获知该信息的基础上，引起相关认知、态度、行为上的某种改变,因此,课堂告知言语交际的过程不仅是教师告的过程,更是学生知的过程,告知交际意图的实现必须以具备获知该信息的条件为前题,可以概括为"信息实现条件SXTJ3"。

例132《弹力》一课的课堂教学实录片段

教师:接下来我们再来研究一种特殊的问题,就是弹力的大小,我们来研究弹簧,弹簧的弹力大小到底与什么因素有关呢?大家猜一下。这个弹簧,原来的弹力是零,那么让弹力变大,怎么办?更大一点又怎么办?从没到有,拉一下就行了。所以,我们可以猜到,弹簧的弹力大小可能跟什么东西有关?拉的长度还是他的形变?

学生:形变。

教师:可能跟形变有关系,是不是?好,这边看一下实验。这边放着弹簧,这个是铁架台,为了记录刻度放着刻度尺,那现在我们记录弹簧的弹力近似于它的形变。那么,现在我们的问题是什么?我们要研究弹簧的弹力大小跟什么因素有关,跟那个因素又可能产生什么样的关系?我们看这样一个现象,那下面我们让它有弹力,可以让它发生形变是不是?老师给大家做下实验,看这个钩码,挂一个钩码,形变有没有?

学生:有。

教师:这个钩码我们是50克,相当于多少重力?

学生:0.5牛。

教师:一钩码是0.5牛,那么,我挂的钩码重力是0.5牛,但是我们要研究什么呢?弹簧的弹力。那现在你知道弹力大小吗?不知道,对吧?那初中我们学过二力平衡,学过没有?

学生:学过。

教师:那用之前的初中知识看一下,钩码是0.5牛,弹力是多少?

学生:0.5牛。

教师：为什么是 0.5？

学生：二力平衡。

教师：也就是我们要研究的是不是？也就是说，重物多少？0.5 牛，那合起来这是弹簧实际长啊，弹力的方向是不是往上？合起来多少？1 牛。

例 132 中教师的交际意图可以概括为：告知［弹簧弹力大小的影响因素及测算方法］。这一交际意图的实现必须以满足相关条件为前提：第一，具备相应的实验器材；第二，学生具备二力平衡的相关知识。当且仅当上述两个条件同时具备，教师才能完成相关实验，学生才能获得相关认知。例 132 中信息实现条件均已具备，为圆满实现"告知［弹簧弹力大小的影响因素及测算方法］"的交际意图提供了条件保障。

4. 主体角色定位适当

每个人都置身于多种角色交织的集合中，主体必需对双方的交际角色进行选择、调节以满足特定告知交际意图的实现需要。因此，主体角色定位适当也是告知交际意图的重要实现条件之一，可以概括为"主体角色定位适当实现条件 SXTJ4"。

例 133《公共利益和个人利益之间的关系》一课的课堂教学实录片段

教师：举个例子，刚刚说的这个，台湾的那些大学生，对服贸的协议要取消的这样一个要求，他们是一个人在网上呼吁的话，没有人去响应他，这就是他的对个人利益的一个追求，但是，三个小时内集中了两百四十多人，然后，这些就慢慢变成了那个群体的一个公共利益，这是第二个问题。好，那这两者之间有什么关系呢？我们来看一下，当这个 WiFi 我们只是在心里想的时候，我们不说，它就仅仅是一个我们心里的需求，它仅仅是一个个人利益，但是当无数个，比如说无数个 WiFi 这样的需求说出来了，它就组成了这样一个公共利益。所以它的第一个，它们两个之间的关系啊，而且，而且这么跟你说吧，这个WiFi覆盖我们以前也提过，对学校提过这个要求，我在大学的时候，我们大学生天天在那个论坛上，学校的有个论坛叫带带网，唉，在那个论坛上天天发布，我们要洗衣机，我们要冰箱，我们要WiFi，我们要各种，好，于是，于是乎，然后下面的跟帖就特别多，每天都能上到首页上那个需求，然后我们把那个称为，称为就是那个每日都会有一页的那种那种……

学生：标王。

教师：嗯，然后，然后我毕业走的那一年，我发现，发现我们寝室的那个，那个洗衣机都安上了，校园WiFi覆盖了，还有什么，还有那个，还有我们学校的草坪，原来草坪是不能踩的，那个足球场上它是有真草，但是它是每年只会开放一个月，就开放一个月，就那时候就把它完全开放了，等等这些，所以……

学生：哈哈……

教师：所以，当我们呼吁久了，校方认识到这是我们同学的一个，一个想要的东西。

学生：我们要呼吁。

教师：它成了一个公共利益之后它才会去满足，满足这些，因为大家都需要这个，才会把它当作一个公共利益去满足，所以公共利益的满足是有利于个人利益的解决，这点能不能理解？

学生：能（点头）。

教师：所以第一点是相互依赖，相互包容、包含，这一点是在38页，第一段第一行的后半句，它与个人利益是相互依赖、相互包含的关系，第一段第一行的后半句，它与个人利益是相互依赖、相互包含的关系。

例133中教师的交际意图可以描述为：告知［公共利益和个人利益的关系］。为帮助学生顺利推导交际意图，理解告知信息，教师列举了台湾大学生的事例，并结合自身的大学经历，将交际角色调整为大学生，引起了学生相近角色身份的共鸣。例 133 中教师角色定位恰当拉近了师生间的情感关系，促成了"告知［公共利益和个人利益的关系］"交际意图的实现。

5. 被告知者接收告知信息的意愿

告知者有告知被告知者某种信息的需要，这一需要的实现必须以被告知者具有接收告知信息的意愿为前提，如果被告知者没有接收告知信息的意愿或意愿度较低，都会降低告知效果，甚至导致交际失败。在中学课堂告知言语交际中，学生有接收告知信息的义务，但如果学生没有接收告知信息的意愿，告知言语交际也将无法顺利开展，当且仅当学生具有接收告知信息的意愿，才会配合教师完成相关互动，告知交际意图才能得以实现。被告知者接收告知信息的意愿也是告知交际意图实现条件之一，可以概括为"意愿实现条件 SXTJ5"。

例 134《直线回归方程》一课的课堂教学实录片段

教师：咱们首先学这个基本的技术原理，那这个基本的技术原理咱们说不就是查数用的吗？查数有什么样的方法，咱们看看啊，来看这个故事啊，能看清吗？看不清？喜洋洋与灰太狼的故事，这个故事比较好，这个说灰太狼从狼堡去羊村抓羊，他开飞机去有两条航线，骑摩托有三条道路，那问一下灰太狼去羊村一共有几种不同的方法？

学生：5 种。

教师：5 种，简单吧？

学生：简单。

教师：那咱们仔细分析一下，问题剖析，灰太狼要去做什么事？

学生：抓羊。

教师：唉，你们得多切题，不是说去抓羊，得是从狼堡出发去羊村抓羊，是不是啊？抓羊是抓羊，但从哪儿开始啊？有几种方法呢？

学生：两类，开飞机和骑摩托两类。

教师：每类方法中分别有几种不同的方法？

教师与学生：坐飞机是2种，骑摩托是3种。

教师：每种方法能独立完成抓羊吗？

学生：能。

教师：能不能？

学生：能。

教师：那完成抓羊共有的方法一共就是5种，这5种还比较巧，恰好是2+3，是吧？那如果灰太狼还可以开汽车去，还有3条路选择，再加3，是吧，2+3+3=8种。那就是说灰太狼从狼堡到羊村，如果有N类工具选择的话，而且每一类工具都有不同种的选法，你看，开飞机2种，骑摩托3种，开汽车3种，还有一种，红太狼直接送她去，也是一种。

学生：哈哈哈。（气氛特别好）

教师：那就是说分不同的种类，灰太狼到羊村共有的不同种选法就是 M1＋M2＋M3＋…＋MN，有几类方法，加和就可以了，是吧？咱们进一步扩散，把这个灰太狼扩大到完成一件事情的问题上，如果完成一件事有N类方法，第一类有M1种方法，第二类有M2种方法，第N类有MN种方法，那么完成这件事一共有多少种不同的方法呢，是不是还是刚才的事？灰太狼做的事不就是完成某件事情吗？那么这个方法还是 M1＋M2＋M3＋…＋MN，这能接受吧？唉，能想过来，是吧？

学生：能，是。

例134中教师的交际意图可以描述为：告知［统计的基本原理］。为实现这一告知交际意图，教师以喜洋洋与灰太狼的故事为背景，设置了灰太狼偷羊的情境，极大提升了学生接收告知信息的意愿，在轻松愉快的氛围中使告知言语交际得以顺利开展，"告知［统计的基本原理］"的交际意图圆满实现。

二 实现条件模型

通过上文的分析，告知交际意图的实现必须同时具备五个方面的实现条件：需要实现条件 SXTJ1、能力实现条件 SXTJ2、信息 X 的实现条件 SXTJ3、主体角色定位恰当实现条件 SXTJ4、意愿实现条件 SXTJ5。以上五个充要条件是对课堂告知交际意图实现过程抽象概括的结果，并作为一个整体存在于人的长时记忆之中，是判定一种话语形式能否实现告知交际意图的重要标准。

在告知交际意图实现的过程中，SXTJ1—5 作为一个整体而存在，但其内部具有层级性。SXTJ1 是"告知 [M]"产生的动因，SXTJ2—SXTJ5 是"告知 [M]"实现的条件。告知交际意图实现条件模型如图 6-6 所示：

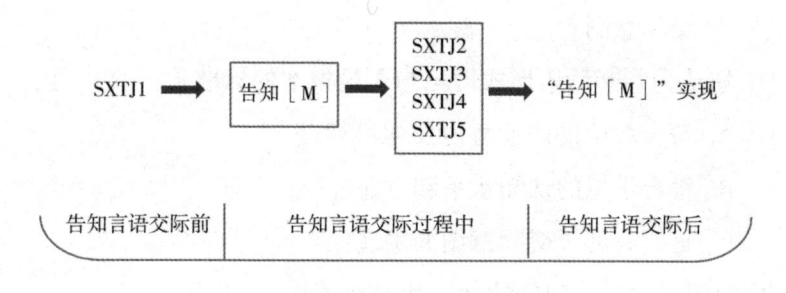

```
SXTJ1 ──▶ 告知[M] ──▶ SXTJ2    ──▶ "告知[M]"实现
                      SXTJ3
                      SXTJ4
                      SXTJ5

 ⎧告知言语交际前⎫ ⎧告知言语交际过程中⎫ ⎧告知言语交际后⎫
```

图 6-6 告知交际意图的实现条件模型

如图 6-6 所示，SXTJ1—5 不仅具有层级性，还具有时间性，SXTJ1 是告知者实施告知言语行为的动因，产生于告知言语交际发生前；SXTJ2—5 是告知交际意图得以实现的条件，SXTJ1—5 在告知言语交际的过程中共同发挥作用，促成告知交际意图的实现。告知交际意图实现条件分析有助于中学教师更好地实施告知言语行为，并对一般告知言语交际的有效开展具有借鉴意义。

三 实现条件图式

在《中学教师课堂教学言语行为学生调查问卷》中,关于告知言语交际话语形式选择依据与评价标准的调查题目是:

您认为评判教师采用的话语形式恰当与否的根本标准是:(　　)

　　A. 符合学生的认知能力和接受意愿

　　B. 有助于交际意图的实现

　　C. 符合教师的职业特点、个人言语风格及教学内容的专业性

在《中学教师课堂教学言语行为教师调查问卷》中,相关调查题目有2个,具体内容如下:

1. 在教学过程中,您选择话语形式最根本的依据是:(　　)

　　A. 讲授内容　　　　　　B. 学生的认知能力和意愿

　　C. 交际意图

2. 您认为判断话语形式恰当与否最根本的标准是:(　　)

　　A. 符合教师的职业身份及学科特点

　　B. 符合学生的认知水平和意愿

　　C. 是否有助于交际意图的实现

中学师生对这一问题的认知状况如图6-7所示:

从图6-7中可见,中学师生对话语形式选择依据及评价标准在认识上未能达成共识,相对而言,初中生与高中生的认识较为统一,初中教师与高中教师的认识较为统一,但学生与教师之间反差鲜明,这样的研究结果表明中学师生对话语形式的选择依据与评价标准缺乏必要的认知。

在中学课堂教学中,教师实施告知言语行为的动因是为满足自身的告知需要,教师在假定学生具备接收、理解告知信息的能力、意愿的前提下,向学生表达"告知[M]"的交际意图。在此过程中,SX-TJ1—5是告知交际意图得以实现的充分必要条件,并共同构成了告知

	符合教师的职业身份及学科特点	符合学生的认知水平和意愿	有助于交际意图的实现
初中生	49%	12%	42%
初中教师	12%	70%	18%
高中生	53%	8%	39%
高中教师	16%	76%	8%

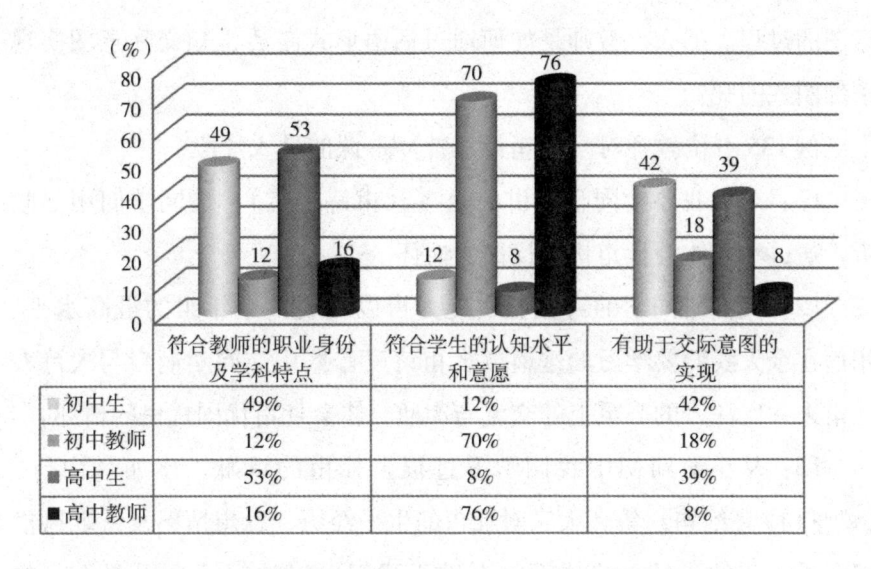

图 6-7　中学师生对话语形式选择依据与评价标准的认知对比情况

交际意图的实现条件图式，是教师择取话语形式的重要依据。实现条件图式与实现结构互为表里，是判定教师选择的话语形式能否实现告知交际意图的根本标准。告知交际意图的实现条件图式可以概括如图6-8所示：

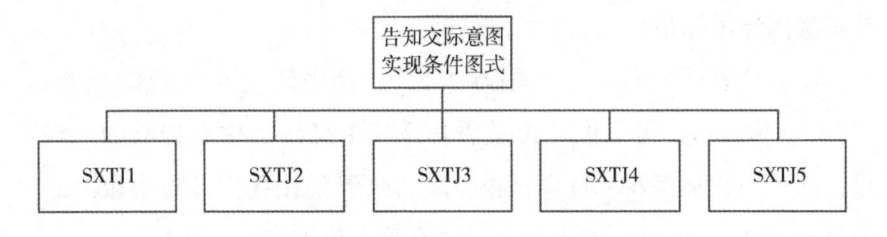

图 6-8　告知交际意图的实现条件图式平面分析图

第三节　实现机制

对教师而言，课堂告知言语交际就是选择一定的话语形式标识告知交际意图，激活告知交际意图的实现条件图式，最终实现告知交际意图的过程。那么，教师是如何通过话语形式激活告知交际意图实现条件图式的呢？

例 135 五位教师对《杜甫诗三首》一课的导入片段

L1：今天我要给同学们讲的是《杜甫诗三首》，请同学们用心倾听，通过本诗体会杜甫忧国忧民的情怀。

L2：我们班同学的诗文鉴赏能力可以代表整个年组的最高水平，相信在今天我们要学习的这篇《杜甫诗三首》中，同学们会与大诗人杜甫来一次深入的心灵上的交流与沟通，体会杜甫忧国忧民的情怀。

L3：从小学到初中我们学习过很多杜甫的诗歌，比如《山行》《赠李白》《绝句》等，大家对杜甫的生平经历、思想情感及诗歌风格都有了一定的了解，这些都将有助于我们更好地解读今天要学习的《杜甫诗三首》，体会杜甫忧国忧民的情怀。

L4：杜甫是中国历史上一位非常伟大的爱国主义诗人，说他伟大，因为他对祖国的命运、对人民的疾苦总怀有一份深深地责任感和使命感，作为中华民族的后代子孙，我们总是能够从杜甫和他的诗歌中汲取力量，今天让我们怀着崇敬之心认真地学习《杜甫诗三首》，感受杜甫忧国忧民的情怀。

L5："李杜文章在，光焰万丈长"，其中的"李"指的是李白，"杜"就是杜甫，可以说杜甫是唐朝现实主义诗人中最耀眼的一颗明星，同学们非常喜欢、崇拜杜甫，那么今天就让我们怀着崇敬之心学习《杜甫诗三首》，并在此基础上体会杜甫忧国忧民的情怀。

例 135 中五位教师讲授同一篇课文《杜甫诗三首》，在导入环节，教师要告知学生本节课的学习内容并希望学生在此基础上体会杜甫忧国忧民的情怀，五位教师具有相同的告知交际意图即告知［《杜甫诗三首》的文本解析］，但各自选择了不同的告知话语形式。

L1 "今天我要给同学们讲的是《杜甫诗三首》"标识的是告知者教师的告知需要，通过标识需要实现条件 – SXTJ1 激活告知交际意图的实现条件图式。

L2"我们班同学的诗文鉴赏能力可以代表整个年组的最高水平"表示被告知者学生具备获知《杜甫诗三首》的文本解析并引起对杜甫忧国忧民情怀认知的能力,通过标识交际意图的能力实现条件-SXTJ2 激活告知交际意图的实现条件图式。

L3"从小学到初中我们学习过很多杜甫的诗歌""大家对杜甫的生平经历、思想情感及诗歌风格都有了一定的了解"等语句表明被告知者学生具备接收告知信息并引起相关认知的条件,即以往的学习是学生获知《杜甫诗三首》的文本解析并引起对杜甫忧国忧民情怀认知的有利条件,通过标识告知信息的实现条件-SXTJ3 激活告知交际意图的实现条件图式。

L4"作为中华民族的后代子孙,我们总是能够从杜甫及他的诗歌中汲取力量,今天让我们怀着崇敬之心认真地学习《杜甫诗三首》,感受杜甫忧国忧民的情怀"这些语句表明,主体双方的角色被定位为"中华民族的子孙",这一角色身份应该认真学习课文《杜甫三首》并感受杜甫忧国忧民的情怀,通过标识主体角色定位适当实现条件-SXTJ4 激活告知交际意图的实现条件图式。

L5"同学们非常喜欢、崇拜杜甫,那么今天就让我们崇敬之心学习《杜甫诗三首》,并在此基础上体会杜甫忧国忧民的情怀"这些语句表明被告知者学生具有学习杜甫诗歌的意愿,因此自然具有获知《杜甫诗三首》的文本解析,并在此基础上引起对杜甫忧国忧民情怀认知的行动意愿,通过标识意愿实现条件-SXTJ5 激活告知交际意图的实现条件图式。

在例 135 中 L1—L5 都以告知交际意图的某一实现条件为标识对象,激活了告知交际意图的实现条件图式,从而实现了"告知[《杜甫诗三首》的文本解析]"的交际意图。那么,话语形式标识告知交际意图的某一实现条件是如何激活告知交际意图实现条件图式的呢?

在人的长时记忆中，告知交际意图的实现条件图式以整体的形式而存在，当教师选择的话语形式能够标识告知交际意图的某一实现条件，均可激活整体上的告知交际意图的实现条件图式，"标识—激活"就是中学课堂告知言语交际中话语形式与告知交际意图的连接机制。例 135 正是从现实的中学课堂告知言语交际层面验证了"标识—激活"的实现机制，L1—L5 都是有效的告知话语，其原因就在于五种话语形式均通过"标识—激活"的实现机制建立了告知话语与告知交际意图的边接，从而实现了告知交际意图。正如吕明臣所提出的，言语交际行为实质上就是交际主体建立话语形式与交际意图关联的行为。本文通过对中学课堂告知言语交际过程的探析，抓住了告知话语与告知交际意图关联的桥梁——告知交际意图的实现条件图式，概括出告知交际意图"标识—激活"的实现机制，其中，标识的对象是告知交际意图的某一实现条件，激活的内容是告知交际意图的实现条件图式，激活告知交际意图的实现条件图式是实现告知交际意图的必然要求。这一发现使课堂告知言语交际的相关研究得到推进，并为提升日常生活中一般告知言语交际的效果具有启示意义。

建立告知话语与告知交际意图的连接是一个十分复杂的过程，"用语言形式表现交际意图不是简单、直接的，而是一个较为复杂的过程，比如同一种交际意图可能有不同的言语表达方式"[1]，塞尔的间接言语行为理论为同一言外之意由不同话语形式实现的现象提供了解释，塞尔提出，话语表达的言外之力与语句的字面意义具有两种关系：直接关系和间接关系。所谓直接关系就是指话语表达的言外之力与语句的字面意义相一致；间接关系是指话语表达的言外之力与语句的字面意义不完全一致，而是通过另一种以言行事的行为来间接实现。[2]

---

[1] 吕明臣：《话语意义的建构》，东北师范大学出版社 2005 年版，第 80—81 页。
[2] John, R. Searle, *Expression and Meaning: Studies in the Theory of Speech Acts*, Great Britain: Cambridge University Press, 1979: 30–31.

塞尔的间接言语行为理论为话语表达的多样性提供了理论阐释，但仍然遗留了一些未能明确的问题，如：不同话语形式在实现同一言外之力的过程中是否存在差异？如果有，如何解释，等等。尽管塞尔的间接言语行为理论存在有待完善之处，但对于人们建立话语形式与交际意图的关联具有重要启示。

我们认为，告知话语形式与告知交际意图的关联是由告知主体主观建构的，因此，具有可选择性，这种可选择性源自语言的多样性。换句话说，正是因为语言的多样性使告知主体可以在众多的话语形式中选择一种最为恰当的形式标识告知交际的某一实现条件，从而建立告知话语与告知交际意图的连接。当然，这种可选择性并不是没有任何限定的，必须遵守告知交际意图的相关实现原则，适应告知言语交际的语境，在告知交际意图的实现条件图式范围内选择和建构。

第四节　实现原则

教师选择告知交际意图的哪一实现条件进行标识以及标识告知交际意图实现条件的具体方式，必须遵循一定的实现原则，关联性原则、适应性原则是中学课堂教学言语交际中最为重要的实现原则。

一　目的性原则

"目的性"本是哲学范畴中的一个重要概念，苏格拉底、柏拉图、亚里士多等哲学家都阐释过"目的性"的内涵。近年来，目的性原则逐渐应用于语言和语用分析[①]。格赖斯的"合作原则"、斯波珀和威尔逊所提出的"关联性"都涉及话语的"目的性"问题，但他们所说的

---

① 廖美珍：《"目的原则"与目的分析（上）——语用研究新途径探索》，《修辞学习》2005年第3期。

"关联"过于笼统,并未明确话语形式具体关联的内容。任何言语行为都具有目的性,即实现特定的交际意图,言语交际的整个过程始终围绕着交际意图的实现,主体所有的认知加工都围绕标识交际意图的话语形式与交际意图间的关系而进行。所谓"关联"具体指话语形式与交际意图相关联。在课堂教学言语交际中,主体双方的话语形式选择与理解正是在遵守目的性原则的前提下实现对告知交际意图的标识与推导。

通过上文告知交际意图实现条件研究可知:作为告知者的教师是通过"标识—激活"的实现机制来建立话语形式与告知交际意图的连接,当且仅当话语形式与告知交际意图的实现条件图式相关联,才能实现告知交际意图的标识与推导,这是中学课堂告知言语交际中主体必须遵守的最重要的关联,其他关联都必须建立在这一关联的基础上才有意义。

例136《伶官传序》一课的课堂教学实录片段

教师:×××同学,这个"缒"是什么?

学生1:绳子。

教师:头两天不是讲了绳子了吗?那个是绳子的意思啊?唉,怎么写的那个字?绞丝加个"追"念什么?chuí 嘛!"盒"本身是盒子吧?这里边名词作动词,名词作状语,他用盒子装,不是盒子对不对?他用盒子装。……(听不清)。还有那个"东"是不是?向东。"兴亡"什么词类活用现象?忧劳可以兴国,逸豫可以亡身,什么词类活用现象?

学生2:形容词的使动用法。

教师:形容词的使动用法,唉,那这段应该注意了,那这段下面写了什么?

学生3:衰。

教师:衰。原来老师给你们提示过,说庄宗承续他得到这个天下花费了多少年？

学生：十三年。

教师：十四年。那国家灭亡花了多少？

学生：三天。

教师：三天，所以用十四年打下的天下，然而用了三天怎么样？失去了。然后这里边有句话，"岂得之难而失之易欤"，那么，难道得到天下难而失去则容易吗？到底是什么原因他解释没解释？皆出于什么？什么？

学生：人事。

教师：人事。对。是不是皆出于人事啊？如果人积极努力就能实现自己的愿望，如果你这个人得到这个东西之后，你非常的懈怠了，或非常的低沉了，或者一辈子讲求享乐不去处理，那么所有得到的终将会失去。所以我们说得到东西不容易，想这个来之不易的东西我们应该要怎么办？

学生：珍惜。

例136中教师要告知学生《伶官传序》一课重点词句的翻译及用法，并在此基础上使学生获得人要积极努力实现愿望且珍惜来之不易成果的相关认知。为实现这一告知交际意图，在教师的话语形式层面，"头两天不是讲了绳子了吗""原来老师给你们提示过"等语句通过标识告知信息的实现条件 – SXTJ3 建立了与告知交际意图实现条件图式的关联，促进了学生对告知信息的理解与认知，从而有效实现了"告知［《伶官传序》的重点词句并引起相关认知］"的交际意图。

话语形式与告知交际意图实现条件图式的关联是在具体的告知言语交际中建构出来的，主体对这一关联的认知处理十分复杂，其认知效率与交际意图和话语形式的关联程度密切相关。何自然、冉永平提出："关联性就是语境效果与听话人所付出的推理努力之间的一种关系"，在同等条件下，关联性越强，语境效果越好，听话人付出的推理努力越少,认知加工的效率则越高;相反,关联性越弱,语境效果越差,听话人的推理努力越多,认知加工的效率则越低。[1] 斯波珀与威尔逊提出了"最大关联"与"最佳关联",并指出:"人们在认知领域追求'最大关联性',在交际领域却追求'最佳关联性'。"[2] 言语交际的理想效果是最大关联与最佳关联相一致,但在现实的中学课堂告知言语交际中,作为告知者的教师为获得其他认知效果,常常会降低、弱化话语形式与告知交际意图的关联性,话语形式与告知交际意图的关联是主体综合平衡各种因素的结果,如交际主体的状况、背景、认知能力、交际情境、交际意图,等等。

例137 《一元一次方程》一课的课堂教学实录片段

教师:上节课咱们学习了用一元一次方程解决一些问题,那么学过了用一元一次方程解决行程问题以及水平问题,这节课,我们继续学习。大家先看老师的演示,我这儿拿了两个一样长的铁丝,大家看好了哦,我将第一根铁丝啊,围成一个三角形(边说边演示围成三角形),我将第二根铁丝围成一个四边形(边说边演示围成四边形),看好,观察这两个图形,你观察过程中,这两个图形有何异同?这两个图形有何异同?××。

学生1:周长相同,面积,面积不同。

教师:我没听清,大点声。

学生1:周长相同,面积不同。

教师:啊,周长相同,面积不同。你说。

学生2:一个是三条边,一个是四条边。

教师:啊,一个是三条边,一个是四条边。还有哪些同学?

学生3:一个有三个角,一个有四个角。

---

[1] 何自然、冉永平:《新编语用学概要》,北京大学出版社2009年版,第314—320页。
[2] 姜望琪:《当代语用学》,北京大学出版社2003年版,第140页。

教师：啊，一个有三个角，一个有四个角。好，那么大家在看的过程中知道，说在我围的过程中，大家发现了一个共同之处：就是周长相同。有的同学说面积不同，还有的同学说三条边和四条边，有的同学说三条边也好，四条边也好，我们说这两个图形的形状不同，对吧？那么关于面积事儿，咱们在以后的学习过程中具体的研究，那么这节课我们研究第一个问题，说，形状不同（板书）周长相同（板书）……

例137中教师要告知学生用一元一次方程解决图形变形的计算方法，为了实现这一交际意图，教师联系生活中的实例，用同长铁丝围成不同形状，从而使学生获得了形状不同周长相同的认知，教师通过常识推理途径建立话语形式与告知交际意图的连接，有效地实现了"告知［用一元一次方程解决图形变形的计算方法］"的交际意图。例137在形式上，告知话语形式与告知交际意图之间经过了常识推断的中间环节，这使告知话语形式与告知交际意图间的关联变得间接。但实际上，这样的告知方式增强了学生的学习意愿，促进了学生对告知信息的认知加工，最终成功实现了对交际意图的标识与推导。

通过以上两例可见，无论告知话语形式与告知交际意图之间的连接直接还是间接，对教师而言，其首要任务都是在话语形式与告知交际意图实现条件图式之间建立有效的关联，师生双方的认知努力都以实现特定的告知交际意图为目的，目的性原则指导着师生双方的话语表达与理解，是主体必须遵守的基本原则。

二　适应性原则

利奇的"礼貌原则"、列文森的"面子理论"都关注了话语的适宜性，但"礼貌""面子"只是强调了适宜性的某一方面，事实上，适宜性包含的范围十分广泛，是指言语交际中主体选择的话语形式应与交际语境相适应，如主体交际角色、主体间交际关系、交际背景、交际情境等，以上交际语境内涵要素对话语形式选择的制约作用主要体现为适应性。

国际语用学学会秘书长维索尔伦（Verschueren，1999）集中阐述了语言顺应论，提出使用语言是一种社会行为，说话人表达意义、听话人理解意义是言语交际的两个重要方面。因语言具有可变性、商讨性、顺应性，因此，语言使用者在使用语言的过程中可以进行选择，使用语言的过程实质上就是选择语言的过程，这种选择体现在语言结构的各个层面，既包括话语形式上的选择，也包括语用策略上的选择，并且存在不同程度的顺应意识，受认知、社会、文化等诸多因素的影响和制约。① 教师课堂教学言语行为正是在遵守适应原则的前提下，在遵循社会道德文化规约的支配下择取相应的话语形式而完成的，当且仅当某一话语形式与交际语境相适应，才能有效地标识并最终实现告知交际意图。

例138 化学第三单元复习课的课堂教学实录片段

教师：在这一周呀，对我们所有学习化学的人来讲，有一个特殊的日子，大家知道是哪一天么？

学生：知道，节水日。

教师：包括我们这一周的周标在内，都和水相关。那么咱们今天这节课呀，就围绕水这个主题，一起来回顾一下第三单元自然界当中水的内容。首先，大家一起回顾一下，我们学过的知识以水为主题的，我们都了解了哪些相关知识？

学生：水的组成。

教师：来×××。

学生1：有水的净化。

教师：好，还有没有？

学生2：水的组成。

---

① Verschueren, J., *Understanding Pragmatics*, London：Arnold, 1999.

教师：水的组成。

学生3：然后，还有水的电解那个。

教师：水的电解这个实验实际上是我们用来？

学生3：水的组成。

教师：验证水的组成，还有没有补充？好请坐，同桌补充。

学生4：那个是自然界的保护水资源。

教师：啊，水资源的爱护及保护，还有没有了？

学生5：怎么检验水。

教师：怎么检验？什么水哪？

学生5：怎么检验？就是那个硬水的区分，硬水和软水。

教师：非常好！他提到了硬水和软水，那么，好，你先请坐，那么事实上啊，我们整个第三单元学习到的水的相关知识，可以用一个六角形，我们来看一下，涉及水的如下内容，接下来，我们就逐一来一起回顾学过的相关知识。

例138是一堂关于水的内容的单元复习课，教师的交际意图是回顾复习水的相关知识，以强化学生的理解和记忆，其交际意图可以概括为：告知［水的知识以强化理解］。为实现这一告知交际意图，教师首先通过节水日、学校周标等营造了关于水的主题的学习情境，然后通过提问的方式与学生互动对话，复习以往学习的水的相关内容。整个过程层层深入、环环相扣、互动和谐，教师选用的话语形式与交际语境相适应，促进了学生对告知信息的认知与理解，最终顺利实现了告知［水的知识以强化理解］的交际意图。

那么，教师选择的话语形式应与交际语境相适应，这个"相适应"的标准具体指什么呢？

在上文中，通过分析告知交际意图的实现结构可知：A（D）是在I的告知下获知信息M，从而满足I的告知需要。因此，无论A（D）是否具有获知信息M的义务和需要，从某种角度来说，I都剥夺了A

(D)获知信息 M 的主动权,这种被动性降低了 A(D)获知信息 M 的意愿,造成了 I 与 A(D)之间的矛盾关系。因此,告知者 I 必须在汉民族道德文化的规约下,消除主体间的矛盾关系,实施告知言语行为,进而实现告知[M]的交际意图。也就是说,在中学课堂告知言语交际中,教师的话语形式选择必须有助于消除师生间的矛盾关系,提升学生获知告知信息 M 的意愿,这是课堂告知言语交际中适应性的具体体现。

例 139《不等式》一课的课堂教学实录片段

教师:同学们好,请坐,从现在开始我们正式进入新课。同学们,我们之前学习了方程和方程组,那么方程和方程组应用解决了生活中的很多问题,方程是等式,它刻画的是事物之间的什么关系?

学生:等量关系。

教师:比如说,明天是咱们班×××的生日,老师能看出他今年 14 岁,老师的年龄大家不知道,设为 X,如果给出条件,薛老师比×××大 15 岁,你能用一个表达式表示各个量之间的关系吗?×××同学。

学生 1:$X - 14 = 15$。

教师:这是一个什么?

学生 1:等式。

教师:对,等式,坐,具体说它应该是一个方程。现在条件改变,说,如果×××的年龄的二倍比薛老师的年龄还小,你还能用一个表达式刻画出各个量之间的关系吗?×××。

学生 2:$2 \times 14 < X$。

教师:再来一遍。

学生 2:$2 \times 14 < X$。

教师:$2 \times 14 < X$,好,请坐。那这个表达式大家观察一下,它还是等式吗?

学生:不是。

教师：它刻画的是什么关系？
学生：不等关系。
教师：不等关系，实际上这是我们小学学习的什么知识？
学生：小于号。
教师：小于号这是，那这个表达式实际上它叫不等式，它刻画的是不等关系，实际上现实生活中更多的是存在不等关系，我们来感受一下，看几个实例。

例 139 中教师要告知学生不等式的相关知识，为实现这一告知交际意图，教师设置了根据某位同学的年龄推测教师年龄的情境，这使学生的学习兴趣得到激发，接收告知信息的意愿增强。例 139 中教师正是在遵守适应原则的前提下，择取了与交际语境相适应的话语形式，消除了主体间的矛盾关系，提升了学生的接收意愿，从而实现"告知[不等式的相关知识]"的交际意图。

相较与日常生活中的一般告知言语交际，课堂教学言语交际尤其强调事后效应，即学生在获知告知信息的基础上引起相关认知、态度或行为上的改变。在此过程中，学生的意愿、态度具有重要影响，教师必须在学生具有接收告知信息意愿的前提下实施告知言语行为，离开这一前提，告知言语交际将无法顺利开展，告知效果自然无从谈起。因此，适应性原则是中学教师实施课堂告知言语行为必须遵守的重要原则。

以上着重分析了课堂告知言语交际中最为重要的两条实现原则：目的性原则和适应性原则。事实上，在中学教师实施课堂教学言语行为的过程中，从不同的角度可以概括出不同的实现原则，这些原则在主体话语形式选择与理解中并行发挥作用，但其强制力度各不相同，有些原则强制力强，必须遵守，如目的性原则，有些原则具有可选择性，如适应性原则、简洁性原则，等等。在具体的课堂告知言语交际中，师生双方的话语生成与理解都以实现特定的告知交际意图为目的，目的性原则是必须遵守的基本原则,具有强制性,其他原则在目的性原则的基础上发挥作用,具有可选择性。为达到特定的交际效果,师生双方会为了遵守某一原则在一定程度上违反其他原则,告知交际意图的实现是在这些原则的综合作用下完成的。无论是教师选择一定的话语形式标识告知交际意图的过程,还是学生依据特定的话语形式推导交际意图、建构话语意义的过程,都需要主体在并行的各项原则中选择、取舍,建立平衡。

第五节 实现途径

告知交际意图的实现过程就是告知者选择一定的话语形式标识告知交际意图的实现结构或告知交际意图的实现条件,从而激活告知交际意图的实现图式,最终实现告知交际意图的过程。根据关联原则,告知者选择的话语形式必须与告知交际意图的实现图式相关联,告知交际意图的实现途径就是告知者建立话语形式与交际意图实现图式连接的方式。在中学课堂教学言语交际中,告知交际意图的实现途径决定了作为告知者的教师选择话语形式标识交际意图实现结构或实现条件的方式,即教师为实现告知交际意图而采用的言语交际方式。作为告知者的教师可以选择不同的实现途径来实现告知交际意图,有的直接,有的间接,教师选择哪种实现途径建立话语形式与告知交际意图的关联取决于适应原则,即教师应该选择与交际语境相适应的话语形式来激活告知交际意图的实现图式,消除交际主体间的矛盾关系。

一 明示途径

明示途径就是作为告知者的教师选择词汇化或语法化的成分直接标识告知交际意图实现结构本身,这与斯波珀和威尔逊提出的

"明示—推理"过程相接近,不同的是,他们所指的"明示"指全部话语形式,而本文强调的只是话语形式中标识告知交际意图的部分。明示途径是最简单的实现告知交际意图的途径,因为通过告知者选择的词汇化、语法化的话语形式可以直接理解出告知交际意图的实现结构本身,只要掌握了常用的标识告知实现结构的词汇化、语法化成分就可以直接理解出告知交际意图。告知交际意图的明示途径可以表示为(见图6-9):

话语形式 ⇔ 告知交际意图的结构

图6-9 告知交际意图明示途径示意图[①]

例140《劝学》第二课时教师导课的教学实录片段

教师:上节课我们讲了《劝学》前三个自然段,第一自然段,点明了本文的中心论点,学不可以已,学习是不可以停止的。那么,接着在第二自然段又记叙什么内容呢?他讲了?

教师与学生:学习的意义。

教师:它可以改变我们、提高我们,是不是?

学生:是。

教师:然后第三自然段又讲了学习的作用,在于什么呢?他可以?

教师与学生:弥补我们的不足。

教师:这节课我要给大家讲的是最后一个自然段,那既然学习有了这样的意义,还有这样的作用,那么如何应该如何去学习,我们对学习又应该有什么样的态度呢?大家齐读一遍最后一个自然段。

例140中"这节课我要给大家讲的是最后一个自然段"标识的对象是"I告知A(D)信息X(即《劝学》最后一段的相关知识)"的

---

① 图6-9中双箭头意为话语形式与告知交际意图的实现结构是通过直接实现途径连接的。

告知实现结构,其中"我"标识告知者教师 I,"大家"标识被告知者学生 A(D),"讲"是意向标记,表示交际意图的性质是"告知","最后一个自然段"表示告知意向内容是《劝学》最后一段的相关知识。"如何去学习,我们对学习又应该有什么样的态度呢"标识的是"D 在《劝学》最后一段学习的基础上,获得言后之果 R(即对学习的态度的正确认知)"的告知事件结构。教师选择的话语形式直接标识了告知交际意图的实现结构,这样的方式就是告知交际意图实现途径的明示途径。

二 暗示途径

暗示途径是指话语形式与告知交际意图的连接不是直接的,从话语形式到交际意图需要经过一些中间的推断环节,在中学课堂教学言语交际中表现为作为告知者的教师通过推断的方式建立话语形式与告知交际意图实现条件的连接。告知交际意图的暗示途径可以表示为(见图 6-10):

图 6-10 告知交际意图暗示途径示意图

和明示途径相比,暗示途径的话语形式与告知交际意图的连接变得间接,中间需要经过一些推断环节,这些推断环节至关重要,告知者选择什么样的话语形式,被告知者能否理解交际意图都取决于这一环节。推断环节可以通过各种具体的推断方式来实现,在中学课堂教学言语交际中惯用的有逻辑推断、常识推断、语义推断,等等。

1. 逻辑推断

逻辑推断是指告知者通过逻辑形式建立话语形式与交际意图实现条件连接的途径。逻辑结构是完整的,但在现实的告知言语交际中的告知话语却可以"缺损",告知者可以通过"缺损"的话语形式表现完整的思维结构,并以此建立话语形式与告知交际意图的连接。告知交际意图的逻辑推断途径可以表示为(见图 6-11):

话语形式 → 逻辑推断 → 告知交际意图实现条件

图 6-11 告知交际意图逻辑推断途径示意图

例 141《任意角的三角函数》一课的课堂教学实录片段

教师:这节课呢,我们来研究任意角的三角函数。那么,首先咱们在初中已经研究过接触过三角函数,那就有?初中讲过什么三角函数?讲过?

师生:正弦、余弦还有正切。

教师:那么,我们在初中是怎么样来求一个角的正弦、余弦、正切呢?那在初中咱们就接触的是锐角。那么来看,在一个直角三角形当中,我假设∠A 是锐角是 α,那么它的正弦值我们等于的是?(教师边板书边讲)

学生:BC 比 AC。

教师:那么它的余弦等于?

学生:BC 比 AB。

教师:余弦等于?

师生:AB 比 AC。

教师:叫作邻比斜 AB 比 AC,那么正切值,这个角与这条边?

学生:BC 比 AB(AC)。

教师:BC 比 AB 这是一个锐角,我们把它放在了直角三角形里,通过直角三角形的边长来求它的三角函数的值。

例 141 中"我们来研究任意角的三角函数"标识了"告知者 I 告知被告者 A(D)信息 X(即任意角的三角函数求值方法)"的告知实

现结构;"咱们在初中已经研究过接触过三角函数""初中讲过什么三角函数"标识交际意图实现条件中信息 X 的实现条件 – SXTI3。在具体的告知过程中,教师通过逻辑推理的方式,步步铺垫、层层深入,使学生了解本节课的学习内容即任意角的三角函数,并在此基础上获得对任意角的三角函数的求值方法的相关认知,有效建立了话语形式与告知交际意图实现结构与实现条件的关联。例 141 中的教师把告知交际意图放在与此相应的逻辑结构中,并选择与此相应的话语形式进行标识,教师选择的话语形式激活了学生内在的与此相关的逻辑结构知识,从而推断出告知交际意图。

在中学课堂教学言语交际中,同为逻辑推断途径,但其复杂程度各不相同,逻辑结构越复杂,相应的话语形式标识与告知交际意图实现条件的连接就越复杂,交际主体的认知加工自然就越复杂。

2. 常识推断

常识指人们在现实生活中获得的对事物、事件的经验,这些经验作为一种知识存储于人的记忆结构中,有助于人们对信息的认知加工。常识推理途径指的是告知者通过生活常识推断建立话语形式与告知交际意图实现条件的关联,并在此基础上激活告知交际意图的实现图式,进而实现告知交际意图。告知交际意图的常识推断途径可以表示为(见图 6 – 12):

话语形式 → 常识推断 → 告知交际意图实现条件

图 6 – 12　告知交际意图常识推断途径示意图

例 142《一元一次方程》一课的课堂教学实录片段

教师:上节课咱们学习了用一元一次方程解决一些问题,那么学过了用一元一次方程解决行程问题以及水平问题,这节课,我们继续学习。大家先看老师的演示,我这儿拿了两个一样长的铁丝,大家看好了哦，我将第一根铁丝啊，围成一个三角形（边说边演示围成三角形），我将第二根铁丝围成一个四边形（边说边演示围成四边形），看好，观察这两个图形，你观察过程中，这两个图形有何异同？这两个图形有何异同？××。

学生1：周长相同，面积，面积不同。

教师：我没听清，大点声。

学生1：周长相同，面积不同。

教师：啊，周长相同，面积不同。你说。

学生2：一个是三条边，一个是四条边。

教师：啊，一个是三条边，一个是四条边。还有哪些同学？

学生3：一个有三个角，一个有四个角。

教师：啊，一个有三个角，一个有四个角。好，那么大家在看的过程中知道，说在我围的过程中，大家发现了一个共同之处：就是周长相同。有的同学说面积不同，还有的同学说三条边和四条边，有的同学说三条边也好，四条边也好，我们说这两个图形的形状不同，对吧？那么关于面积事儿，咱们在以后的学习过程中具体的研究，那么这节课我们研究第一个问题，说，形状不同（板书），周长相同（板书）。

……（中间过程略）

教师：好啦，坐好。啊，这节课啊，我们学习了图形，图形的变形。我们来看，那么列方程，列方程主要是针对什么？主要是根据一个等量变式，而我们图形变形的主要依据是形状不同，周长相同。第二个，形状不同，体积不变。根据这两个可以变出等量关系式。好啦，下课。

例142 中教师想要告知学生用一元一次方程解决图形变形的计算方法，为了实现这一交际意图，教师联系生活中的实例，用同长铁丝围成不同形状，通过生活常识推理的途径建立了话语形式与告知［一元一次方程解决图形变形的计算方法］交际意图的连接。教师的话语形式中"观察这两个图形,你观察过程中,这两个图形有何异同",表示学生通过观察两个图形的异同能够获得对告知信息的相关认知,教师的话语形式标识了告知交际意图实现条件中的信息实现条件-SXTJ3。在告知交际意图的实现过程中,人在生活中获得的常识能够随时被调动以推动交际主体对交际意图的标识与推导,例142中的教师正是通过常识推断的方式标识告知交际意图的信息实现条件,从而激活整个告知交际意图的实现图式,进而实现告知交际意图。

3. 语义推断

人对世界的认识可以概念化,这些概念相互连接形成了庞大的语义网络,存储于人的记忆之中,概念是语义记忆结构的基本成分。关于语义记忆,Tulving 提出,它是一部心理词典,其知识结构具有组织性,它包含一个人具有的词汇及其他语言符号的意义和其所指称的事物以及它们之间的关系。[①] 概念不是孤立存在的,而是相互依存连接以语义网络的状态存在的,因此,我们可以由一个概念推断出另一个概念。在中学课堂教学言语交际中,作为告知者的教师可以利用语义网络概念连接的特性建立话语形式与告知交际意图实现条件的连接,这种途径就是告知交际意图的语义推断途径。告知交际意图的语义推断途径可以表示为(见图6-13):

图6-13 告知交际意图语义推断途径示意图

例143《记叙文当中写作人物的外貌描写和神态描写》

教师:成功的外貌描写,可以揭示一个人的性格特征,可以表现

[①] 引自 [英] M. W. 艾森克、[爱尔兰] M. T. 基恩《认知心理学》,高定国、肖晓云译,华东师范大学出版社2004年版,第276页。

人物的精神风貌，可以使读者在想象中仿佛就看到这个人物形象的音容笑貌，也可以让我们在想象中能感知到他的那种境遇。人的外在的形象和他的这个姿态必然显露出他的内心的一种情感，和他内在的一种精神……鲁迅笔下的人物形象，是文学作品当中的风向标。他还有一个人物，孔乙己，大家一看就知道，老师这儿是一个不完整的片段，根据老师给的提示，在括号内填上恰当的语句，通过你填的这个外貌特征，能传达出这个人物形象内在的精神。他身材很高大，什么样的脸色？这个脸色交代了健康状况和生活过的很差，什么样的脸色？

学生1：憔悴的脸色。

教师：憔悴的脸色，坐。

学生2：焦黄。

教师：焦黄，选择了颜色，嗯，还有没有？来。

学生3：土黄。

教师：土黄色的，都是交代他的健康和生活状况差。我们看一下鲁迅他的是：青白的脸色，皱纹间常夹着些伤痕，一部什么样的花白的胡子，花白的胡子其实就交代了年龄是吧？什么样的花白的胡子呢？这个是交代他哪一句的修饰。来，××同学。

学生4：凌乱。

教师：凌乱的。来，××同学。

学生5：参差不齐。

教师：参差不齐的花白的胡子，好，××同学。

学生6：散落。

教师：散落？掉地上了？接着刚才说凌乱，乱蓬蓬的花白的胡子，一个"乱"字，穿的虽是长衫，可是，他对人说话满口之乎者也，让人半懂不懂的，表现了他的懒惰成性和爱慕虚荣，可是，他长衫有什么特点呢？他懒惰成性，长衫，想想，长衫在旧时，就是一种身份的象征，身份地位的象征，标志，穿着长衫什么样的？爱慕虚荣，来。

学生7：那个没有系那个衣服的扣。

教师：你说他穿长衫可是没有系衣服的扣，啊，你坐，来，××同学。

学生8：脏兮兮的长衫。

教师：啊，脏兮兮的，抓住一个"脏"字，就是他懒惰成性，是吧？来，××同学。

学生9：可是脏乱不堪。

教师：可是脏乱不堪，大家都抓住一个"脏"字，又脏又破，似乎十多年没有补也没有洗，就为了向别人去显示自己的身份地位，又脏又破的长衫也不舍得扔，也不抛弃是吧？也不脱掉，通过上面的选段我们了解到了成功的外貌描写它是可以传达人的神韵，表达内在的精神。

例143中教师想要告知学生通过人物外貌描写展现人物精神风貌的方法，并在此基础上提升同学们的写作水平，为了实现这一告知意图，教师设置了补全孔乙己人物形象外貌及神态描写片段的练习，"花白的胡子"推断出年龄，"脏兮兮的长衫"推断出懒惰成性，"青白的脸色"推断出健康和生活状况差等，教师通过语义推断的方式引导学生完成了相应的填空，并在此基础上使学生获得了通过外貌描写表现人物内在神韵的方法和技巧，从而实现了告知交际意图。

在言语交际中，预设是最典型也最为常用的语义推断方式，在中学课堂教学言语交际中，教师常常通过语义预设引导学生获知相关告知信息，从而实现告知交际意图。例如：

例144《珍珠鸟》一课的课堂教学实录片段

教师：我们再来读一遍这句话好不好？"真好"，一二开始。

学生：真好！朋友送我一对珍珠鸟。（齐读）

教师：再读一遍好吗？刚才那一遍好像不是很有情感，一二开始。

学生：真好！朋友送我一对珍珠鸟。（再次齐读）

教师：我送你一对珍珠鸟，你作何感想？

学生1：就是，他心里头非常，有一种喜悦之情，这里的"真好"把这种情感表达得淋漓尽致。

教师：哇，太开心了！是吧？

学生：是。

例144中教师让学生诵读课文语句时发现学生没有读出感情，由此，教师产生了"告知学生用喜悦的心情来诵读课文"的告知需要，教知为满足这一需要，产生了告知［用喜悦之情诵读课文］的告知交际意图。在标识告知交际意图的过程中，教师没有选择明示的途径，而是通过语义预设推断途径，标识了告知交际意图的信息实现条件，即通过"我送你一对珍珠鸟"标识了告知交际意图实现条件中的信息实现条件–SXTJ3，从而激活了告知交际意图的实现图式，实现了告知交际意图。"我送你一对珍珠鸟"的预设是"高兴、喜悦的心情"，"高兴、喜悦的心情"的预设是"应该带着喜悦的心情朗读课文"。这种预设关系可以表示为：我送你一对珍珠鸟＞高兴、喜悦的心情＞带着喜悦的心情朗读课文。

根据这样的预设关系学生自然可以通过教师的话语形式顺利推断出"应带着喜悦的心情朗读课文"的交际意图，从而成功地实现告知言语交际。

三 隐喻途径

莱可夫对隐喻的概念进行了较为深入的阐释："隐喻不是语言的表面现象，它是深层的认知机制。在人们思想底层的隐喻网络形成认知图式，以认知者的物质经验基础，构成认知者与外部世界的联系。"[①] 在中学课堂教学言语交际中，隐喻途径是常见的现象，作为告知者的教师常常通过隐喻的途径建立话语形式与告知交际意图的连接。

---

① 引自胡壮麟《认知隐喻学》，北京大学出版社2004年版，第71页。

在中学课堂教学告知言语交际中,如果我们把告知交际意图要表现的意义称为"目的域",那么话语形式标识所表现的就是"喻源域",告知交际意图实现的隐喻途径就是将目的域映现在喻源域上,即作为告知者的教师通过隐喻途径建立话语形式与告知交际意图实现条件的连接。告知交际意图实现的隐喻途径可以表示为(见图6-14):

话语形式 → 隐喻 → 告知交际意图实现条件

图6-14 告知交际意图隐喻推断途径示意图

在中学课堂教学言语交际中,隐喻与明示不同,明示途径用词汇法、语法化的成分直接标识告知交际意图的实现结构本身,而隐喻不是语法化的,其话语形式并非是告知交际意图的直接表现,而仅仅是一种提示。隐喻与推断虽有共同点,即都需在话语形式与交际意图的连接中经过一些中间环节,但不同的是,在推断途径中,话语形式标识的是告知交际意图的某个实现条件,而告知交际意图的某个实现条件本身就是告知交际意图实现图式的组成部分,即告知交际意图实现图式中得以凸显的部分,而隐喻途径与此不同,话语形式与告知交际意图的连接是依靠交际主体所认知到的事物之间的某种"相似性"。例如:

例145 《蜀相》一课的课堂教学实录

教师:诗的首联里面"锦官城外柏森森",对"柏森森"的理解,说描绘了这个成都城外柏树苍翠繁茂的景象,这是刚才对"森森"的理解,渲染了一种肃穆庄重的风景,表达作者对诸葛亮的一种敬重之情,可以吗?是吧?那么,这个柏树在诗篇诗文里面一般是以什么样的形象,这个柏树?"岁寒,然后知松柏之后凋也",柏树是什么样的形象啊?我们说坚强,这种坚强的形象再联系到诸葛亮,那么他也是一种什么样的形象的象征啊?这个是诸葛祠,对诸葛祠这个?

学生1：柏树就是品质高洁，坚韧不拔。

教师：嗯，品质高洁，坚韧不拔。那么诸葛亮是不是也是这种伟岸、坚韧的一种形象？

学生1：嗯。

教师：好，坐，来。这是对柏树的理解。

例145中教师想要告知学生"诸葛亮伟岸坚韧的形象，杜甫对诸葛亮的敬重之情"，在实现这一告知交际意图的过程中，"诸葛亮伟岸坚韧的形象，杜甫对诸葛亮的敬重之情"是目的域，"松树"是喻源域，教师通过隐喻途径将目的域投射到喻源域上，从而建立了话语形式与告知交际意图的连接，最终实现了"告知［诸葛亮高洁伟岸的品格及杜甫对诸葛亮的敬重之情］"的交际意图。

例146《流体压强与流速之间的关系》一课的课堂教学实录片段

教师：流速与压强之间的关系，那么，同学们再想老师布置的上课之前的第一个问题。鸟是怎样借助空气飞翔？那么，下面我们带着问题再看一下，你想象一下，几十吨重的飞机是怎么飞起来的？那么，同学们要想解决这问题就要回到第一个问题了。那么，鸟是怎么飞的？那么，同学们想，鸟啊，它的奥秘就在于这个翅膀，它得借助空气飞行。那么，同学们看一下这个鸟的翅膀的平面图，首先看它对称么？是一个不对称的图形。那么，在它飞的时候，老师解释一下，鸟在飞的时候为什么能飞起来，鸟飞起来的原因知道了，也就能知道飞机飞起来的原因了，那么，我们看一下鸟翼的平面图，它是不对称的，由于不对称，在相同的时间内，咱们同学看一下鸟翼的上方，是一个流线型，在相同时间内这的空气速度大还是小？

学生：大。

教师：那么底面平一些，那么这个时候这的空气速度大还是小？

学生：小。

教师：嗯，小。记住：在相同时间内上方这的路是不是多啊？你看它那个形状是不是多啊？那这个时候，根据"s = vt"当中的关系，咱们知道，底下的路程少，那么，它这个速度就慢，在相同时间内，一个流速快，一个流速慢，那么咱们就考虑什么被打断？

学生：压强。

教师：压强被打断，对不对？那么这个时候大家考虑一下，是上方的压强大还是下方的压强大？

学生：下方的。

教师：下方的压强大，那么，下方的压强就是鸟向上去，最后，它就飞起来了。那么按照这个原理，我们来解释一下飞机能够飞起来的原因。

例 146 中教师要告知学生飞机的飞行原理，在实现这一告知交际意图的过程中，教师通过分析鸟的飞翔原理，利用飞鸟与飞机飞行的相似性，引发学生对飞机飞行原理的思考与认知。例 146 中教师正是通过隐喻途径，成功实现了告知［飞机的飞行原理］的交际意图。

通过以上分析可见，在课堂教学言语交际中告知交际意图与告知话语形式间的连接有的直接，有的间接。通过词汇化、语法化的语言成分标识告知意图的方式是直接实现途径，通过暗示、隐喻等方式建立告知意图与告知话语形式连接的是间接实现途径，直接与间接是相对的。

第六节　实现过程

根据以上分析，中学教师课堂教学言语行为的实施过程，即告知交际意图的实现过程可以概括为如下 7 个阶段：

①教师有某种告知需要；

②需要产生动机，形成满足需要的目的 A；

③形成通过语言的方式满足需要的目的 B；

④目的 A 和目的 B 产生告知交际意图；

⑤告知交际意图促使教师发启告知言语交际行为；

⑥告知言语交际行为实现信息的传递与认知；

⑦教师的需要得到满足或未被满足。

如图 6-15 所示，在上述过程中，①—④发生于告知言语交际之前，是告知交际意图产生的阶段；⑤是告知交际意图促使告知言语行为发生的阶段；⑥和⑦是告知交际意图得以实现的阶段。

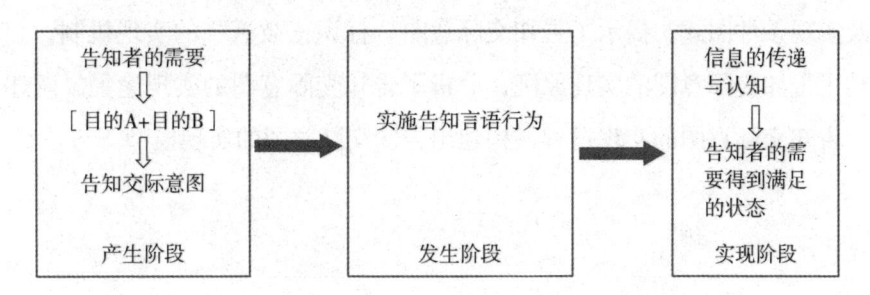

图 6-15　告知交际意图产生至实现的过程示意图

师生双方为实现告知交际意图在课堂告知言语交际过程中的全部话语就是教学语篇，教学语篇通过课堂告知言语交际行为结构而实现，是课堂告知言语交际的结果，是告知交际意图得以实现的最终话语表现，告知交际意图的实现过程就是教学语篇的生成过程，可以如图 6-16 所示：

图 6-16　教学语篇的生成过程示意图

如图 6-16 所示，教师通过告知交际意图的实现结构，具备相应实现条件，遵守相关实现原则，通过"标识—激活"的实现机制，选择话语形式，最终生成教学语篇。

经过以上研究，可以概括出告知交际意图的实现模型，即"告知交际意图—告知实现结构—告知实现条件—告知实现机制—告知实现原则—告知实现途径—告知话语形式"。

　　本章全面阐释了中学教师课堂教学言语行为的实现过程。中学教师课堂教学言语行为通过课堂告知言语交际行为结构而实现，其最终表现形式是生成教学语篇，教师课堂教学言语行为的实现过程就是教学语篇的生成过程，即告知交际意图的实现过程。本章分析了告知交际意图的实现条件（SXTJ1—5），概括出告知交际意图的实现条件模型及实现条件图式，揭示了告知交际意图"标识—激活"的实现机制，归纳了告知交际意图的实现原则，分析了告知交际意图的实现途径，阐述了告知交际意图的实现过程，构建出告知交际意图的实现模型。

结　语

　　教师课堂的交际是一种言语行为，可以而且必须从言语行为的角度加以认识。本书主要站位于语用学的研究立场，立足于言语行为理论，从交际意图的角度出发，研究中学教师课堂教学言语行为。

　　作为一种机构性言语行为，教师课堂教学言语行为的基本属性是告知，是以告知为核心交际意图的言语交际行为。其构成要素包括：告知交际主体、告知交际意图、告知交际形式、告知交际语境，告知交际意图是核心要素。对教师而言，课堂教学言语行为的实现过程就是选择话语形式标识并实现告知交际意图的过程。

　　本书的核心问题是描述并阐释中学教师是如何选择话语形式实现告知交际意图的，告知交际意图的实现过程是本书研究的重点。为呈现中学课堂教学言语交际的真实样貌，必须回归中学课堂教学的真实交流中寻找答案，强调语料的真实自然。本书通过实地考察、录音、录像相结合的方式，以9省14所中学9个学科120节课为调查对象，以45分钟为时间节点，对中学师生在课堂上的全部话语表现进行观察、记录、转写，共形成115篇中学课堂教学实录，共计827086字，以此作为本研究的语料基础。真实会话的录音录像便于不同研究者反复研究，并提供最全面的信息，为后续结论的验证性研究及相关研究提供保障。根据研究需要，编制了《中学教师课堂教学言语行为学生调查问卷》和《中学教师课堂教学言语行为教师调查问卷》，对初中和高中、学生和教师分别展开调研，以了解中学教师课堂教学言语行为的实施现状及中学师生对相关问题的认知状况。

言语交际是人的一种互动行为，交际意图的标识与推导依赖于交际主体的相关认知。教师和学生作为课堂告知言语交际的主体，其需求与意愿、交际角色、交际关系以及主体对上述内容的认知状况制约着师生双方的话语生成与理解以及告知效果的实现。

告知交际形式包括语言形式和非语言形式，本书主要研究语言形式的告知形式，即告知话语形式。告知话语形式是告知言语交际凭借的手段，是告知交际意图得以实现的具体话语表现。本文从静态层面描述并分析了具有突出特点的课堂告知语言形式，概括了课堂告知话语形式映射模式，分析了课堂告知意向标记形式。从动态层面概括并分析了典型而富有特点的教学语篇构建形式，包括对话形式、话题引入形式和话语进程形式。

中学教师课堂教学言语行为在话语形式层面的最终表现形式是教学语篇，教师课堂教学言语行为的实现过程即教学语篇的生成过程，可以概括如下：具备实现结构，标识实现条件，激活实现条件图式，遵守实现原则、实现告知交际意图，生成教学语篇。本文在系统阐述告知交际意图实现过程的基础上，构建出"告知交际意图—告知实现结构—告知实现条件—告知实现机制—告知实现原则—告知实现途径—告知话语形式"七位一体的告知交际意图的实现模型。

作为一种机构性会话，课堂教学言语交际发生在特定的机构场所（教室），具有封闭性、固定性的特点，因此，本文暂未考虑交际语境对告知效果的制约作用。事实上，交际语境的内涵要素十分丰富，对师生话语形式的选择与理解、对交际效果的实现具有重要影响，这部分内容应在未来研究中补充完善。

互动是交际的形式，真正的实体是师生在意义上的沟通。告知交际意图是中学教师课堂教学言语行为的核心，但并不是话语意义的全部。由于能力和时间所限，在研究过程中未能对话语意义的建构问题展开全面研究，这些应在后续研究中深入思考完成。

  国内对教学语篇的研究仍处在一种零散的、不成体系的状态，深入研究教学语篇的构建模式、语表特征、语用策略已成为当下教学语言研究必须解决的问题。本书的研究立场及研究思路有助于深化人们对教学语篇的认识和解读，深入研究教学语篇的构建模式、语表特征、语用策略有待于专家学者们广泛讨论、深入探究。

参考文献

一 普通图书

［美］爱德华·萨丕尔：《语言论——言语研究导论》，陆卓元译，商务印书馆2011年版。

［英］奥斯汀：《语言现象学与哲学》，杨玉成译，商务印书馆2002年版。

鲍建生、王洁、顾泠沅：《聚焦课堂——课堂教学视频案例的研究与制作》，上海教育出版社2005年版。

［英］伯纳德·科姆里：《语言共性和语言类型（第二版）》，沈家煊、罗天华译，北京大学出版社2010年版。

［美］布龙菲尔德：《语言论》，袁家骅、赵世开、甘世福译，商务印书馆2008年版。

蔡曙山：《言语行为和语用逻辑》，中国社会科学出版社1998年版。

蔡曙山：《语言的力量——从语用逻辑的观点看》，中国社会科学出版社1997年版。

岑运强：《言语交际语言学》，中国人民大学出版社2008年版。

岑运强：《语言学概论》，中国人民大学出版社2004年版。

车文博：《人本主义心理学》，浙江教育出版社2003年版。

陈昌来：《应用语言学导论》，北京大学出版社2007年版。

陈涵平：《教师言语美》，中山大学出版社2004年版。

陈嘉映：《语言哲学》，北京大学出版社2003年版。

陈利平、王仲杰、范希运等：《新课程背景下的教师课堂语言》，高等教育出版社2005年版。

陈汝东：《当代汉语修辞学》，北京大学出版社2004年版。

代树兰：《电视访谈话语研究》，中国社会科学出版社2009年版。

［法］丹·斯珀波、［英］迪埃珏·威尔逊：《关联：交际与认知》，蒋严译，中国社会科学出版社2008年版。

［瑞士］费尔迪南·德·索绪尔：《普通语言学教程》，高名凯译，商务印书馆2007年版。

冯广艺：《汉语语境学概论》，宁夏人民出版社1998年版。

冯广艺：《语用原则论》，暨南大学出版社2009年版。

傅道春：《教师组织行为》，上海教育出版社1993年版。

高名凯、石安石：《语言学概论》，中华书局2007年版。

桂诗春：《新编心理语言学》，上海外语教育出版社2000年版。

桂诗春、王初明：《当代语用学》，外语教学与研究出版社2004年版。

郭启明、赵森林：《教师语言艺术》（修订本），语文出版社1998年版。

国家教委师范司组编：《教师口语》，北京师范大学出版社1997年版。

［美］海姆·G.吉诺特：《老师怎样和学生说话》，冯杨、周呈奇译，海南出版社2005年版。

何兆熊：《新编语用学概要》，上海外语教育出版社2000年版。

何自然：《认知语用学——言语交际的认知研究》，上海外语教育出版社2006年版。

何自然、陈新仁：《当代语用学》，外语教学与研究出版社2008年版。

何自然、冉永平：《新编语用学概论》，北京大学出版社2009年版。

何自然、冉永平：《语用与认知——关联理论研究》，外语教学与研究出版社2001年版。

胡泽洪：《语言逻辑与言语交际》，湖南师范大学出版社1991年版。

胡壮麟：《认知隐喻学》，北京大学出版社2004年版。

胡壮麟：《语篇的衔接和连贯》，上海外语教育出版社1995年版。

江结宝：《言语交际新思维》，中国书籍出版社 2012 年版。

姜望琪：《当代语用学》，北京大学出版社 2003 年版。

姜望琪：《语用学理论及应用》，北京大学出版社 2000 年版。

蒋同林、崔达送：《教师语言纲要》，华语教学出版社 2001 年版。

[英] 杰弗里·利奇：《语义学》，李瑞华、王彤福译，上海外语教育出版社 1987 年版。

金立：《合作与会话：合作原则及其应用研究》，中国社会科学出版社 2005 年版。

金立鑫：《语言研究方法导论》，上海外语教育出版社 2007 年版。

康家珑：《交际语用学》，厦门大学出版社 2000 年版。

李福印：《认知语言学概论》，北京大学出版社 2008 年版。

李海涛：《教师语言行为研究》，四川大学出版社 2004 年版。

李捷、何自然、霍永寿：《语用学十二讲》，华东师范大学出版社 2011 年版。

李如密：《中学课堂教学艺术》，高等教育出版社 2009 年版。

[英] 利奇：《语义学》，李瑞华译，上海外语教育出版社 1987 年版。

刘云杉：《学校生活社会学》，南京师范大学出版社 2001 年版。

鲁苓：《语言言语交往》，社会科学文献出版社 2004 年版。

鲁忠义、彭聃龄：《语篇理解研究》，北京大学出版社 2003 年版。

陆丙甫：《汉语的认知心理研究——结构范畴方法》，商务印书馆 2010 年版。

吕明臣：《话语意义的建构》，东北师范大学出版社 2005 年版。

吕明臣：《网络语言研究》，吉林大学出版社 2008 年版。

吕叔湘：《中国文法要略》，商务印书馆 1982 年版。

马显彬：《教师语言学教程》，中山大学出版社 2000 年版。

马志强：《语言交际艺术》，中国社会科学出版社 2013 年版。

[英] 诺曼·费尔克拉夫：《话语与社会变迁》，殷晓蓉译，华夏出版

社 2003 年版。

彭聃龄、谭力海：《语言心理学》，北京师范大学出版社 1991 年版。

彭聃龄、张必隐：《认知心理学》，台湾东华书局 2000 年版。

[美] 乔治·莱考夫：《认知语言学十讲》，高远、李福印译，外语教学与研究出版社 2011 年版。

沈家煊：《不对称和标记论》，江西教育出版社 2005 年版。

沈阳、冯胜利：《当代语言学理论和汉语研究》，商务印书馆 2008 年版。

束定芳：《隐喻学研究》，上海外语教育出版社 2000 年版。

束定芳：《语言的认知研究——认知语言学论文精选》，上海外语教育出版社 2004 年版。

宋其蕤、冯显灿：《教学言语学》，广东教育出版社 1999 年版。

[苏联] 苏霍姆林斯基：《给教师的建议》，杜殿坤译，教育科学出版社 2004 年版。

孙维张：《汉语社会语言学》，贵州人民出版社 1991 年版。

孙维张、吕明臣：《社会交际语言学》，吉林大学出版社 1996 年版。

孙亚玲：《课堂教学有效性标准研究》，教育科学出版社 2008 年版。

索振羽：《语用学教程》，北京大学出版社 2000 年版。

唐家珑：《交际语用学》，厦门大学出版社 2000 年版。

唐树之：《教师口语技能》，湖南师范大学出版社 1996 年版。

王德春、孙汝建、姚远：《社会心理语言学》，上海外语教育出版社 1995 年版。

王建平：《语言哲学》，中共中央党校出版社 2003 年版。

王绍龄：《言语交际》，河南大学出版社 1991 年版。

[英] 维特根斯坦：《哲学研究》，李步楼译，商务印书馆 2010 年版。

[美] 沃纳·赛佛林、小詹姆斯·坦卡德：《传播理论：起源、方法与应用（第四版）》，郭镇之、孟颖译，华夏出版社 2000 年版。

吴康宁：《课堂教学社会学》，南京师范大学出版社 1999 年版。

吴为善:《认知语言学与汉语研究》,复旦大学出版社2011年版。

邢福义:《邢福义学术论著选》,华中师范大学出版社2003年版。

熊学亮:《认知语用学概论》,上海外语教育出版社2004年版。

[美]亚伯拉罕·马斯洛:《动机与人格(第三版)》,许金声译,中国人民大学出版社2007年版。

杨欣:《教学语言艺术》,四川出版社2009年版。

叶蜚声、徐通锵:《语言学纲要》,北京大学出版社1997年版。

[美]约翰·R. 塞尔:《意向性——论心灵哲学》,刘叶涛译,上海世纪出版集团2009年版。

[美]约翰·泰勒:《应用认知语言学十讲》,高远、李福印译,外语教学与研究出版社2011年版。

[瑞典]詹斯·奥尔伍德、拉斯·冈纳尔·安德森、奥斯坦·达尔:《语言学中的逻辑》,王维贤、李先焜、蔡希杰译,北京大学出版社2009年版。

赵毅、钱为钢:《言语交际》,上海文艺出版社2000年版。

郑贵友:《汉语篇章语言学》,外文出版社2002年版。

郑庆君:《汉语话语研究新探》,湖南教育出版社2003年版。

朱永生、严世清、苗兴伟:《功能语言学导论》,上海外语教育出版社2004年版。

佐斌:《师生互动论——课堂师生互动的心理学研究》,华中师范大学出版社2004年版。

[日]佐藤学:《课程与教师》,钟启泉译,教育科学出版社2003年版。

Adrian Akmajian, Richard A. Demers, Ann K. Farmer, Robert M., Harnish, *Linguistics: an Introduction to Language and Communication*, Massachusetts: The MIT Press, 2008.

Austin. J. L., *How to Do Things with Words*, Cambridge: Harvard University Press, 1969.

A. P. ,《马蒂尼奇·语言哲学》,牟博等译,商务印书馆 1998 年版。

Bachman, L. F. , *Fundamental Considerations in Language Testing*, Oxford: Oxford University Press, 1990.

Bales, S. N. , *Effective Language for Communicating Children's Issues*, Washington, D. C. : Coalition for America's Children with the Benton Foundation, 1999.

Birdwhistell, R. L. , *Nonverbal Communication: A Research Guide and Bibliography*, N. J. : The Scarecrow Press, 1977.

Cazden, C. B. ,《教室言谈:教与学的语言》,蔡敏玲、彭海燕译,心理出版社 2001 年版。

Chaudron, C. , *Second Language Classrooms: Research on Teaching and Learning*, Cambridge: Cambridge University Press, 1988.

Christie, F. , *Classroom Discourse Analysis: A Functional Perspective*, London & New York: Continuum, 2002.

Deborah Schiffrin, *Discourse Markers*, Cambridge: Cambridge University Press, 1987.

D. A. , Cruse, *Lexical Semantics*, Cambridge: Cambridge Press, 1986.

Eisenhart, M. , *Changing Conceptions of Culture and Ethnographic Methodology: Recent Thematic Shifts and Their Implications for Reseach and Teaching*, Washington D. C. : American Educational Research Association, 2001.

Eve Sweetser, *From Etymolog to Pragmatics: Metaphorical and Cultural Aspects of Semantic Structure*, Cambridge: Cambridge Press, 1990.

Fairclough, N. , *Discourse and Social Change*, Oxford: Oxford Blackwell, 1992.

Flanders, N. A. , *Interaction Analysis in the Classroom: A Manual for Observers*, Ann Arbor: University of Michigan Press, 1960.

Foucault, M., *The Archeology of Knowledge & The Discourse on Language*, New York: Pantheon Books, 1971.

Gaies, S., *Linguistic Input in First and Second Language Learning*, Mass: Newbury House, 1979.

Gaies, S., *The Nature of Linguistic Input in Formal Second Language Learning: Linguistic and communicative strategies in ESL teachers' classroom language*, Washington D. C.: TESOL, 1977.

Gee, J., *Social Linguistics and Literacies: Ideology in Discourses* (2nd ed.), Philadelphia: Falmer Press, 1996.

Joan, A. Hawkins, *Efficiency and Complexity in Grammars*, Oxford: Oxford University Press, 2010.

John, R. Searle, *Expression and Meaning: Studies in the Theory of Speech Acts*, Great Britain: Cambridge University Press, 1979.

John, R. Searle, *Speech Acts: An Essay in the Philosophy of Language*, Great Britain: Cambridge University Press, 1969.

Johnson, K. E. & Ma, P., *Understanding Language Teaching: Reasoning in Action*, New York: Heinle & Heinle Publishers, 1999.

J. L., Austin, *How to Do Things with Words*, Oxford: Oxford University Press, 2012.

Leonard talmy, *Toward a Cognitive Semantics* (Volume I): *Concept Structuring Systems*, Massachusetts: The MIT Press, 2000.

Leonard talmy, *Toward a Cognitive Semantics* (Volume II): *Typology and Process in Concept Structuring*, Massachusetts: The MIT Press, 2012.

Levinson, S. C., *Pragmatics*, Cambridge: Cambridge University Press, 1983.

McCarthy, M., *Discourse Analysis for Language Teachers*, Cambridge: Cambridge University Press, 1991.

Miller, H. C., *The New Psychology and the teacher*, New York: Albert &

Charles Boni, 1922.

Sandra, F. Rief, Julie, A. Heimburge,《全纳课堂的有效教学》,牛芳菊译,中国轻工业出版社 2005 年版。

Searle, J. R., *Speech Acts*, Cambridge: Cambridge University Press, 1969.

Sinclair, J. & D. Braze, *Teacher Talk*, Oxford: Oxford University Press, 1982.

Sinclair, J. & M. Coulthard, *Towards au Analysis of Discourse: The Used by Teachers and Pupils*, Oxford: Oxford University Press, 1975.

Smith, B. O., Meux, M. O. & Coombs, J. A., *Study of the Logic of Teaching*, Illinois: University of Illinois Press, 1970.

Stephen, C. Levinson, *Pragmatics*, Cambridge: Cambridge University Press, 1983.

Thomas, L. Good Jeer, E. Brophy,《透视课堂》,陶志琼、王凤、邓晓芳译,中国轻工业出版社 2002 年版。

Verschueren, J., *Understanding Pragmatics*, London: the Hodder Headline Group, 1999.

Wong, J. & Waring, H. Z., *Conversation Analysis and Second Language Pedagogy: A Guide for ESL/EFL Teachers*, New York: Routledge, 2010.

二 论文集、会议录

Coulthard, R. M. & D. C. Brazil, *Aspects of the Theory of Discourse*, In Couthard, R. M. & M. Montgomery (eds.), *Studies iu Discourse Analysis*, London: Routledge and Kegan Paul, 1981.

Long, M. H. & Sato, C. J., *Classroom Foreign Talk Discourse: Forms and functions of teachers'questions*, In H. W. Seliger & M. H. Long (eds), *Classroom Oriented Research in Second Language Acquisition*, Rowley, Mass.: Newbury House, 1983.

Long, M. H. , *Training the Second Language Teacher as Classroom researcher*, In J. E. Alatis, H. H. Stem & P. D. Strevens (eds.), *Applied Linguistics and the Preparation of Second Language Teachers*: *Towords a Rationale*, Washington, D. C. : Georgetown University Press, 1983.

Spandling, R. , *Components of Observed Teacher-Pupil Transactions in a Sample of Elementary School Classrooms*, Chicago: Address Delivered to the American Educational Reasearch Association, 1963.

三 学位论文

陈小英:《汉语课堂话语模式分析及其教学启示》,硕士学位论文,暨南大学华文学院,2005年。

董振邦:《致谢类言语交际研究》,硕士学位论文,吉林大学文学院,2015年。

高巍:《课堂教学师生言语行为互动分析——基于弗兰德斯教学言语行为互动分析系统的实证研究》,硕士学位论文,华中师范大学教育学院,2007年。

韩平平:《新手教师与专家教师课堂教学评价语言比较研究》,硕士学位论文,河北师范大学教育学院,2012年。

胡林丽:《高中语文教师课堂教学语言有效性研究》,硕士学位论文,华东师范大学教育科学学院,2009年。

黄汝萍:《中学实习教师教学言语行为研究》,硕士学位论文,上海师范大学教育学院,2013年。

黄媛媛:《高校教师课堂言语行为性别差异研究》,硕士学位论文,辽宁师范大学教育学院,2009年。

康金旭:《初中语文教师课堂言语行为研究——基于塞尔言语行为分析系统》,硕士学位论文,西北师范大学文学院,2013年。

李劲:《中学英语教师言语行为的语用分析》,硕士学位论文,云南师范大学外语学院，2006 年。

李潇潇：《实习教师课堂言语行为研究——以小学数学实习教师为例》，硕士学位论文，山东师范大学，2016 年。

李雪：《私立幼儿园集体教学中的教师言语评价研究》，硕士学位论文，东北师范大学教育科学学院，2010 年。

李燕：《语文教师课堂教学言语行为探析》，硕士学位论文，曲阜师范大学文学院，2007 年。

芦君：《国家精品课程教师课堂教学言语行为观察研究》，硕士学位论文，西南大学高等教育研究所，2010 年。

吕明臣：《话语意义的建构：言语交际过程中主体的认知加工》，硕士学位论文，吉林大学哲学社会学院，2005 年。

欧阳林舟：《课堂教学话语研究》，硕士学位论文，湖南师范大学教育科学学院，2005 年。

彭玲：《教师有效课堂教学言语行为研究》，硕士学位论文，广西师范大学教育科学学院，2010 年。

邱乐乐：《言语交际中话语关系的建立和保持》，硕士学位论文，吉林大学文学院，2011 年。

邱微：《小学课堂师生言语行为研究》，硕士学位论文，东北师范大学教育科学学院，2006 年。

太清艳：《新闻语篇研究》，硕士学位论文，吉林大学文学院，2014 年。

唐卓：《电视谈话节目主持人话语研究》，硕士学位论文，吉林大学文学院，2011 年。

王昊：《现代汉语总分关系范畴研究》，硕士学位论文，吉林大学文学院，2016 年。

王佳：《专家型教师与非专家型教师教学语言行为对比的实证分析》，硕士学位论文，辽宁师范大学生命科学学院，2010 年。

王娇：《论教师语言的语用失误问题》，硕士学位论文，吉林大学文学院，2013年。

王立军：《说服类言语交际研究》，硕士学位论文，吉林大学文学院，2015年。

王维丽：《促进师生交往的教师言语行为研究》，硕士学位论文，四川师范大学教育科学学院，2009年。

吴猛：《福柯话语理论探要》，硕士学位论文，复旦大学哲学系，2003年。

杨海燕：《课堂教学情景中教师言语评价行为的研究》，硕士学位论文，华东师范大学教育学系，2003年。

杨梅：《中小学教师资格考试实施问题研究》，硕士学位论文，山西大学教育科学学院，2015年。

叶立军：《数学教师课堂教学行为比较研究》，硕士学位论文，南京师范大学教育科学学院，2011年。

于江华：《基于录像分析下的初中教师代数课堂有效教学语言的策略研究》，硕士学位论文，杭州师范大学理学院，2010年。

张慧：《师生课堂言语交际的实证研究》，硕士学位论文，吉林大学文学院，2006年。

张文君：《教育过程中教师言语行为的施为性》，硕士学位论文，沈阳师范大学教育科学学院，2012年。

张玥：《请求类言语交际研究》，硕士学位论文，吉林大学文学院，2013年。

赵美娟：《乔姆斯基的语言观》，硕士学位论文，上海外国语大学英语学院，2007年。

Bellack, A. A., Hyman, R. T., Smith Jr, F. L. & Kliebard, H. M., *The Language of the Classroom*, New York: Columbia University, 1966.

Haynes, H. C., *Relation of Teacher Intelligence, Teacher Experience, and Type of Questions*, Nashville: Vanderbilt University, George Peabody College for Teachers, 1934.

Teppo Varttalo, *Hedging in Scientifically Oriented Discourse*, *Exploring Variation According to Discipline and Intended Audi-ence*, Finland West Finland: University of Tampere, 2001.

四 期刊中析出的文献

安桂清:《话语分析视角的课堂研究:脉络与展望》,《全球教育展望》2013 年第 11 期。

白敏:《教师口语技能形成的实践与思考》,《四川教育学院学报》2011 年第 6 期。

边振华:《谈教师的课堂教学语言》,《基础教育研究》2009 年第 4 期。

蔡芸:《语境与意义推导》,《现代外语研究》1997 年第 1 期。

曹沂华:《课堂教学语言研究文献综述》,《中国科教创新导刊》2009 年第 1 期。

陈蔼琦、曾淡君:《用言语行为理论分析教师语言的语用功能》,《成都大学学报》(教育科学版)2008 年第 1 期。

陈彩芳:《教师课堂言语行为直接型和间接型策略分析》,《绍兴文理学院学报》(教育版)2007 年第 11 期。

陈海庆、张绍杰:《语篇连贯:言语行为理论视角》,《外语教学与研究》2004 年第 6 期。

陈家晃:《话语标记的语境提示作用》,《北京化工大学学报》2011 年第 4 期。

陈玲:《课堂教学中教师教学行为与学生学习行为的调查》,《职教通讯》2000 年第 4 期。

陈羚:《国内外有关教师课堂提问的研究综述》,《基础教育研究》2006 年第 9 期。

陈新仁:《会话"不合作"现象论析》,《扬州大学学报》(人文社会科学版)2000 年第 2 期。

陈雪萍：《有效教师课堂教学言语行为的基本要素》，《兰州教育学院学报》2010年第2期。

陈正红：《近十年我国言语行为理论的应用研究综述》，《当代教育理论与实践》2013年第9期。

程祺龙：《语言认知和隐喻》，《外国语》（上海外国语学院学报）2002年第1期。

崔希亮：《语言交际能力与话语的会话含义》，《语言教学与研究》1992年第2期。

邸文侠：《课堂教学语言刍议》，《渤海学刊》1989年第1期。

董晓敏：《近三十年来教师语言研究述评》，《南京师范大学文学院学报》2007年第1期。

范宁、杨芝岭：《霍姆斯协会报告：明天的教师（1986）（上）》，《全球教育展望》1988年第5期。

冯德兵：《语篇分析中的意图性与连贯》，《集美大学学报》2007年第1期。

冯江鸿：《课堂话语研究方法述评》，《外语研究》2012年第5期。

冯莉芳：《谈教师的教学语言》，《继续教育研究》2008年第8期。

盖立春、郑长龙：《课堂教学行为研究的三种范式及其基本问题》，《课程·教材·教法》2010年第11期。

盖立春、郑长龙：《美国教学行为研究的发展历史与范式更迭》，《外国教育研究》2009年第5期。

高巍：《课堂教学师生言语行为互动研究》，《教育研究与实验》2009年第9期。

顾泠沅、周卫：《课堂教学的观察与研究——学会观察》，《上海教育》1999年第5期。

顾曰国：《John Searle的言语行为理论：评判与借鉴》，《国外语言学》1994年第3期。

顾曰国：《John Searle 的言语行为理论与心智哲学》，《国外语言学》1994 年第 2 期。

顾曰国：《奥斯汀的言语行为理论：诠释与批判》，《外语教学与研究》1989 年第 1 期。

郭林花：《英语专业教师课堂指令性言语行为研究》，《山东外语教学》2005 年第 5 期。

郭弢：《要重视教师的课堂语言》，《渤海学刊》1989 年第 1 期。

国家教育委员会：《师范院校"教师口语"课程标准》，《语言文字应用》1993 年第 3 期。

国家语委：《国家语言文字工作委员会关于普通话水平测试管理工作的若干规定（试行）》，《语文建设》1997 年第 12 期。

过传忠：《谈教师的语言修养》，《人民教育》1982 年第 10 期。

何向东、袁正校：《交际意图——语用推理的目标》，《自然辩证法研究（增刊）》2000 年第 16 期。

何学德：《会话质量：合作原则与礼貌原则语境运用研究》，《西南民族大学学报》（人文社会科学版）2005 年第 11 期。

何兆熊：《话语分析综述》，《外国语》（上海外国语学院学报）1983 年第 4 期。

何兆熊：《漫话功能主义和语用研究》，《外国语》（上海外国语学院学报）1991 年第 4 期。

何兆熊：《语境的动态研究》，《外国语》（上海外国语学院学报）1997 年第 6 期。

何兆熊：《语用、意义和语境》，《外国语》（上海外国语学院学报）1987 年第 5 期。

何自然：《Grice 语用学说与关联理论》，《外语教学与研究》1995 年第 4 期。

何自然：《语言模因及其修辞效应》，《外语学刊》2008 年第 1 期。

何自然、冉永平：《关联理论——认知语用学基础》，《现代外语》1998年第3期。

胡范铸：《从"修辞技巧"到"言语行为"——试论中国修辞学研究的语用学转向》，《修辞学习》2003年第1期。

胡启海：《英语专业教师教学言语行为的顺应性研究》，《外语学刊》2010年第7期。

黄华新、吴恩锋：《言语行为理论术语汉译版本的标准化探讨》，《术语标准化与信息技术》2005年第3期。

黄惠华：《浅谈教师的语言对教学效果的影响》，《西北医学教育》2007年第4期。

黄明明：《略论教学语言的幽默风格》，《吴锡教育学院学报》2003年第4期。

黄齐东、郑亚南：《交际意图的动态认知过程探析》，《语言学研究》2005年第12期。

黄淑琴：《教师否定和异议的表达策略及语用分析——以中学语文阅读教学为例》，《课程·教材·教法》2009年第8期。

黄小苹：《课堂话语微观分析：理论、方法与实践》，《外语研究》2006年第10期。

吉比尼、威尔玛：《美国本科毕业的实习教师能力评定条目》，沈剑平译，《外国教育动态》1987年第3期。

计琦、张绍杰：《后格赖斯语用学——语境论视角下的语用过程研究》，《吉林大学社会科学学报》2009年第5期。

姜望琪：《再评关联理论——从"后叙"Sperber和Wilson对关联理论的修改》，《外语教学与研究》2002年第5期。

亢晓梅：《师生课堂互动行为类型理论比较研究》，《比较教育研究》2001年第4期。

赖先刚：《试论课堂教学语言的言语行为与信息传播》，《乐山师范学院学报》2006 年第 6 期。

李昌年：《关于言语行为的研究若干问题的思考》，《江西教育学院学报》1997 年第 4 期。

李昌年：《间接言语行为的类型及其语里的推求》，《江西教育学院学报》1996 年第 5 期。

李昌年：《言外意和言内意的语义关联性》，《江西教育学院学报》1990 年第 4 期。

李军华：《论交际意图与言语行为》，《求索》2007 年第 4 期。

李珉：《未来教师口语技能培养工程的实践与思考》，《言文字应用》1993 年第 4 期。

李默涵、张峰荣：《论教学语言的基本特征及审美特征》，《丹东纺专学报》2003 年第 12 期。

李如龙：《谈教师的语言修养》，《语言文字应用》1993 年第 4 期。

李森：《课堂教学活动话语权力的反思与重建》，《当代教育科学》2003 年第 1 期。

李森：《论课堂教学话语系统及转换》，《当代教育科学》2003 年第 2 期。

李松林：《课堂教学行为分析引论》，《教育理论与实践》2005 年第 4 期。

李兴梅、曹学林：《谈中学数学课堂教学中的师生互动》，《数学通报》2009 年第 4 期。

李燕：《润物细无声——谈语文教师课堂言语行为的暗示作用》，《现代语文》2006 年第 8 期。

李悦娥：《话语中的重复结构探析》，《外语与外语教学》2000 年第 11 期。

梁晓庆：《高校师范生口语能力培养研究》，《新课程学习（中）》2012 年第 1 期。

廖美珍：《"目的原则"与目的分析（上）——语用研究新途径探索》，《修辞学习》2005年第3期。

廖运全、黄永亮：《斯波伯和威尔逊"关联论"的相对性及其在外语教学中的意义》，《咸阳师范学院学报》2006年第4期。

廖肇银：《破解农村教师语言规范化问题的思考》，《江西金融职工大学学报》2010年第1期。

林波：《从关联理论看目的认知域中的意图映射》，《四川外语学院学报》2002年第6期。

林波：《交际意图的语用认知新探》，《外语教学》2002年第3期。

林书武：《国外隐喻研究综述》，《外语教学与研究》1997年第1期。

凌步程：《试论语言表达的三个层次及其在教师口语课教学中的运用》，《语文建设》1997年第9期。

刘光准：《言语交际的交际意图和紧缩现象》，《外语学刊》（黑龙江大学学报）1989年第3期。

刘焕辉：《语言动态研究与交际语言学研究》，《中国社会科学》1991年第4期。

刘娜：《教师课堂角色类型研究》，《教育评论》2009年第8期。

刘娜：《教师言语行为的语用研究》，《教育评论》2009年第4期。

刘绍忠：《关联理论的交际观》，《现代外语》1997年第2期。

刘世清、姚本先：《课堂教学中的话语现象探析》，《当代教育论坛》2004年第2期。

刘云杉：《教师话语权力分析》，《南京师范大学学报》（社会科学版）1997年第3期。

刘云杉：《课堂教学中的学生角色探析》，《江西教育科研》1997年第4期。

刘云杉、吴康宁、程晓樵等：《学生课堂言语交往的社会学研究》，《南京师大学报》（社会科学版）1995年第4期。

鲁忠义：《语篇阅读理解的推理机制的研究》，《心理科学》1999年第3期。

鲁忠义、彭聃龄：《故事图式在故事理解中加工机制的初步实验研究》，《心理学报》1990年第3期。

鲁忠义、彭聃龄：《故事阅读中句子加工时间与理解研究》，《心理学报》1996年第4期。

陆昌萍：《教师课堂评价言语行为的语用特征》，《语文建设》2009年第5期。

吕长生、刘登珲：《美国教师语言研究的进展与启示》，《当代教育科学》2015年第22期。

吕明臣：《话语意义的性质和来源》，《汉语学习》2005年第5期。

吕明臣：《话语意义研究的理论演进》，《社会科学战线》2005年第4期。

吕明臣：《时空环境和言语交际类型》，《吉林大学社会科学学报》2011年第2期。

吕明臣：《网络交际中自然语言的属性》，《吉林大学社会科学学报》2004年第2期。

吕明臣：《现代汉语话语指示功能分析》，《东疆学刊》1999年第3期。

吕明臣：《现代汉语应对句的功能》，《汉语学习》2000年第6期。

吕明臣：《言语的建构》，《社会科学战线》2000年第5期。

吕明臣：《言语行为结构与语言教学相关问题》，《国际汉语教学研究》2014年第4期。

吕淑佳、黄萍：《语用目的原则与机构性话语研究》，《外语学刊》2015年第5期。

罗迪江：《言语行为的内蕴诠释》，《集美大学学报》（哲学社会科学版）2008年第2期。

罗国莹：《动态语境下的教师口语生成》，《玉林师范学院学报》2012

年第 6 期。

罗国莹：《教师言语行为的预设策略》，《江苏社会科学》2007 年第 S2 期。

马斯洛：《对自我实现的需要》，德新译，《现代外国哲学社会科学文摘》1992 年第 6 期。

马斯洛：《自我实现及其超越》，林方译，《心理学动态》1985 年第 2 期。

马晓琴、陶相荣：《城乡结合部中小学教师语言素质的现状分析》，《陕西教育学院学报》2010 年第 9 期。

毛亚玲：《浅谈教师的语言艺术》，《宁夏教育》2010 年第 1 期。

苗兴伟：《关联理论与认知语境》，《外语学刊》（黑龙江大学学报）1997 年第 4 期。

穆永芳、张旭：《关于教师课堂教学行为的思考》，《大庆高等专科学校学报》2004 年第 1 期。

邱微、张捷：《课堂教学师生言语行为的实证研究》，《东北师大学报》（哲学社会科学版）2006 年第 5 期。

冉永平：《话语标记语的语用学研究综述》，《外语研究》2000 年第 4 期。

冉永平：《语用过程中的认知语境及其语用制约》，《外语与外语教学》2000 年第 8 期。

冉永平：《语用意义的动态研究》，《外国语》（上海外国语大学学报）1998 年第 6 期。

沈家煊：《语言的"主观性"和"主观化"》，《外语教学与研究》2001 年第 4 期。

石鸥：《论教学话语与师生理解》，《湖南师范大学学报》（社会科学版）1995 年第 6 期。

束定芳：《关于预设理论的几个问题》，《外语研究》1989 年第 3 期。

束定芳：《隐喻的语用学研究》，《外语学刊》1996年第2期。

宋扬、吕明臣：《信息传递中教学言语交际意图及其实现条件研究》，《图书馆学研究》2016年第13期。

宋月琴：《论言语行为与会话含义之关系》，《晋中学院学报》2008年第4期。

孙红梅：《认知语境和语言的理解》，《宜宾学院学报》2002年第4期。

孙炬：《维索尔伦顺应论的语言哲学观》，《山东大学学报》（哲学社会科学版）2007年第6期。

汤燕瑜、刘绍忠：《教师语言的语用分析》，《外语与外语教学》2003年第1期。

唐红芳：《论说话人意向及其推导》，《外语学刊》2008年第3期。

王传经：《意向性·意义·交际意图·语言教学——意向意义理论研究的几点思考》，《外语研究》1999年第2期。

王改燕：《从认知心理学角度看语言输出过程》，《外语教学》2005年第2期。

王红梅：《国内言语行为理论应用研究10年综述》，《赤峰学院学报》（汉文哲学社会科学版）2012年第11期。

王建华：《关于语境的构成与分类》，《语言文字应用》2002年第3期。

王君兰：《小议奥斯汀及塞尔的言语行为理论》，《现代交际》2016年第2期。

王立军、吕明臣：《信息传递中"说服"类交际意图及其实现条件研究》，《图书馆学研究》2015年第7期。

王立军、吕明臣：《信息传递中交际主体显性角色对"说服"效果的影响》，《图书馆学研究》2015年第6期。

王全智：《也谈衔接、连贯与关联》，《外语学刊》2002年第2期。

王蓉：《大学英语教师的反馈话轮交际策略：比赛课堂与常规课堂的比较》，《解放军外国语学院学报》2014年第7期。

王松鹤：《隐喻研究的划时代标志——莱考夫和约翰逊》，《外语学刊》2006年第3期。

王扬：《语用预设的特征及其认知阐释》，《安徽教育学院学报》2004年第2期。

王郑平：《浅议 Leech 的礼貌原则》，《北方文学》2010年第5期。

魏晏龙、田建国：《对于马林诺夫斯基语境观的再分析》，《西安建筑科技大学学报》（社会科学版）2012年第2期。

文旭：《认知语言学的研究目标、原则和方法》，《外语教学与研究》2002年第2期。

吴本虎：《在言语交际中考察言语感知——教育心理语言学分析》，《浙江师大学报》（社会科学版）1993年第3期。

吴本虎：《教学言语交际中的言语获知——教育心理语言学分析之二》，《浙江师大学报》（社会科学版）1995年第2期。

吴本虎：《教学言语交际中的言语动机——教育心理语言学分析之三》，《浙江师大学报》（社会科学版）1997年第5期。

吴本虎：《教学言语交际中的言语意图——教育心理语言学分析之四》，《浙江师大学报》（社会科学版）1998年第6期。

吴康宁：《课堂教学的社会学研究视角》，《上海教育科研》1998年第8期。

吴康宁、程晓樵、吴永军等：《教师课堂角色类型研究》，《教育研究与实验》1994年第4期。

吴延平：《奥斯汀和塞尔的言语行为理论探究》，《吉林师范大学学报》（人文社会科学版）2007年第4期。

肖红武、笑姣娣：《教师言语的有效交际与英语教学效率》，《教学与管理》2010年第9期。

谢明初、朱新明：《认知心理学视角下的数学教育》，《数学教育学报》2007年第1期。

辛斌：《言语行为、交际意图和预示语列》，《外语学刊》1999 年第 1 期。

邢思珍、李森：《课堂教学活动话语权力的反思与重建》，《教育科学研究》2004 年第 12 期。

徐辉、谢艺泉：《话语霸权与平等交流——对新型师生观的思考》，《教育科学》2004 年第 6 期。

许彩云：《言语行为类型及其话语模式探析》，《连云港职业技术学院学报》2002 年第 4 期。

许彩云：《言语行为类型及其原型变体初探》，《淮阴师范学院学报》2001 年第 3 期。

许家金：《话语标记的现场即席观》，《外语学刊》2009 年第 2 期。

闫龙：《课堂教学行为：内涵和研究框架》，《全球教育展望》2007 年（增刊）。

杨丽霞、陈永明：《语言理解能力个体差异的理论述评》，《心理科学》1998 年第 6 期。

杨宁芳：《奥斯汀的言语行为理论探究》，《重庆工学院学报》（社会科学版）2008 年第 7 期。

姚本先、刘世清：《教育交往中的言语困境探讨》，《课程·教材·教法》2004 年第 2 期。

叶琳：《隐喻的图示——范例解释在课堂教学中的应用》，《中国外语》2006 年第 5 期。

印四海：《关于意图及其传递》，《外国语》（上海外国语大学学报）2000 年第 2 期。

张丹：《隐喻与转喻——认知的两大基石》，《南华大学学报》（社会科学版）2010 年第 6 期。

张德禄：《论语言交际中的交际意图》，《解放军外语学院学报》1998 年第 3 期。

张建琼:《国内外课堂教学行为研究之比较》,《外国教育研究》2005年第3期。

张能为:《卡尔纳普的"语言构架"存在论分析》,《安徽大学学报》2003年第2期。

张庆儒:《当规矩成方圆——教师课堂语言简论》,《渤海学刊》1989年第1期。

张锐:《国内外教师口语研究与课程设置》,《语言文字应用》1994年第5期。

张锐、朱家钰:《谈教师语言艺术》,《课程·教材·教法》1991年第3期。

张素敏:《学习者因素对教师话语的影响作用分析》,《外语研究》2011年第5期。

张晓凤:《国内教学话语权研究现状评析——基于2000—2013年中国知网数据的定量分析》,《黑河学刊》2015年第5期。

张亚非:《关联原则及其话语解释作用》,《现代外语》1992年第4期。

赵琪凤:《汉语口语测试的信度研究与教学启示》,《汉语学习》2012年第5期。

郑君:《课堂教学反馈行为类型及其实施原则》,《当代教育科学》2010年第6期。

周国光:《语义场的结构和类型》,《华南师范大学学报》(社会科学版)2005年第1期。

周建安:《论语用推理机制的认知心理理据》,《外国语》(上海外国语大学学报)1997年第3期。

庄文中:《教师教学语言的功能、语言环境和基本要求》,《语言文字应用》1994年第3期。

佐藤学:《教与学:寻求意义与关系的再构》,钟启泉译,《全球教育展望》2001年第2期。

Asta Cekaite, Socializing Emotionally and Morally Appropriate Peer Group Conduct through Classroom Discourse, *Linguistics and Education*, 2013 (24): 511-522.

Birdwhistell, R. L., Nonverbal Communication: A Research Guide and Bibliography, *Program in Ethnographic Film Newsletter*, 1978, 5 (1): 70.

Bloome, D., Carter, S. P., Christian, B. M., Otto, S. & Shuart-Faris, N., Discourse Analysis and the study of classroom language and literacy events: A microethnographic perspective, *Mahwah*, N. J.: Lawrence Erlbaum Associates, 2006 (8): 328-329.

Bosco, F., The Fundamental Context Categories in Understanding Communicative intention, *Journal of Pragmatic*, 2004, 36 (3): 467-488.

B. Bricklin Zeff, The Pragmatics of Greetings Teaching Speech Acts in the EFL Classroom, *English Teaching Forum*, 2016 (54): 2-11.

Cassel, R. N. & Johns, W. L., The Critical Characteristics of an Effective Teacher, *NASSP Bulletin*, 1960, 44 (259): 119-124.

Cogan, M. L., The Behavior of Teachers and the Productive Behavior of Their Pupils, *The Journal of Experimental Education*, 1958, 27 (2): 89-105.

Cogan, M. L., The Behavior of Teachers and the Productive Behavior of Their Pupils: Ⅱ. "Trait" Analysis, *The Journal of Experimental Education*, 1958, 27 (2): 107-124.

Corey, S. M., THE Teachers our-talk the pupils, *American Journal of Education*, 1940, 48 (10): 745-752.

Curtis, F. D., Types of thoughr questions in texrbooks of science, *Science Education*, 1943, 27 (2): 60-67.

David Coulson, Language Learning beyond the Classroom, *Book Reviews/Sys-*

tem, 2016 (56): 151 – 152.

Douglas Barnes, Denis Shemilt, Transmission and interpretation, *Educational Review*, 1973, 26 (3): 213 – 228.

Douglas Macbeth, Hugh Mehan's Learning Lessons Reconsidered: On the Differences Between the Naruralistic and Critical Analysis of Classroom Discourse, *American Educational Research Journal*, 2003, 40 (1): 239 – 280.

Eisenstein, M., Bodman, J. W., I very Appreciate: Expressions of Gratitude by Native and Non-native Speaker of American English, *Applied Linguistics*, 1986, 7 (2): 167 – 185.

Epstein, R., The definite article, accessibility, and the construction of discourse referent, *Cognitive Linguistics*, 2002, 12 (4): 333 – 378.

Harris, Z. S., Discourse Analysis: A sample text, *Language*, 1952, 28 (4): 474 – 494.

Henzel, V., Foreigner talk in the classroom, *International Review of Applied Linguistic in Language Teaching*, 1979, 17 (2): 159 – 167.

Hiller, J. H., Verbal Response Indicators of Conceptual Vagueness, *American Educational Reaserch Journal*, 1971, 8 (1): 151 – 161.

Hotelling, H., The teaching of statistics, *The Annals of Mathematical Statistics*, 1940, 39 (3): 348 – 350.

Lay Hoon Seah, Elementary Teachers' Perception of Language Issues in Science Classrooms, *International Journal of Science and Math Education*, 2016, 14 (6): 1 – 20.

McHoul, A., The Organization of Turns at Formal Talk in the Classroom, *Language and Society*, 1978, 7 (2): 183 – 213.

Mehrabian, A., Nonverbal communication, *Encyclopedia of Child Behavior & Development*, 1972, 22 (37): 14 – 18.

Riley, P., When communication breaks down: levels of coherence in discourse, *Applied Linguistics*, 1980 (3): 201-216.

Roe, W. S., How Good a Teacher Are You? *The Clearing House*, 1943, 17 (6): 362-365.

Sara Gesuato, Learning to Analyse and Write Extended Speech Acts in the Foreign Language Classroom, *Lodz Papers in Pragmatics*, 2012, 8 (2): 183-207.

Solomon, D., Rosenberg, L. & Bezdek, W. E., Teacher behavior and student learning, *Journal of Educational Psychology*, 1964, 55 (55): 23-30.

Stevens, R., The question as a measure of efficiency in instruction: A critical study of classroom practice, *American Journal of Education*, 1912, 20 (10): 48.

Woolfolk, A. E. & Brooks, D. M., Nonverbal communication in teaching, *Review of Researsh in Education*, 1983, 10 (1): 103-149.

附　　录

中学教师课堂教学言语行为学生调查问卷

1. 您认为学生在课堂教学言语交际中的角色是：（　　）
   A. 接受者　　　　　B. 主导者　　　　　C. 参与者
2. 您在课堂教学言语交际中经常充当的角色是：（　　）
   A. 接受者　　　　　B. 主导者　　　　　C. 参与者
3. 您认为教师在课堂教学言语交际中的角色是：（　　）
   A. 决定者　　　　　B. 主导者　　　　　C. 参与者
4. 您的教师在课堂教学言语交际中经常充当的角色是：（　　）
   A. 决定者　　　　　B. 主导者　　　　　C. 参与者
5. 您认为在课堂教学言语交际中师生间的交际关系是否具有矛盾性？（　　）
   A. 具有　　　　　B. 没有
6. 您认为在课堂教学言语交际中师生间良好的交际关系如何构建？（　　）
   A. 教师构建　　　　B. 学生构建　　　　C. 师生共同构建
7. 您认为在课堂教学言语交际中师生间良好的交际关系是否影响交际效果？（　　）
   A. 有重要影响　　　B. 有一定影响
   C. 影响不大或没有影响

8. 在课堂教学言语交际过程中您会主动构建师生间良好的交际关系吗？（   ）

    A. 经常　　　　　　B. 偶尔　　　　　　C. 不会

9. 在课堂教学言语交际过程中您的教师是否注意构建师生间良好的交际关系？（   ）

    A. 经常　　　　　　B. 偶尔　　　　　　C. 不会

10. 您常常因何种原因听课，接收教师讲解的内容？（   ）

    A. 需要（例如考试）

    B. 意愿（兴趣、有意思）

    C. 教师严格要求

11. 在课堂教学言语交际中影响您学习状态最为重要的因素是：（   ）

    A. 考试需要　　　　B. 听课意愿

    C. 教师的严格要求

12. 您的教师是否采取一定方式激发学生的学习状态？（   ）

    A. 经常　　　　　　B. 偶尔　　　　　　C. 从不

13. 您的教师经常采用何种方式激发学生的学习状态？（   ）（可多选）

    A. 通过表扬、鼓励等措施拉近师生关系

    B. 创设情境以加深理解

    C. 调整交际角色以引起师生情感共鸣

    D. 严格要求常带有惩罚措施

14. 您在课堂教学言语交际中的学习状态通常是：（   ）

    A. 良好　　　　　　B. 一般　　　　　　C. 不好

15. 您对教师激发学生学习状态的方式是否满意？（   ）

    A. 满意　　　　　　B. 一般　　　　　　C. 不满意

16. 您喜欢以下哪种讲授方式？（   ）（可多选）

A. 明示（直接告知）

B. 推理（利用逻辑、语义关系）

C. 隐喻（利用相似性举例）

17. 在课堂教学言语交际中，您的教师经常采用哪种讲授方式？（　　）（可多选）

A. 明示（直接告知）

B. 推理（利用逻辑、语义关系）

C. 隐喻（利用相似性举例）

18. 您对教师在课堂教学言语交际中的讲授方式是否满意？（　　）

　　A. 满意　　　　B. 一般　　　　C. 不满意

19. 您认为评判教师采用的话语形式恰当与否的根本标准是：（　　）

A. 符合学生的认知能力和接受意愿

B. 有助于交际意图的实现

C. 符合教师的职业特点、个人言语风格及教学内容的专业性

20. 您对教师选择的话语形式是否满意？（　　）

　　A. 满意　　　　B. 一般　　　　C. 不满意

21. 您在课堂教学言语交际结束时的状态常常是：（　　）

A. 未能学会教师讲授的知识

B. 在一定程度上学会了教师讲授的知识

C. 在学会知识的基础上引起相关认知、态度、行为上的某种改变

22. 您认为课堂教学言语交际成功的标志是：（　　）

A. 教学活动的结束

B. 学生学会了教师讲授的内容

C. 交际意图的实现

中学教师课堂教学言语行为教师问卷

1. 您认为下列选项中课堂教学言语交际最为核心的要素是：（   ）

    A. 交际主体（教师和学生）　　　　B. 交际意图

    C. 交际语境　　　　　　　　　　　D. 话语形式

    E. 未曾做过思考

2. 您认为教师在课堂教学言语交际中的角色是：（   ）

    A. 决定者　　　　B. 主导者　　　　C. 参与者

3. 您在课堂教学言语交际中经常充当的角色是：（   ）

    A. 决定者　　　　B. 主导者　　　　C. 参与者

4. 您认为学生在课堂教学言语交际中的角色是：（   ）

    A. 接受者　　　　B. 主导者　　　　C. 参与者

5. 您的学生在课堂教学言语交际中经常充当的角色是：（   ）

    A. 接受者　　　　B. 主导者　　　　C. 参与者

6. 在课堂教学言语交际过程中您与学生的交际关系如何？（   ）

    A. 非常和谐　　　　B. 一般

    C. 带有一定抵触情绪

7. 您认为在课堂教学言语交际中师生间的交际关系是否具有矛盾性？（   ）

    A. 有　　　　B. 没有

8. 您认为在课堂教学言语交际中师生间的交际关系是否影响交际效果？（   ）

    A. 有重要影响　　　　B. 有一定影响

    C. 影响不大或没有影响

9. 您认为在课堂教学言语交际中师生间良好的交际关系如何构建？（   ）

A. 教师构建　　　　B. 学生构建　　　　C. 师生共同构建

10. 在课堂教学言语交际过程中您注意构建师生间良好的交际关系吗？（　　）

    A. 经常　　　　　B. 偶尔　　　　　　C. 不会

11. 您认为教师实施课堂教学言语交际行为的原因是：（　　）

    A. 满足自身需要　B. 满足学生需要　　C. 未曾做过思考

12. 您认为学生听课，接收教师讲授内容的原因是：（　　）

    A. 需要（例如考试）

    B. 意愿（兴趣、有意思）

    C. 教师严格要求

13. 您的学生在课堂教学言语交际中的学习状态通常是：（　　）

    A. 良好　　　　　B. 一般　　　　　　C. 不好

14. 您认为在课堂教学言语交际中影响学生学习状态最为重要的因素是：（　　）

    A. 考试需要　　　B. 听课意愿　　　　C. 教师严格要求

15. 在课堂教学言语交际中，您是否采取一定方式激发学生的学习状态？（　　）

    A. 经常　　　　　B. 偶尔　　　　　　C. 从不

16. 您经常采用何种方式激发学生的学习状态？（　　）（可多选）

    A. 通过表扬、鼓励等措施拉近师生关系

    B. 创设情境以加深理解

    C. 调整交际角色以引起师生情感共鸣

    D. 严格要求常带有惩罚措施

17. 您对自身激发学生学习状态的方式是否满意？（　　）

    A. 满意　　　　　B. 一般　　　　　　C. 不满意

18. 您在课堂教学言语交际中经常采用以下哪种讲授方式？（　　）（可多选）

A. 明示（直接告知）

B. 推理（利用逻辑、语义关系）

C. 隐喻（利用相似性举例）

19. 您对自己的讲授方式是否满意？（　　）

    A. 满意　　　　　　B. 一般　　　　　　C. 不满意

20. 在教学过程中，您选择话语形式最根本的依据是：（　　）

    A. 讲授内容　　　B. 学生的认知能力和意愿

    C. 交际意图

21. 您认为判断话语形式恰当与否最根本的标准是：（　　）

    A. 符合教师的职业身份及学科特点

    B. 符合学生的认知水平和意愿

    C. 是否有助于交际意图的实现

22. 您的学生在课堂教学言语交际结束时的状态常常是：（　　）

    A. 未能学会教师讲授的知识

    B. 在一定程度上学会了教师讲授的内容

    C. 在学会教师讲授内容的基础上引起相关认知、态度、行为上的某种改变

23. 您认为课堂教学言语交际成功的标志是：（　　）

    A. 教学活动的结束

    B. 学生学会了教师讲授的内容

    C. 交际意图的实现